中高职贯通

中高职一体化课程改革（教育类专业）配套教材

RE++ 新形态教材
入眼·入脑·入手
易教·乐学

幼儿园教师艺术技能 舞蹈

融媒体版

YOU'ERYUAN JIAOSHI YISHU JINENG WUDAO

中高职一体化课程改革（教育类专业）配套教材编写委员会

主　任：朱永祥

编　委：程江平　崔　陵　于丽娟　陈晓燕　方卫飞

本书主编：陈晓燕

本书执行主编：张银燕

北京师范大学出版集团
BEIJING NORMAL UNIVERSITY PUBLISHING GROUP
北京师范大学出版社

图书在版编目(CIP)数据

幼儿园教师艺术技能. 舞蹈/浙江省教育厅职成教教研室组编. —北京：北京师范大学出版社，2023.10(2024.8 重印)
ISBN 978-7-303-28492-4

Ⅰ. ①幼… Ⅱ. ①浙… Ⅲ. ①学前教育—儿童舞蹈—幼儿师范学校—教材 Ⅳ. ①G613.5

中国版本图书馆 CIP 数据核字(2022)第 244905 号

教材意见反馈：gaozhifk@bnupg.com 010-58805079
营销中心电话：010-58802755 58800035
编 辑 部 电 话：010-58802883

出版发行：北京师范大学出版社 www.bnupg.com
北京市西城区新街口外大街 12-3 号
邮政编码：100088
印　　刷：优奇仕印刷河北有限公司
经　　销：全国新华书店
开　　本：889 mm×1194 mm 1/16
印　　张：17
字　　数：368 千字
版　　次：2023 年 10 月第 1 版
印　　次：2024 年 8 月第 2 次印刷
定　　价：48.80 元

策划编辑：姚贵平　　责任编辑：朱前前
美术编辑：焦　丽　　装帧设计：焦　丽
责任校对：陈　民　　责任印制：陈　涛　赵　龙

前言

PREFACE

舞蹈是中职学前教育专业必修的核心课程，也是必备的专业技能之一。舞蹈教育家吕艺生先生说过："舞蹈教育不仅能育人，更能树人。"《3—6 岁儿童学习与发展指南》指出，"每个幼儿心里都有一颗美的种子"。显然，舞蹈教育在人的身心健康发展中具有极其重要的作用。那么，作为新时期的幼儿教师如何引领幼儿发现美、表现美、创造美，自身美育素养的奠定显得尤为重要。

因此，本书在编写设计中，将舞蹈学科外显的技能提升和内隐的美育价值功能有效融合，将"职业精神和课程思政"有机融入，使人才培养与幼教岗位需求相一致，实现以舞育人、以美化人、以情树人。具体有以下四个特色。

1. 美——图文并茂美。本书整体编辑、文字均精心设计，凝练精致；音乐、图片、视频制作质量高，画面清晰，内容充实，意义深刻，呈现舞美、乐美、文美之特色。

2. 实——内容组织实。本书共分六个专题，专题一形体训练，为塑造优雅形体与礼仪奠定基础；专题二基础舞姿，专题三、四、五民族民间舞蹈分上、中、下篇，便于学生积累幼儿民族舞教学实践经验；专题六舞蹈剧目赏析与实践，便于开阔学生艺术视野及中高职对接三升四考核和毕业汇报。全书注重教学组合有新意、学习内容有干货、中高职衔接有实效。

3. 活——结构体例活。本教材运用思维导图点睛式梳理知识任务点，运用"赏、学、想、练、拓、检"六环节理实一体推进项目任务教学，每课的学习提示栏目，不仅授之以鱼，而且授之以渔，解析技能学习方法；每课的艺术锦囊栏目，巧妙结合舞蹈名家、民族文化、传说故事，丰富学前教育舞蹈教学内涵，体现幼教特色。全书便于师生开展线上线下混合式教学，注重微课等优质教学资源的研发，实现活页式教材助推活动式课程，活化变革新时代舞蹈教学创新模式。

4. 新——设计理念新。本书是浙江省学前教育专业中高职一体化课改系列教学成果。此书系基于教育部"三教改革"理念的一本实用性、创新性、活页式教材和工具书，注重中高职课程体系的科学衔接，促进中高职一体化人才培养。

本书由浙江省教科院陈晓燕主编，由浙江省正高级教师、宁波市专业首席教师、专业舞蹈老师张银燕执行主编，金华职业技术学院舞蹈教研组长李江波主审。专题一形体训练由孙敏敏编写，专题二基础舞姿由黄晨翼编写，专题三民族民间舞蹈（上）由陈文宛编写，专题四民族民间舞蹈（中）由林育萍编写，专题五民族民间舞蹈（下）由张银燕编写，专题六舞蹈剧目赏析与实践由张俊编写。全书统稿由张银燕负责。全书教学图片、视频、课程资源等由张银燕名师工作室及橙果工作室制作。

本教材编写过程中，得到了相关单位的大力支持，引用了相关专家、老师的成果，在此表示衷心的感谢。虽然我们尽心尽力，期待打造一本老师好教，学生爱学的好教材，但受多种因素的影响，书中可能仍存不足之处，恳请读者提出宝贵的意见与建议（发邮件至 yaoguiping@126.com），以便我们进一步修订、完善。

编　者

目　　录

目　录

CONTENTS

专题一
形体训练

舞蹈起源于人类劳动实践，是社会生活的反映，更是表达人们思想情感的一种艺术表现形式。舞蹈艺术不仅追求外在的艺术美，而且表达内在真、善、美，作为一种精神力量推动着社会前进和发展。

形体训练是学习舞蹈课程的基础和开端，是舞蹈学习中必备的基本功，是构成舞蹈语汇的基本条件。舞蹈的形体训练，通过科学的方法改善身体的控制力、协调性、软开度，对于克服身体的僵硬状态，塑造良好的体态，培养审美能力和气质具有非常重要的作用。舞蹈形体训练，通过感受美、体验美、评价美，帮助健全人格以及发展个性，在享受音乐、舞蹈的过程中既塑造形体，又陶冶情操，并促进身心健康发展。

让我们来一起打开这扇舞蹈形体艺术之门，通过舞蹈形体训练，塑造健美体态、优雅气质，为今后综合性舞蹈表演示范奠定基础吧！

学习目标

1. 能掌握基本的舞蹈体态，了解舞蹈身体运动的一般规律。

2. 能掌握科学的形体训练方法，有一定的控制肢体稳定性、协调性和灵活性的能力，舞蹈表演有一定的柔韧性、节奏感和表现力。

3. 能将舞蹈形体动作运用于幼儿舞蹈表演中，加强身体的示范能力，有良好的舞蹈体态和审美能力。

学习导航

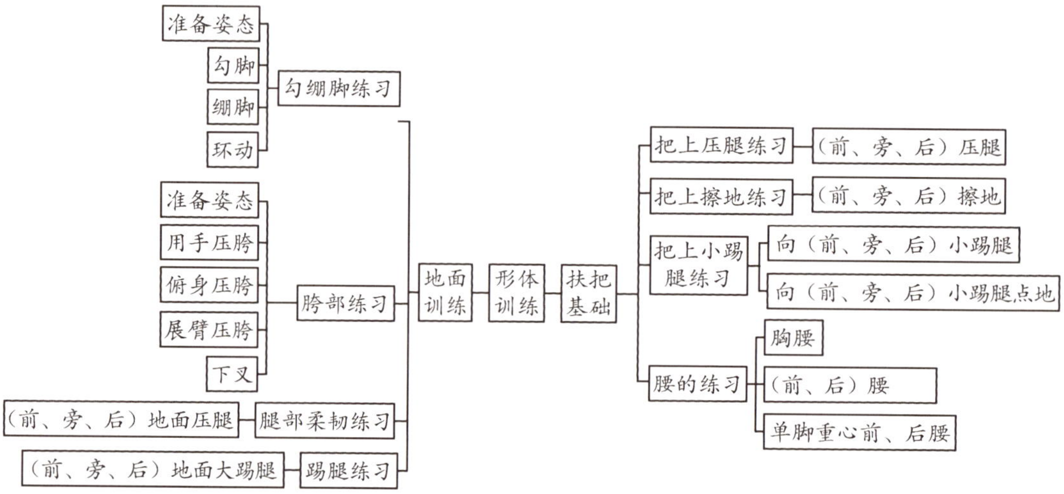

感知体验

请通过互联网搜索并欣赏两段形体舞蹈视频，初步感受舞蹈的形体美。

1. 赏：通过互联网搜索并欣赏《把上形体组合》《地面形体组合》两段舞蹈视频，你有什么样的感受？

2. 学：自主体验学习此舞蹈视频，你能学会吗？

3. 说：说一说视频中舞蹈动作的特点。

4. 画：请你描绘一下视频中形体舞蹈的服装、发型。

5. 搜：上网搜索幼儿时期形体训练应遵循的身心发展特点。

视频	舞蹈类别	音乐节奏	体态造型	服装发型	空间运用
视频 1					
视频 2					

任务 1 地面练习

任务描述

舞蹈的地面训练，是舞蹈训练的一种空间占有形式，是在双腿没有体重负担的情况下，进行关节、韧带、肌肉的基本训练和能力训练，以下肢部分脚部、胯部、腿部的练习为主。对于初学者而言，在尚未有能力控制自己身体的情况下，这是一种较为科学有效的训练方法，也是中国古典舞基本功训练的一个有机组成部分。任务 1 地面练习，选择中国古典舞基本训练，从肢体的柔韧训练、力量训练两方面入手，根据中等职业学校学前教育专业舞蹈教学的培养目标，结合身体运动的一般规律，给予科学的、基础的、全面而系统的训练。通过勾绷脚练习、胯部练习、腿部柔韧练习、踢腿练习四项任务的学习，进一步解放身躯、开发潜能，使学生具有基本的舞蹈艺术表现能力。

除了了解舞蹈地面练习的主要训练目的外，练习时我们还需遵循由易到难，从部分到整体，从单一到综合的原则，科学开发身体，让我们跟随下面四个小任务循序渐进地学练吧！

任务 1.1　勾绷脚练习

任务实施

赏一赏

地面勾绷脚练习是舞蹈初学者提高脚部灵活性的重要训练手段之一。接下来，让我们一起带着以下两个问题观看视频，观看后，请将思考结果写在下面的横线上。

1. 视频中勾绷脚练习主要训练的是身体哪个部位？
2. 视频中勾绷脚练习的音乐有什么特点？

交流：

视频：勾绷脚组合 小弟弟 早早起

温馨提示

勾脚时强调脚尖、脚背、脚腕依次朝上勾起，力量集中到脚跟。

图 1-1-1

图 1-1-2

勾绷脚是地面训练中非常重要的一个环节，是踝关节前屈和后伸运动。勾脚为踝关节后伸，勾脚时脚尖最大限度勾起，与小腿形成大约 90°，脚跟向远蹬，脚部与腿部形成勾曲式造型。绷脚为踝关节前屈，绷脚时脚腕最大限度延伸，脚背向上拱，脚尖向下压，努力贴地，与腿部形成流线型造型。

1. 准备姿态

伸坐：两腿伸直并拢绷脚，脚跟夹紧；尾椎、腰椎、胸椎、颈椎垂直上提；背挺直，双肩下沉，头部端正，目视前方；两手轻点在身体两侧地面的最远处，与身体在同一条直线上。如图 1-1-1 所示。

手形：兰花指；脚形：绷脚。

2. 勾脚

（1）双勾脚

做法：双脚脚尖最大限度地勾起，脚跟往远处蹬并离开地面，脚与腿部呈勾曲式。如图 1-1-2 所示。

（2）单勾脚

做法：单脚脚尖最大限度地勾起，脚跟往远处蹬并离开地面，脚与腿部呈勾曲式。如图 1-1-3 所示。

（3）分解式勾脚

做法：在绷脚的状态下，脚趾朝上勾起。如图 1-1-4 所示。

图 1-1-3

图 1-1-4

3. 绷脚

（1）双绷脚

做法：双脚腕伸展，脚背往上拱，脚尖往下压，脚与腿部呈流线型。如图 1-1-5 所示。

（2）单绷脚

做法：单脚腕伸展，脚背往上拱，脚尖往下压，脚与腿部呈流线型。如图 1-1-6 所示。

（3）分解式绷脚

做法：在勾脚的形态下，脚背往下压，脚趾往上勾。如图 1-1-7 所示。

> **温馨提示**
>
> 绷脚时强调力量集中到脚尖，脚尖贴近地面。让脚尖有意识地绷住，脚尖向下用力，足弓内收。

图 1-1-5

图 1-1-6

图 1-1-7

4. 环动

（1）双脚环动

做法：强调双脚在环动过程中，从髋关节—大腿—膝关节—小腿—脚踝—脚尖同时进行。

> **温馨提示**
>
> 环动时脚跟须始终保持贴紧状态不可分开，膝盖不可弯曲。

（2）外旋环动

做法：在绷脚的状态下，先双脚勾脚，接着脚部与腿部同时朝外侧转开，然后绷脚，最后双脚合拢，同时腿部转回原位。如图 1-1-8 所示。

图 1-1-8

（3）内旋环动

做法：在绷脚的状态下，脚部与腿部朝外侧转开，接着勾脚，然后双脚合拢，同时腿部转回原位，最后绷脚。如图 1-1-9 所示。

图 1-1-9

学习提示

勾绷脚学习——儿歌记忆小窍门

坐立保持上身挺
不前仰来不后躺
勾绷脚时先双脚
双脚掌握再交替
勾脚足部要后伸
脚后跟要离开地
绷脚足部要前驱
脚趾努力要贴地
膝盖伸直不弯曲
逐一后伸与前屈

用朗朗上口的儿歌来记录勾绷脚学习小窍门，既可用于自主学习，避免学习要点记混淆或遗忘，又可用于今后幼儿勾绷脚教学，让我们一起读一读、做一做、记一记吧。

想一想

1. 勾绷脚练习动作一般分为哪三大类？
2. 勾绷脚练习中的环动练习有什么作用？

交流：……………………………………

……………………………………

……………………………………

……………………………………

练一练

根据《小弟弟早早起》的音乐，练习勾绷脚组合。

小弟弟早早起

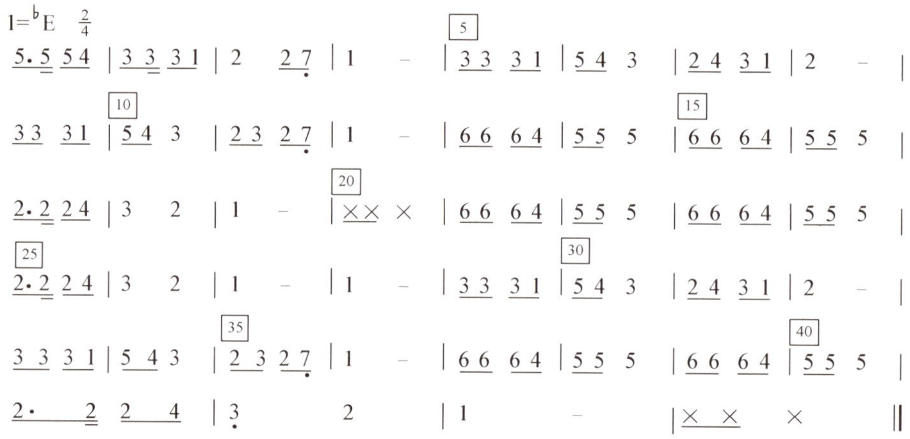

1. 练习目的

（1）通过组合学习，进一步掌握勾绷脚规范动作及要领。

（2）通过动作训练，加强腿部动作与上肢动作的配合、协调。

（3）通过锻炼，提升舞蹈表现力与节奏感。

2. 动作要求

准备动作：伸坐，面向 1 点保持准备姿势，绷脚、立背、直膝，眼睛平视前方，双手置于身体两侧点地，旁斜下位，兰花指，指尖轻触地面。

前奏部分　第 1—4 小节

［1—2］面向 1 点保持准备姿势，双手从斜下位经两侧交叉置于

胸前，同时左点头靠于右手肘部。

［3—4］双手返回于身体两侧点地，旁斜下位，兰花指，指尖轻触地面，头回正。

主体动作（第一段）　第5—20小节

第5—12小节

［5—6］在伸坐的基础上，做双勾脚动作，随后做双绷脚动作。

［7—8］重复［5—6］动作。

［9—10］右脚单勾脚，同时左点头，随后右脚绷脚，同时头回正。

［11—12］左脚单勾脚，同时右点头，随后左脚绷脚，同时头回正。

第13—16小节

［13—14］左脚吸腿，脚尖点地，同时左点头，左手兰花指点肩，随后还原。

［15—16］右脚吸腿，脚尖点地，同时右点头，右手兰花指点肩，随后还原。

［17—18］双脚外旋环动。

［19—20］双脚内旋环动。

第17—20小节

［17］右脚单勾脚，同时左点头。

［18］右脚单绷脚，同时左脚单勾脚右点头。

［19］右脚单勾脚，同时左点头。

［20］右脚单绷脚，同时头回正。

间奏部分　第21—28小节

［21—22］双吸腿，脚尖点地。

［23—24］脚尖交替打地向左至2点。

［25—26］绷脚双伸腿。

［27］双手从斜下位经两侧交叉置于胸前，右点头靠于右手肘部。

［28］双手返回身体两侧点地，旁斜下位，兰花指，指尖轻触地

学习笔记

学习笔记

面，头回正。

主体动作（第二段）　第 29—40 小节

［29—30］在伸坐的基础上，左脚单勾脚同时右点头，随后左脚绷脚头回正。

［31—32］双手握空心拳至胸前上下两次，双手返回身体两侧点地，旁斜下位，兰花指，指尖轻触地面。

［33—34］在伸坐的基础上，右脚单勾脚同时左点头，随后右脚绷脚头回正。

［35—36］重复［31—32］动作。

［37—40］重复［17—20］动作。

结束动作

双手点赞手形至两肩膀前，随后向正前方推出，同时向右点头。

学习提示

勾绷脚动作要点

并：双膝、脚后跟都要并拢。

双腿并拢，中间无缝隙。需要腿部主动用力，通过收紧大腿内侧肌肉，让整个腿部肌肉得到锻炼。

直：膝盖要伸直。

膝盖伸直，膝盖骨下压，膝盖窝贴地。这一点为关键，通过膝盖伸直，能使大腿的力量延伸到小腿直至脚尖，如只有大腿用力，一方面会让大腿变粗，另一方面力量延伸不到脚尖，不能达到勾脚的练习目的。

蹬：勾脚练习回勾时脚后跟用力往前蹬。

脚尖用力回勾至脚跟离地，脚跟用力向前蹬，用脚尖回勾和脚跟外蹬的对抗力量带动整个脚的回勾。

离：勾脚时脚尖用力回勾至脚后跟离地。

在双腿并拢、双膝伸直的前提下，脚尖用力回勾至脚跟离地，用脚尖回勾和脚跟外蹬的对抗力量带动整个脚的回勾。

学习笔记

想一想

1. 适用于幼儿的勾绷脚动作教学方法有哪些？

2. 有效的教学方法在日常教学中起到了什么作用？

交流：

艺术锦囊

1. 勾绷脚练习的意义

勾绷脚练习能加强站立状态下身体的稳定性，绷脚训练能延长腿的长度，凸显腿的流线型的优美。地面勾绷脚能使踝关节得到强有力的锻炼，增强踝关节以下到趾关节的灵敏性，锻炼腿部爆发力，为之后的跳跃练习做准备。

2. 勾绷脚练习动作详解(见图 1-1-10、图 1-1-11)

3. 幼儿勾绷脚动作赏析(见图 1-1-12、图 1-1-13、图 1-1-14)

图 1-1-10

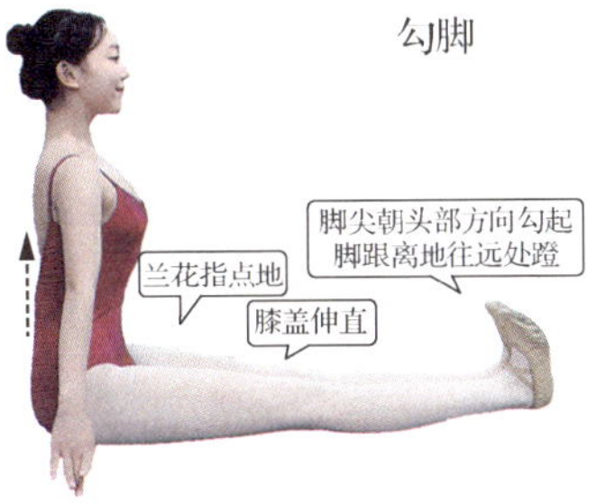

图 1-1-11

图 1-1-12　伸坐双绷脚

图 1-1-13　伸坐交替勾绷脚

图 1-1-14　伸坐双山手勾脚

学习笔记

任务拓展

1. 勾绷脚练习动作可分为哪三大类？

①________ ②________ ③________

2.《地面勾绷脚组合》中涉及的勾绷脚动作有哪些？

____

3. 找一找、想一想

观察并找出练习过程中的错误动作，写出错处和正确做法。

错误动作	错处	正确做法

4. 说一说，做一做

①小组合作，练习《小弟弟早早起》勾绷脚组合。

②小组合作，从“学一学”中任意选取一个勾绷脚动作进行模拟教学，教学过程中注意结合语言表述与动作示范。

效果检测

学习内容	学习重点	学习难点	我的收获	反思计划

任务 1.2 胯部练习

任务实施

赏一赏

胯部练习是舞蹈初学者增强胯部柔韧性和灵活性的重要训练手段。接下来，让我们一起带着以下两个问题观看视频，观看后，请将答案写在下面的横线上。

1. 视频中胯部练习主要训练的是身体哪个部位？

2. 视频中出现了几种压胯动作？

视频：胯部练习
不倒翁

交流：

胯部练习是舞蹈形体地面训练中非常重要的一部分，主要训练髋关节的外开，髋关节的外开有利于舞蹈中脚位的站立。压胯是舞蹈形体训练中的一个常规训练项目，包含用手压胯、俯身压胯、展臂压胯三个训练姿势。

温馨提示

开胯，双手放于膝盖内侧部位下压，压时手要用力均匀。

1. 准备姿态

坐姿：双脚脚掌相对盘坐，双手握住脚踝，双膝尽量贴地，立背，两眼平视前方。如图 1-1-15 所示。

温馨提示

开胯，俯身压胯时背要平，不驼背。

2. 用手压胯

双脚掌相对盘坐，双手手心向下，指尖相对放置于膝盖上方，双手同时有节奏地向地面方向下压。如图 1-1-16 所示。

3. 俯身压胯

双脚掌相对盘坐，双手握住脚踝，双膝尽量贴地，抬头展胸，身体向前压到最大限度，腹部贴脚，两眼平视前方。如图 1-1-17 所示。

温馨提示

开胯，展翅时不耸肩，保持身体平衡。

4. 展臂压胯

双脚掌相对盘坐，双手掌心向上经过盘手从腋下往后穿，手心向下，后背拉长呈下弧线，展肩，形成展臂俯身压胯的姿态。如图 1-1-18 所示。

温馨提示

竖叉：胯部、身体放正，沉胯直膝，前后腿外开。

横叉：胯部、身体放正，开胯沉髋。

图 1-1-15

图 1-1-16

图 1-1-17

图 1-1-18

5. 下叉

（1）竖叉

做法：双腿前后分开伸直呈“一”字紧贴地面，尽量打开，坐正，抬头展肩，双手置于身体两侧。如图 1-1-19 所示。

图 1-1-19

图 1-1-20

（2）横叉

做法：双腿向身体两侧打开伸直呈“一”字，绷脚脚背朝上，双手兰花指置于身前，兰花指点地，抬头挺胸面朝前方。如图 1-1-20 所示。

学习提示

胯部动作学习——激趣引导

胯部动作学习可模仿游戏进行，模仿青蛙的形态，趴着的青蛙（压大胯或小胯），坐着的青蛙（盘腿压垮或前压胯）。游戏的形式，既在过程中活动了胯部，又使压胯练习不枯燥，进一步激发学生学习的兴趣。

胯部动作练习——循序渐进

1. 初步练习：胯的软开度练习——辅助压胯，可用手辅助，也可由他人辅助压胯。（注意：用手压胯时用力要均匀，压胯时腿部要控制两膝盖下压不上翘。）

2. 提升练习：胯的力量练习

（1）自主开合胯，在正步位坐姿的基础上，在无外力作用下胯部做开合动作。

（2）自主颤胯，在正步位坐姿的基础上，在无外力的作用下进行颤胯。注意：胯部在有一定的软开度的基础上进行力量训练，从慢到快练习。

想一想

1. 除了以上常见压胯动作外，你还知道哪些压胯的动作呢？

2. 用手压胯的作用是什么？

交流：……

学习笔记

练一练

请根据《不倒翁》音乐进行胯部练习。

不倒翁

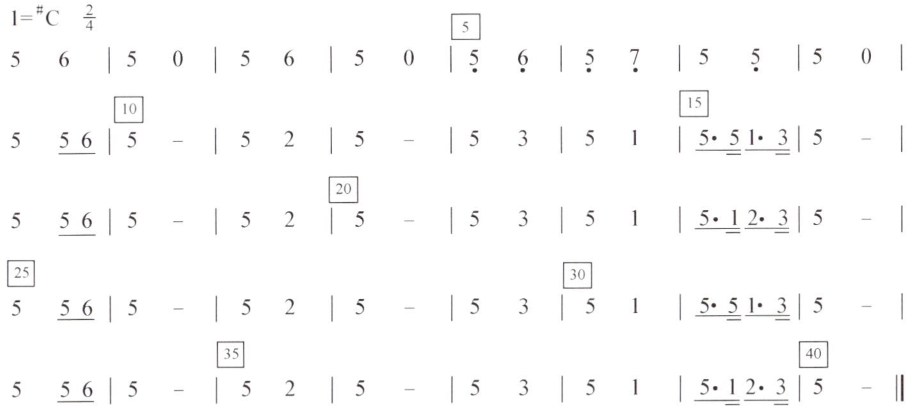

1. 练习目的

（1）通过组合训练，学生能进一步掌握用手压胯、俯身压胯、展翅压胯的做法及名称。

（2）通过组合中动作元素的训练，学生能科学且连贯地进行胯部动作练习。

（3）培养学生胯部的灵活性及柔韧性，初步感知音乐，培养其节奏感。

2. 动作要求

准备动作：伸坐，面向 1 点保持准备姿势，绷脚、立背、直膝，眼睛平视前方，双手置于身体两侧点地，旁斜下位，兰花指，指尖轻触地面。

前奏部分　第 1—8 小节

［1—2］原地伸坐。

［3—4］在伸坐的基础上左右各点头 1 次，同时左右手提腕起，返回。

［5—6］双腿吸腿，脚尖点地，双腿开胯，双脚掌相对盘坐。

［7—8］双手握住脚掌，双膝尽量贴地，两眼平视前方。

主体动作（第一段）　第 9—40 小节

学习笔记

[9—10] 俯身压胯，抬头展胸，身体向前压到最大限度，腹部贴脚，两眼平视前方。

[11—12] 起身还原。

[13] 俯身压胯，抬头展胸，身体向前压到最大限度，腹部贴脚，两眼平视前方。

[14] 起身还原。

[15—16] 双手按于左腿膝盖内侧（右手置于左手上）快速连续 2 次压右胯，2 拍一动，还原。

[17—18] 重复 [9—10] 动作。

[19—20] 重复 [11—12] 动作。

[21] 重复 [13] 动作。

[22] 重复 [14] 动作。

[23—24] 双手按于右腿膝盖内侧（右手置于左手上）快速连续 2 次压左胯，2 拍一动，还原。

[25—26] 展臂压胯，1、2 拍右手掌心向上经过盘手从腋下往后穿，3、4 拍左手手掌心向上经过盘手从腋下往后穿。

[27—28] 手心向下，后背拉长呈下弧线，展肩，形成展臂俯身压胯的姿态。

[29—32] 上身还原，双手手指相对按于左右腿膝盖内侧，快速连续 2 次压胯，双手还原至握脚踝的动作。

[33—34] 重复 [25—26] 动作。

[35—36] 重复 [27—28] 动作。

[37—40] 重复 [29—32] 动作。

间奏部分　第 1—8 小节

[1—2] 双手身体两侧斜下位按掌。

[3—4] 左右频点头。

[5—6] 在双手两侧斜下位的基础上，身体左右摇摆 1 次。

[7—8] 绷脚横叉打开，双手前点地。

主体动作（第二段）　第 9—40 小节

[9—10] 俯身压胯，抬头展胸，身体向前压到最大限度，腹部贴地，同时勾脚、抬头。

［11—12］起身还原。

［13］俯身压胯，抬头展胸，身体向前压到最大限度，腹部贴地，同时勾脚、抬头。

［14］起身还原，同时绷脚。

［15—16］左右快速点头。

［17—18］重复［9—10］动作。

［19—20］重复［11—12］动作。

［21］重复［13］动作。

［22］重复［14］动作。

［23—24］右脚勾脚吸腿，返回。

［25—26］左脚勾脚吸腿，返回。

［27—28］双腿同时勾脚吸腿。

［29—32］左右点头。

［33—34］重复［25—26］动作。

［35—36］重复［27—28］动作。

［37—38］双腿同时勾脚吸腿。

［39—40］左右点头，双手握拳至肩膀前，五指张开往右上方伸直。

结尾部分

左手收回，掌心移至嘴巴前，同时左腿勾脚收腿，向右倒头。

学习提示

胯部练习的要点

开：胯部要打开。压胯时要开胯。

平：背部要平。俯身压胯时背要平，不驼背。

耗：一定时间的固定压胯动作。耗胯是非常有效的胯部软度练习，一般需要长时间固定一个压胯动作。

艺术锦囊

1. 胯部练习的意义

“胯”是人体下肢三大关节之一，是下肢三节之根，胯关节是腰与腿连接的重要枢纽，腰与腿的灵活性关键在于练好胯关节。胯部练习可以促进上下肢协调，是产生爆发力的源泉。

2. 胯部练习动作详解

用手压胯

图 1-1-21

俯身压胯

图 1-1-22

展臂压胯

图 1-1-23

学习笔记

图 1-1-24

图 1-1-25

3. 幼儿胯部练习动作赏析（见图 1-1-26、图 1-1-27、图 1-1-28）

图 1-1-26

图 1-1-27

图 1-1-28

任务拓展

1. 常见的胯部练习训练的是身体________部位。

2. 幼儿胯部练习通常会通过模仿自然界中的动物________进行引导学习。

3. 找一找，想一想

找出练习过程中的错误动作，写出错处和正确做法。

错误动作	错处	正确做法

4. 说一说，做一做

①小组合作，练习《不倒翁》胯部组合。

②小组合作，从“学一学”中任意选取一个压胯动作进行模拟教学，教学过程中将语言表达与动作示范相结合。

效果检测

学习内容	学习重点	学习难点	我的收获	反思计划

任务 1.3　腿部柔韧练习

任务实施

赏一赏

柔韧性是指人体关节活动幅度的大小以及各个关节的韧带、肌腱、肌肉、皮肤及其他组织的弹性和伸展能力。腿部柔韧练习是舞蹈初学者提高腿部柔韧性的重要训练手段。接下来，让我们一起带着以下两个问题观看视频，观看后，请将思考结果写在下面的横线上。

1. 视频中腿部柔韧练习主要训练的是身体哪个部位？

2. 视频中出现了几种踢腿动作？

视频：腿部柔韧练习　弟子规

交流：……………………………………

……………………………………

……………………………………

……………………………………

“柔”是指肌肉、韧带拉长的范围；“韧”是指控制关节活动幅度的肌肉韧带所发挥的力量。柔韧性差不仅会不利于掌握动作技能技巧，而且会限制力量及速度协调水平发展。

温馨提示

膝盖始终伸直，下压时上身垂直下压，下压至贴近腿部。压腿时幅度由大到小。

1. 地面压腿

（1）压前腿

准备姿势：绷脚伸坐，三位手准备。如图 1-1-29 所示。

做法：上身下压贴近腿部，背部拉伸，双手由头顶落下轻扶脚尖，起身还原至准备姿势。如图 1-1-30 所示。

温馨提示

膝盖始终伸直，压时不低头，侧腰拉长。

（2）压旁腿

准备姿势（压右腿）：坐式，右腿体侧伸直，右手扶地，左手三位手，压左腿时动作相反。

做法：面向一点，上身向身体右侧下压，左手指尖找脚背，压左腿时动作相反。如图 1-1-31 所示。

温馨提示

两侧腰部力量均匀，头部尽量靠近左腿，后点地时脚外开，大脚趾外侧点地，下后腰时均匀下压。

（3）压后腿

准备姿势（压右腿）：燕式坐，右腿绷脚向正后方伸直，双手于身体两侧扶地，压左腿时动作相反。

做法：上身向正后方下后腰，双手放置身体两侧，兰花指点地，压左腿时动作相反。如图 1-1-32 所示。

图 1-1-29

图 1-1-30

图 1-1-31

图 1-1-32

学习提示

腿部柔韧动作学习——激趣引导

摇船小游戏：伸坐准备，上身做前后划桨动作，设置情境，在下肢规范的同时把上肢动作童趣化，最后选出“优胜小船长”，激发学生的学习兴趣，主动参与规范动作。

胯部动作练习——一静一动

腿部柔韧练习的方法分两种：一种是静力性拉长法，另一种是动力性拉长法。静力性拉长法就是相对静止地拉韧带，并持续一定时间，使肌肉和韧带拉长。当肢体拉伸到一定程度时，暂时静止不动，使韧带有充分拉长的时间。如练习下叉就是静力性拉长法。动力性拉长法就是反复振压拉伸，加大肢体的活动幅度、拉长韧带的练习方法。例如，练习弓箭步压腿、摆腿就是动力性拉长法。动力性拉长法和静力性拉长法的共同要素就是力量。这两种练习方法的特点都是在一定力量的拉伸作用下，有节奏地逐渐加大动作幅度或多次重复同一动作，使韧带持续受到良好的拉伸刺激。

学习笔记

想一想

1. 静力性拉长法和动力性拉长法哪个更有效？为什么？

2. 腿部柔韧练习中先练习压腿还是下叉？为什么？

交流：

练一练

请根据《弟子规》的音乐，进行腿部柔韧练习。

弟子规

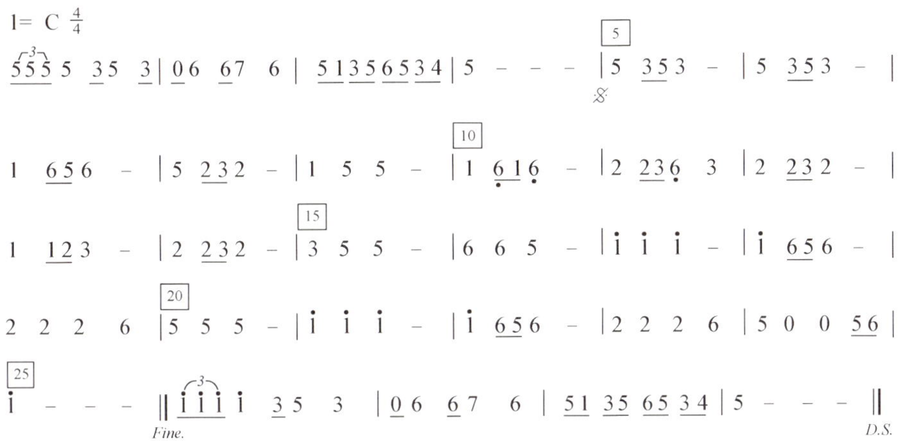

1. 练习目的

（1）通过组合训练，掌握地面压腿动作的做法及名称。

（2）通过组合中动作元素的训练，能科学、连贯、规范地进行压腿动作练习。

（3）培养胯部的开度及腿部的柔韧性，舞蹈时能较好地掌握音乐节奏。

2. 动作要求

准备动作：脚掌相对盘坐，低头，含胸，两手放置在两膝盖上方，面向 1 点保持准备姿势。

前奏部分　第 1—4 小节

学习笔记

［1］保持准备动作。

［2］双手捧书动作上举过头顶，掌形手。

［3］双手收回直至胸前。

［4］双手打开至身体两侧，兰花指点地，双脚绷脚前伸，呈伸坐动作。

主体动作（第一段） 第5—25小节

［5—6］右手手背朝2点呈看书状，掌形手，同时头部方向与手一致，右手还原点地。

［7—8］左手手背朝8点呈看书状，掌形手，同时头部方向与手一致，左手还原点地。

［9—10］双手按膝盖，同时上身向前俯身下压，双手还原至旁点地。

［11—12］双手按膝盖，同时上身向前俯身下压，双手还原至旁点地。

［13—16］重复［5—8］动作。

［17—18］压前腿，双手伸直置于脚背上方，向前延伸至最远处，手背朝上，腹部贴住腿部。

［19—20］起身还原至伸坐。

［21—22］双手相合呈看书状。

［23—24］压前腿，双手伸直置于脚背上方，向前延伸至最远处，手背朝上，腹部贴住腿部，随后旁点地。

［25］左脚压旁腿准备。

间奏部分 第26—29小节

［26—27］下压左旁腿后回正。

［28—29］下压旁腿后回正，面朝2点燕式坐姿，双手旁点地，兰花指。

主体动作（第二段） 第5—25小节

［5—6］右手手背朝3点呈看书状，掌形手，同时头部方向与手一致，右手向身体斜后方点地。

［7—8］左手手背朝8点呈看书状，掌形手，同时头部方向与手一致，左手向身体斜后方点地。

［9—10］双手相合呈看书状，同时含胸。

［11］双手提腕至头顶上方，同时低头。

[12] 双臂往身体斜后方下落点地，下后腰。

[13—20] 重复 [5—12] 动作。

[21—22] 身体前倾同时左手前伸，呈看书状，返回至原位。

[23—24] 身体前倾同时双臂两侧画圈至看书状。

[25] 上身立，双臂两侧画圈收回至斜上方呈看书状。

想一想

1. 除了以上动作外，你还知道哪些腿部柔韧练习的动作呢？
2. 请你说一说压前腿时身体下压的顺序。

交流：……………………………………

……………………………………

……………………………………

……………………………………

学习提示

胯部练习的要点

开：胯部要打开。压胯时要开胯。

正：胯正。压腿时，身体、胯要放正。

直：膝盖直。压腿时膝盖绷直不弯曲。

展：身体伸展。压腿时身体要伸展，保持上身姿势的准确性。

艺术锦囊

1. 腿部柔韧练习的意义

腿部柔韧练习是为了提高肌肉、肌腱、韧带等组织的伸展性，增加躯干与四肢的有效活动范围。人体的身体运动范围和肌肉放松程度都受柔韧性影响，它对舞者完成某些难度大的动作以及技能技巧产生影响。 有效的方法就是加强身体的柔韧性练习。

2. 影响柔韧性的因素

影响柔韧性的因素有很多，主要有骨关节活动范围、关节囊、年龄、性别、训练水平、气温、疲劳程度等。了解了这些因素，有助于掌握增强柔韧性的规律，从而选择合理的练习方法来增强柔韧性，同时对于防止受伤也有帮助。

3. 地面压腿练习动作详解(见图 1-1-33、图 1-1-34、图 1-1-35)

压前腿

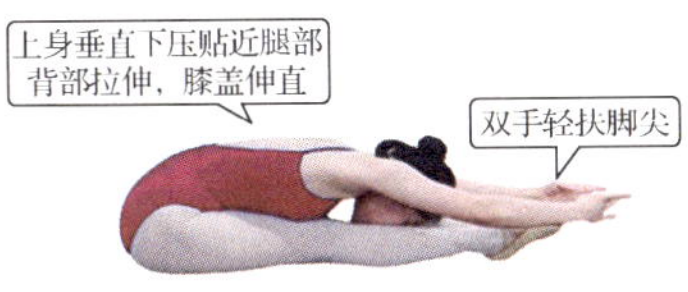

图 1-1-33

压旁腿

图 1-1-34

压后腿

图 1-1-35

4．幼儿腿部柔韧练习动作赏析（见图 1-1-36、图 1-1-37、图 1-1-38、图 1-1-39）

学习笔记

图 1-1-36

图 1-1-37

图 1-1-38

图 1-1-39

任务拓展

1．常见的腿部柔韧练习的方法有________、________。

2．地面压腿练习分为________、________、________三种。

3．找一找，想一想

观察并找出练习过程中的错误动作，写出错处和正确做法。

错误动作	错处	正确做法

4．说一说，做一做

（1）小组合作，练习《弟子规》腿部柔韧组合。

（2）小组合作，从“学一学”中任意选取一个地面压腿动作进行模拟教学，教学过程中结合语言表述与动作示范。

效果检测

学习内容	学习重点	学习难点	我的收获	反思计划

任务 1.4 踢腿练习

任务实施

赏一赏

地面踢腿是拉伸腿部韧带、锻炼腿部肌肉力量以及增强协调控制性的常用方法。接下来，让我们一起带着以下两个问题观看视频，观看后，请将思考结果写在下面的横线上。

1. 视频中踢腿练习主要训练的是身体哪个部位？

2. 踢腿练习中音乐节奏有什么特点？

交流：………………………………………………

视频：踢腿练习
王老先生有块地

地面踢腿是身体在不借助外力的情况下保持一定的动作姿态，进行腿部运动的过程，适用于低年龄段的初学者，可借助地面控制身体规范动作。

1. 准备姿态

（1）仰卧：仰面躺于地面，双腿并拢伸直，绷脚背，手臂与身体呈侧平举置于身体两侧，手背向上。如图 1-1-40 所示。

（2）侧卧：身体侧躺于地面，双腿并拢伸直，绷脚背，一手枕于手下，一手胸前扶地。如图 1-1-41 所示。

（3）俯卧：面部朝下伏于地面，双臂向前伸直，手心朝下，与肩同宽，双腿并拢伸直，绷脚背，脚跟夹紧，身体两端保持无限延长。如图 1-1-42 所示。

> **温馨提示**
>
> 踢腿时快而有力，腿部、膝盖伸直，肌肉上提，落地时要轻而缓慢，有控制的落下。

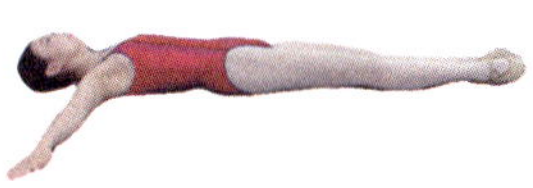

图 1-1-40

图 1-1-41

图 1-1-42

> **温馨提示**
>
> 踢前腿时快而有力，力量要送至脚尖，脚尖带动腿部向上踢。

2. 大踢腿

（1）前腿

准备姿势：仰卧，双腿并拢绷脚，双手打开伸直平放于身体两侧，与肩持平，手心朝下，五指并拢。

做法：主力腿保持不动，动力腿绷脚直膝迅速向上踢，落地时要控制且轻放。如图 1-1-43 所示。

（2）旁腿

准备姿势（左腿）：侧卧，双腿并拢绷脚，右手五指并拢伸直至右耳下，左手五指并拢按至胸前地面（踢右腿时动作相反）。

做法：主力腿不动，动力腿绷脚外旋直膝迅速向旁踢，落地时要控制且轻放。如图 1-1-44 所示。

（3）后腿

准备动作：双腿跪地，双手撑地，上身与大腿呈垂直状。

做法：动力腿绷脚外开直膝迅速向正后方踢，落地时要控制且轻放。如图 1-1-45 所示。

温馨提示

踢旁腿时快而有力，不低头、撅臀，臀部夹紧。

温馨提示

踢后腿时快而有力，需开胯，用脚尖带动向上踢，腰部力量均匀分布。

图 1-1-43

图 1-1-44

图 1-1-45

学习提示

地面踢腿动作学习——激趣引导

“我把腿儿变蜡笔”游戏：游戏要求同学们把腿比作蜡笔，用脚尖带动伸直，在空中画各种图案，并温馨提示：蜡笔如果弯了就画不出完整的图案了。通过含有小任务的游戏集中学生的注意力，并用模仿的方法融入踢腿重点——伸直膝盖，养成这一习惯。

地面踢腿练习——逐步提升

第一步：吸伸腿练习，仰卧，动力腿绷脚，脚尖沿地面吸腿至主力腿膝盖内侧旁，膝盖垂直于地面，原路下伸返回原位。

第二步：90°踢腿，仰卧，动力腿绷脚，脚尖沿地面吸腿至主力腿膝盖内侧旁，膝盖垂直于地面，上踢至 90°，动力腿返回点地，下伸回原位。

第三步：180°大踢腿，仰卧，动力腿快速上踢至 180°，动力腿控制着回落原位。

学习笔记

想一想

1. 地面大踢腿一般分哪几种？

2. 地面大踢腿训练了身体的哪几个部位？

交流：

练一练

请根据《王老先生有块地》的音乐进行踢腿练习。

王老先生有块地

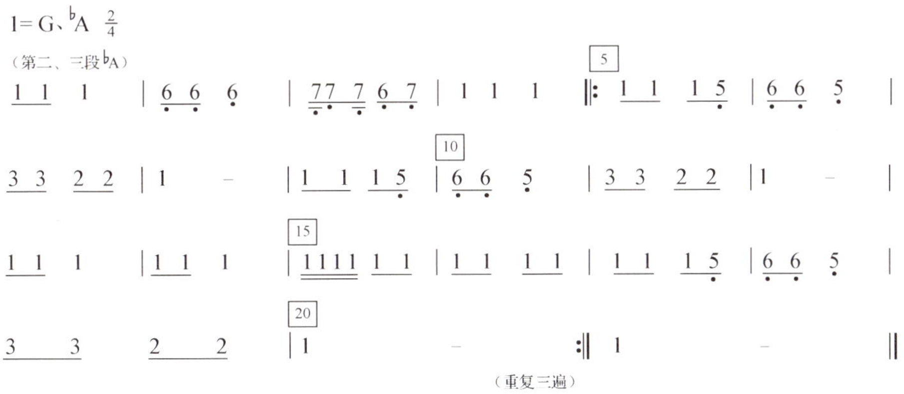

1. 练习目的（训练目的）

（1）通过组合训练，学生掌握“地面踢腿”的动作要领及名称。

（2）通过组合中动作元素的训练，学生能够较好地做到腿部控制，动作规范。

（3）培养脚部灵活性及肌肉爆发力，舞蹈时能较准确地把握音乐节奏点。

2. 动作要求

前奏部分　第 1—4 小节

［1—2］平躺于地面准备。

［3—4］双脚勾脚收腿至与身体垂直，勾脚上下打腿，双脚回落

学习笔记

点地伸直。

主体动作（第一段）　第 5—20 小节

[5—8] 左腿绷脚吸腿脚尖点地，接着 90°向上踢腿，然后回落至脚尖点地，伸腿落地。

[9—12] 右腿绷脚吸腿脚尖点地，接着 90°向上踢腿，然后回落至脚尖点地，伸腿落地。

[13—14] 右腿绷脚大踢腿 1 次。

[15—16] 左腿绷脚大踢腿 1 次。

[17—18] 重复 [13—14] 动作。

[19—20] 重复 [15—16] 动作。

主体动作（第二段）　第 5—20 小节

[5—9] 右转侧卧，左腿吸腿，绷脚脚尖点右腿膝盖内侧，接着 90°向上踢旁腿，随后伸腿控制回落。

[10—12] 左腿旁腿 4 拍一动大踢腿 1 次，2 拍一动踢腿 2 次。

[13—14] 左转侧卧，右腿吸腿，绷脚脚尖点左腿膝盖内侧。

[15—16] 接着 90°向上踢旁腿，随后伸腿控制回落。

[17—20] 右腿旁腿 4 拍一动大踢腿 1 次，2 拍一动踢腿 2 次。

主体动作（第三段）　第 5—20 小节

[5—8] 左转呈俯卧，双手收回至身体两侧手心朝下，撑地起身至跪地状，随后抬头。

[9—12] 右腿向正后方伸腿点地，右腿后踢，膝盖伸直脚背绷，接着回落点地，收回。

[13—14] 右腿向正后方伸腿点地，右腿后踢，膝盖伸直脚背绷，接着回落点地，收回。

[15—16] 左腿向正后方伸腿点地，右腿后踢，膝盖伸直脚背绷，接着回落点地。

[17—20] 双手位置不变，臀部向下坐呈上身俯身跪坐，背拉长，低头，还原，双脚起跳站立。右脚打开，同时双手从胸前交叉打开，右手手指指向 2 点，左手手指指向 6 点。

学习提示

踢腿练习的要点

快：快踢，踢腿时速度要快。

慢：慢落，踢腿后落下时要控制，缓慢落下。

开：外开，踢腿时要开胯。

直：腿直，踢腿时膝盖要保持伸直状态。

学习笔记

想一想

1. 地面大踢腿时为什么要快起慢落？
2. 踢腿练习为什么要从地面踢腿开始训练呢？

交流：

艺术锦囊

1. 地面踢腿练习的意义

舞蹈中软度训练三分压七分踢，可见踢腿的重要性。地面踢腿练习是一种有效的基本功训练方式，训练的不仅是踢腿的高度，亦能让韧带更加松弛，起到加强巩固作用，而且在此过程中能锻炼到腿部的肌肉群，让腿部力量得以提升，为之后的技巧练习及舞蹈表演综合能力的运用打好基础。

2. 地面踢腿练习动作详解

图 1-1-46

图 1-1-47

图 1-1-48

3. 儿童地面踢腿练习动作赏析

伸坐准备

图 1-1-49

伸坐绷脚踢前腿

图 1-1-50

伸坐勾脚踢前腿

图 1-1-51

学习笔记

任务拓展

1. 地面踢腿练习有________、________、________、________的特点。

2. 地面踢腿练习适用于__________年龄段的孩子。

3. 找一找，想一想

观察并找出练习过程中的错误动作，写出错处和正确做法。

错误动作	错处	正确做法

4. 说一说，做一做

（1）小组合作，练习《王老先生有块地》踢腿组合。

（2）小组合作，从“学一学”中任意选取一个地面踢腿动作进行模拟教学，教学过程中结合语言表述与动作示范。

效果检测

学习内容	学习重点	学习难点	我的收获	反思计划

任务 2

扶把基础

学习笔记

扶把基础训练也称把上动作训练或把杆动作训练，是借鉴芭蕾舞训练的科学方法，借助把杆逐渐改善学生身体自然体态的训练。学生能通过扶把训练保持身体的直立和重心的稳定，提高身体的平衡控制能力，初步体验、掌握身体各部位舞蹈基本动作的要点以及身体各部位的开度、软度、力度的基本要求，通过这种持之以恒的训练，养成良好的训练习惯，规范舞蹈肢体动作，掌握正确的舞蹈姿势，为进一步学习各种舞蹈技巧训练及舞蹈表演打下良好的基础。

扶把基础知识：

1. 扶把基础训练的主要内容：扶把训练一般包括擦地（一位或五位）、小踢腿（一位或五位）、压腿、腰等内容，由浅入深。

2. 基本站姿：基本站姿在扶把训练中非常重要，正确的站姿是练习舞姿与技巧的基础，我们归纳为以下几点要求。

正：身正，挺胸，两眼平视前方。

收：收腹、收背、收臀、收下肢肌肉，提气。

立：腰部直立。

沉：肩部下沉。

3. 扶把方法：训练时扶把方法分为两种，一种是双手扶把训练，另一种是单手扶把训练。

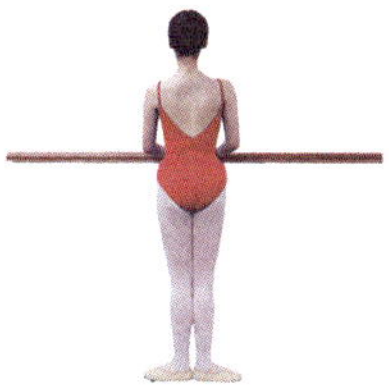

图 1-2-1

双手扶把：身体正对把杆站立，约半步距离，双手轻放于把杆上，手腕放松，手臂自然弯曲，肘关节向下，肩部自然放松，双手距离与肩同宽，重心稍前倾。如图 1-2-1 所示。

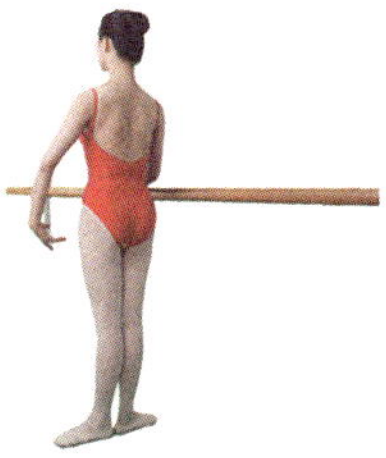

图 1-2-2

单手扶把：身体侧对把杆，眼睛平视前方，靠近把杆的手抬起五个手指轻轻放在把杆上，手腕和肘部放松下垂，身体稍向前。练习时，一般先从左手扶把动作经把杆方向转向右手扶把练习。如图 1-2-2 所示。

接下来，让我们跟随下面四个小任务循序渐进，一起走进芭蕾的把上世界，赏一赏、学一学、练一练吧！

任务 2.1　把上压腿练习

任务实施

赏一赏

把上压腿练习是舞蹈中提高腿部柔韧性和力量的重要训练手段之一，它让腿部韧带进入运动状态，也可理解为韧带的预热。接下来，让我们一起带着以下两个问题观看视频，观看后，请将思考结果写在下面的横线上。

1. 把上压腿练习主要训练的是身体哪个部位？
2. 把上压腿练习中音乐节奏有什么特点？

视频：把上练习压腿组合

交流：____

____

____

____

把上压腿练习分为前、旁、后三种压法，主要是训练腿的软开度、柔韧性和胯的开度，腿部软度越好，动作就越轻盈。

常用扶把方法：单手扶把训练。

> **温馨提示**
> 压前腿时，注意不弓背，主力腿不屈膝。

1. 压前腿

准备姿态：左手扶把，右手一位，身体朝把杆方向内转 45°，主力腿一位脚站立，眼睛平视前方。如图 1-2-3 所示。

做法：右腿绷脚经吸腿伸出，有控制地将脚踝架在把赶上，同时右手从一位经二位至三位。主力腿垂直于地面，胯放正。接着抬头，身体向右腿方向按照腹、胸、肩、头依次连贯前俯，腹部贴大腿，右手向右脚尖方向延伸。如图 1-2-4 所示。

图 1-2-3

图 1-2-4

2. 压旁腿

准备姿态：右手扶把，左手三位，主力腿一位脚站立，眼睛平视前方。如图 1-2-5 所示。

做法：右腿绷脚经吸腿伸出，有控制地将脚踝架在把杆上，主力腿垂直于地面，胯放正。接着身体朝右脚方向按照腹、胸、肩、头依次连贯下压，右耳贴大腿，左手向右脚尖方向延伸。如图 1-2-6 所示。

3. 压后腿

准备姿态：左手扶把，右手一位，主力腿一位脚站立。如图 1-2-7 所示。

做法：右腿绷脚朝后抬起伸出，右脚内侧架在把杆上，同时右手从一位经二位至三位。主力腿垂直于地面，胯放正，接着按照头、肩、胸腰、大腰依次连贯向后压。如图 1-2-8 所示。

温馨提示

压旁腿时，注意用身体的后背侧边缘去贴大腿，眼睛看天花板，手找脚背。

温馨提示

压后腿时，收腹、挑腰，双肩和胯放正。

图 1-2-5

图 1-2-6

图 1-2-7

图 1-2-8

学习提示

把上压腿动作学习——激趣引导

小圆规游戏：模仿圆规动作从压前腿准备姿势转换成压旁腿准备姿势，再换成通过动力腿打开旋转成压后腿准备姿势，比一比哪个“圆规”转得最规范。通过用模仿圆规游戏的方式吸引学生的注意力，提高学生的学习兴趣，并通过圆规直立的形态初步规范把上压腿的站姿。

把上压腿动作练习——准备与拉伸

1. 初步练习：把上架腿练习——腿绷脚经吸腿伸出，有控制地将脚踝架在把杆上，同时右手从一位经二位至三位，脚回落，手经二位回一位。（注意：一位脚准备，胯部开，垂直站立。）

2. 提升练习：把上耗腿练习——保持把杆前、旁、后压腿的动作，成人每次保持 20～60 秒为宜，儿童每次保持 7～15 秒为宜。

（注意：在进行耗腿前必须让韧带充分伸展，避免受伤。）

学习笔记

想一想

1. 把上压腿练习的训练方法一般分哪三种？你知道的把上压腿方法还有哪些呢？

2. 压旁腿时身体为什么不能前倾。

交流：

练一练

请根据配乐，进行把上练习：压腿组合。

把上练习：压腿组合练习音乐

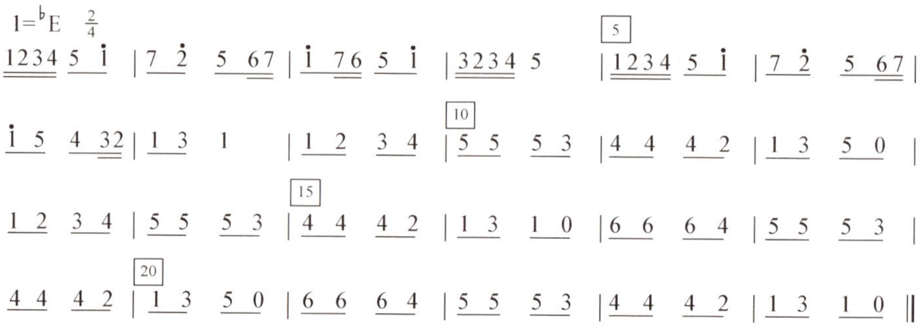

1. 练习目的

（1）通过组合训练，学生能掌握“把上压腿”动作的准确做法及名称。

（2）通过组合中动作元素的训练，学生能够较好地做到上身及腿部直立，动作规范。

（3）培养脚部柔韧性，舞蹈时与音乐点契合。

2. 动作要求

准备动作：单手扶把，身体侧对把杆，与把杆成 45°，一位脚站立，眼睛平视前方，芭蕾一位手。

前奏部分　第 1—8 小节

在准备姿势的基础上，经芭蕾二位打开至左手三位手，右手扶把，同时绷脚控右腿架至把杆上，眼睛平视前方。

主体动作（第一段）　第 9—24 小节

第 9—16 小节

[9—12] 压右旁腿 2 次。

[13—16] 耗旁腿 1 次，返回，立脚背，身体向右转 90°至把上右脚方向，同时换左手扶把，右手三位手，落脚跟。

第 17—24 小节

[17—20] 压前腿 2 次。

[21—24] 耗前腿 1 次，返回，立脚尖转至十字腿压腿准备。

主体动作（第二段）　重复第 9—24 小节音乐

第 9—16 小节

[9—12] 压前腿 2 次。

[13—16] 耗前腿 1 次，同时左手至右腿左侧扶把。起身，右腿经立脚尖吸腿向后延伸架于把杆上，右手保持三位手。

第 17—24 小节

[17—20] 压后腿 2 次。

[21—24] 耗后腿 1 次。

间奏部分　第 1—8 小节

[1—2] 上身起，保持三位手。

[3—4] 右后腿控制着后点地。

[5—6] 擦地至一位同时右手落五位。

[7—8] 左脚控制着架于把杆，呈旁腿压腿准备动作，右手三位手。

主体动作（第三段）　第 9—24 小节

第 9—16 小节

[9—12] 压左旁腿 2 次。

[13—16] 耗旁腿 1 次，返回，立脚背，身体向左转 90°至把上左脚方向，同时换右手扶把，左手三位手，落脚跟。

第 17—24 小节

[17—20] 压前腿 2 次。

[21—24] 耗前腿 1 次，返回，立脚尖转至十字腿压腿准备。

学习笔记

学习笔记

主体动作（第四段） 重复第9—24小节音乐

第9—16小节

[9—12] 压前腿2次。

[13—16] 耗前腿1次，同时右手至左腿左侧扶把。起身，左腿经立脚尖吸腿向后延伸架于把杆上，左手保持三位手。

第17—24小节

[17—20] 压后腿2次。

[21—24] 耗后腿1次，上身起，左后腿经后点地至一位脚，一位蹲同时左手经五位至一位，头随手走。

学习提示

把上压腿练习动作要点

开：胯部打开。

直：膝盖伸直，动力腿与胯垂直，主力腿与地面垂直，腰部直立。

正：身体正，胯部、肩部都要正。

平：上身下压时贴腿部，背部放平。

压前腿：主力腿直立，保持重心，动力腿绷脚，主力腿和动力腿膝盖伸直，上身保持直立，延伸拉长往前下压。

压旁腿：主力腿直立，保持重心，动力腿绷脚，主力腿和动力腿膝盖伸直，上身保持直立，延伸拉长往旁下压。

压后腿：主力腿直立，保持重心，动力腿绷脚外开，主力腿和动力腿膝盖伸直，后腰找臀部，上身不外翻。

想一想

1. 把上压腿训练的意义是什么？
2. 请你说一说把上压前腿、旁腿、后腿时胯部的注意事项有哪些。

交流：

学习笔记

艺术锦囊

1. 把上压腿练习的意义

把上压腿练习主要是让腿部韧带进入运动状态，也可理解为韧带的预热动作，可牵伸大腿背侧和臀部肌肉，促进其局部的血液循环，增加髋关节、膝关节、踝关节的灵活性。压腿后柔韧性增强，可促进身体健康和体形完美，减少舞蹈训练身体损伤的危险性。此外，压腿可提高神经系统与肌肉组织的协调性，祛除舞蹈前的身体僵硬，尤其是清晨起床后的晨僵现象。儿童压腿，可以促进生长，牵拉韧带，增加身体柔韧性。

2. 把上压腿动作详解(见图 1-2-9、图 1-2-10、图 1-2-11)

把上压前腿

图 1-2-9

把上压旁腿

图 1-2-10

把上压后腿

图 1-2-11

任务拓展

1. 把上压腿可分为________、________、________三种。

2. 把上压腿时主力腿与地面呈________关系。

3. 找一找，想一想

观察并找出练习过程中的错误动作，写出错处和正确做法。

错误动作	错处	正确做法

4. 说一说，做一做

（1）小组合作，练习把上压腿组合。

（2）小组合作，从“学一学”中任意选取一个把上压腿动作进行模拟教学，教学过程中结合语言表述与动作示范。

效果检测

学习内容	学习重点	学习难点	我的收获	反思计划

任务 2.2　把上擦地练习

任务实施

赏一赏

把上擦地练习是腿部力量训练的基础动作，是锻炼脚背、脚腕力量以及增强肌肉控制能力的重要手段之一。接下来，让我们一起带着以下两个问题观看视频，观看后，请将思考结果写在下面的横线上。

1. 把上擦地练习主要训练的是身体哪个部位？

2. 把上擦地练习中的音乐有什么特点？

交流：____

____

____

____

视频：把上组合练习一位擦地

温馨提示

前擦地时，动力腿的脚跟与主力腿的脚跟在一条直线上，不可出胯。

擦地是以一条腿为主力腿，另一条为动力腿绷脚、直膝擦出收回的动作，是整个腿部力量训练的基础动作。它主要训练腿部各个部位的力量，增强肌肉的控制能力。

常用把上擦地方法：双手扶把训练、单手扶把训练。

1. 前擦地

做法：主力腿直立与地面垂直，重心在主力腿上，动力腿沿着主力腿脚后跟的正前方直膝向前擦出，脚跟、脚心、脚掌依次离地，向前向远推出，脚背绷脚点地。脚尖与主力腿脚跟成一直线，擦地收回原位。如图 1-2-12 所示。

2. 旁擦地

做法：重心在主力腿上，动力腿沿着主力腿脚后跟的正旁方直膝向前擦出，脚跟、脚心、脚掌依次离地，向旁向远推出，脚背绷脚点地。脚尖与主力腿脚跟成一直线，擦地收回原位。如图 1-2-13 所示。

温馨提示

旁擦地时，动力腿的脚跟与主力腿的脚跟在一条直线上，不可掀胯。

3. 后擦地

做法：重心在主力腿上，动力腿沿着主力腿脚后跟的正后方直膝向前擦出，脚跟、脚心、脚掌依次离地，向后向远推出，脚背绷脚点地。脚尖与主力腿脚跟成一直线，擦地收回原位。如图 1-2-14 所示。

温馨提示

后擦地时，动力腿的脚跟与主力腿的脚跟在一条直线上，不可掀胯。

图 1-2-12

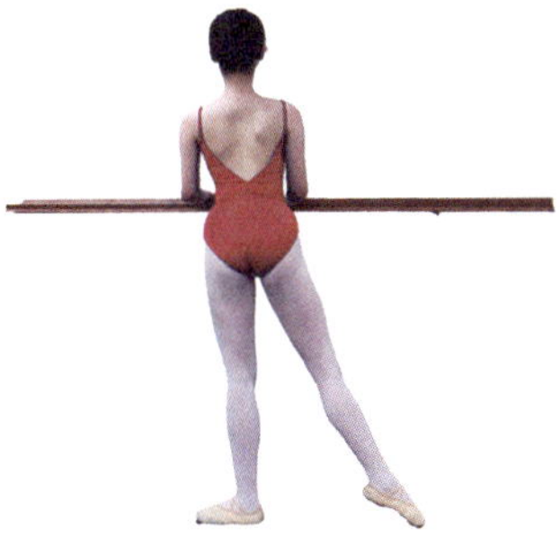

图 1-2-13

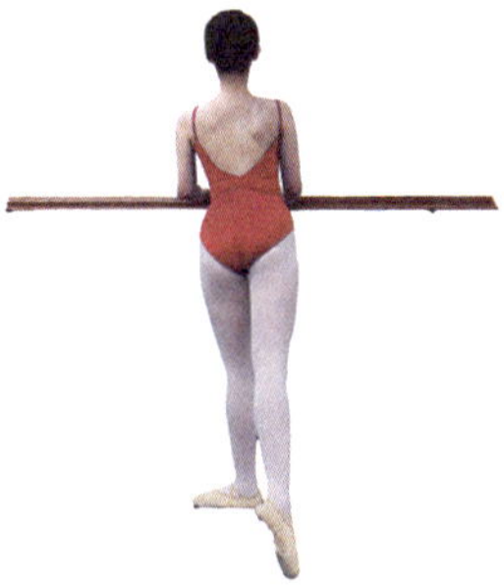

图 1-2-14

学习提示

把上擦地动作学习——激趣引导

小木偶重心转换游戏：模仿小木偶，借助音乐节奏的快慢进行重心左右脚转换游戏。游戏中了解和感知擦地时重心转换时的感觉。

把上压腿动作练习——单一到连贯

分解式擦地：前、旁、后单一擦地动作练习。

双手扶把连贯擦地：在双手扶把的基础上进行前、旁、后擦地动作综合练习。

单手扶把连贯擦地：在单手扶把的基础上进行前、旁、后擦地动作综合练习。

学习笔记

想一想

1. 把上擦地练习动作可分为哪几种？
2. 把上擦地练习时身体重心在哪个脚上？对身体姿态又有哪些要求？

交流：

练一练

请根据配乐，进行一位擦地组合的把上练习。

把上练习：一位擦地组合练习音乐

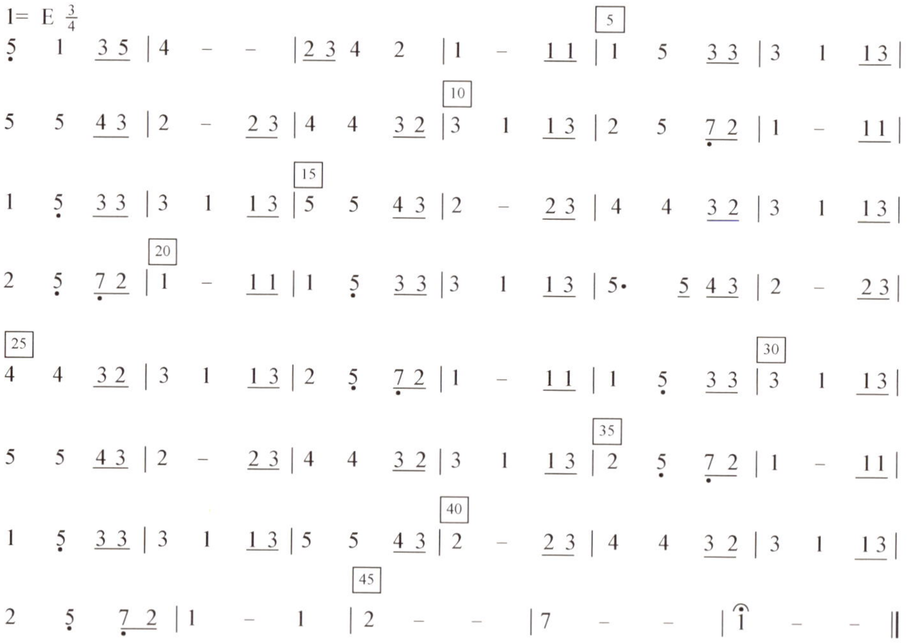

1. 练习目的

（1）通过组合训练，学生掌握擦地动作要领及名称。

（2）通过组合中动作元素的训练，学生能够较好地训练腿部、脚腕、脚背的力量，增强腿部肌肉的控制力。

（3）培养艺术气质，感知擦地音乐特点。

2. 动作要求

准备动作：面朝把杆一位脚一位手站立。

前奏部分　第 1－4 小节

[1－2] 面向把杆一位脚站立，抬头，身体直立。

[3－4] 双手轻扶把。

主体动作（第一段）　第 5－20 小节

[5－8] 右脚前擦地 2 次，4 拍出腿，4 拍收腿。

[9－12] 右脚旁擦地 2 次，4 拍出腿，4 拍收腿。

[13－16] 4 拍右脚前擦地，4 拍划圈至旁擦地，4 拍右脚勾脚旁蹬，脚后跟点地，同时左脚一位蹲，2 拍起身返回旁擦地动作，2 拍左脚经擦地回一位。

[17－20] 4 拍右脚旁擦地，4 拍划圈至前擦地，4 拍左脚勾脚前蹬，脚后跟点地，同时左脚一位蹲，2 拍起身返回前擦地动作，2 拍右脚经擦地回一位。

间奏部分　第 21－28 小节

[21－24] 右脚后擦地 2 次，4 拍出腿，4 拍收腿。

[25－28] 左脚后擦地 2 次，4 拍出腿，4 拍收腿。

主体动作（第二段）　第 29－47 小节

[29－32] 左脚前擦地 2 次，4 拍出腿，4 拍收腿。

[33－36] 左脚旁擦地 2 次，4 拍出腿，4 拍收腿。

[37－40] 4 拍左脚前擦地，4 拍划圈至旁擦地，4 拍左脚勾脚旁蹬，脚后跟点地，同时右脚一位蹲，2 拍起身返回旁擦地动作，2 拍右脚经擦地回一位。

[41－44] 4 拍左脚旁擦地，4 拍划圈至前擦地，4 拍右脚勾脚前蹬，脚后跟点地，同时右脚一位蹲，2 拍起身返回前擦地动作，2 拍左脚经擦地回一位。

[45－47] 双手提腕落一位。

学习笔记

学习提示

擦地练习动作要点

开：胯、腿、脚同时外开。

绷：脚背到脚趾绷到头。

推：擦地动作时脚跟、脚心、脚掌依次离地，向远推出至绷脚点地。

前擦地：擦地过程中脚跟往前顶，脚跟、脚心到脚掌逐一离开地面，脚尖与主力腿脚跟成一条直线。

旁擦地：擦地过程中脚跟往前顶，脚跟、脚心到脚掌逐一离开地面，脚背外开，开始擦地时全脚擦地。

后擦地：收回时用脚跟带动，由脚尖、脚掌到全脚擦地收回，后擦地时脚尖先走，动力腿脚跟与主力腿脚跟成一直线。

学习笔记

艺术锦囊

1. 把上擦地练习的意义

把上擦地练习是养成舞者正确、规范的身体形态的基础，是舞者摆好正确的身体重心位置的必要训练过程。

2. 把上擦地练习动作详解

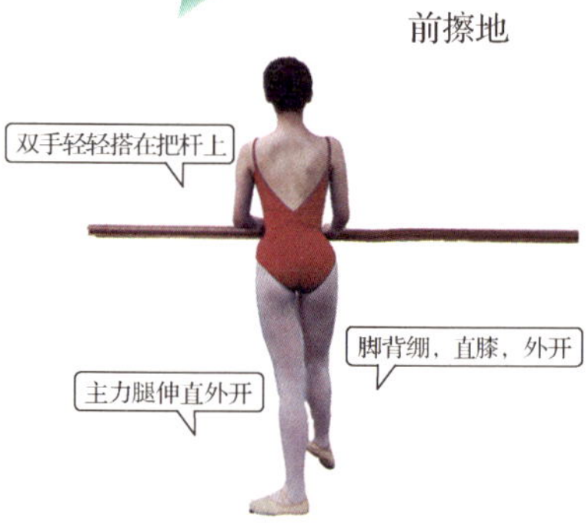

图 1-2-15

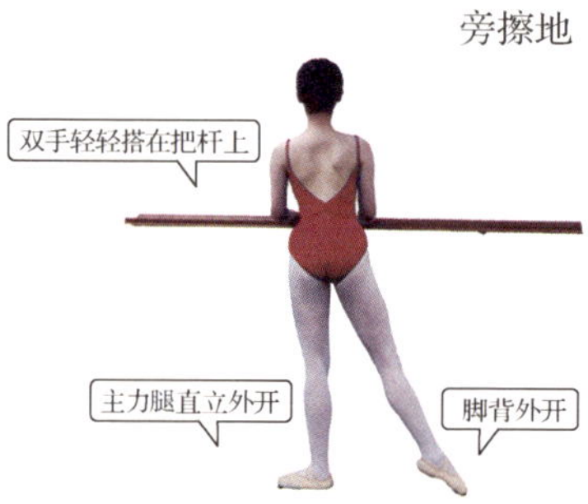

图 1-2-16

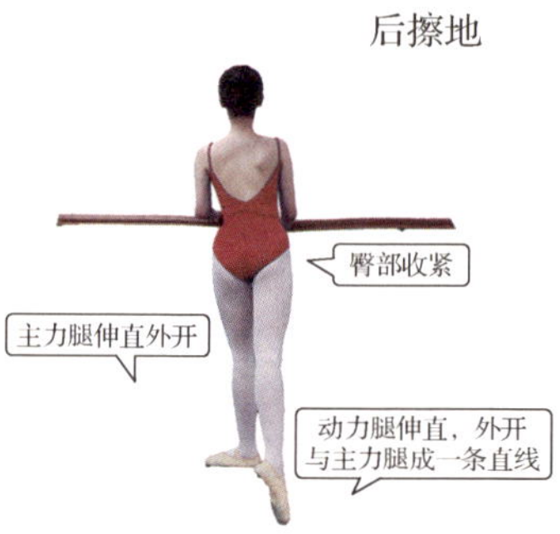

图 1-2-17

任务拓展

1．把上擦地练习动作重心在________上。

2．把上擦地练习一般分为________、________、________三种。

3．找一找，想一想

观察并找出练习过程中的错误动作，写出错处和正确做法。

错误动作	错处	正确做法

4. 说一说，做一做

（1）小组合作，练习把上擦地组合。

（2）小组合作，从“学一学”中任意选取一个把上擦地练习动作进行模拟教学，教学过程中结合语言表述与动作示范。

学习笔记

效果检测

学习内容	学习重点	学习难点	我的收获	反思计划

任务 2.3　把上小踢腿练习

任务实施

赏一赏

把上小踢腿练习是舞蹈提高脚部柔韧性和力量的重要训练手段之一。接下来，让我们一起带着以下两个问题观看视频，观看后，请将思考结果写在下面的横线上。

1. 把上小踢腿练习主要训练的是身体哪个部位？

2. 把上小踢腿练习中音乐节奏有什么特点？

交流：……

视频：把上组合练习　一位小踢腿

温馨提示

向前小踢腿时，小脚趾朝下，脚背朝外，主力腿保持直立。

把上小踢腿练习是在擦地的基础上，主力腿急速向空中有控制地踢起25°的动作，是腿部和后背肌肉力量、速度及控制力的训练，强调踢出时延伸至脚尖，不出胯，有一定的爆发力。在一位、三位、五位上都可以做小踢腿。

常用扶把方法：单手扶把训练。

1. 小踢腿

（1）向前小踢腿

做法：主力腿垂直于地面站立，动力腿经过前擦地踢起25°，收回时动力腿直落脚尖点地，经过擦地收回。如图1-2-18所示。

温馨提示

向旁小踢腿时，臀部肌肉收紧，主力腿保持直立。

（2）向旁小踢腿

做法：主力腿垂直于地面站立，动力腿经过旁擦地踢起25°，收回时动力腿直落脚尖点地，经过擦地收回。如图1-2-19所示。

温馨提示

向后小踢腿时，大脚趾朝下，脚背朝外，主力腿保持直立。

（3）向后小踢腿

做法：主力腿垂直于地面站立，动力腿经过后擦地踢起25°，收回时动力腿直落脚尖点地，经过擦地收回。如图1-2-20所示。

图 1-2-18

图 1-2-19

图 1-2-20

2. 小踢腿点地

温馨提示

小踢腿点地时，脚尖快速有力，触地起。

（1）向前小踢腿点地

做法：动力腿向前踢腿，脚尖快速有力地点一下地后立即踢至25°位置，触地即起。如图1-2-21所示。

（2）向旁小踢腿点地

做法：动力腿向旁踢腿，脚尖快速有力地点一下地后立即踢至25°位置，触地即起。如图1-2-22所示。

（3）向后小踢腿点地

做法：动力腿向后踢腿，脚尖快速有力地点一下地后立即踢至25°位置，触地即起。如图1-2-23所示。

图 1-2-21

图 1-2-22

图 1-2-23

学习提示

把上小踢腿动作学习——激趣引导

踩鼓点游戏：借助鼓不同部位的敲击声进行前、旁、后点地，既锻炼脚的控制力、灵活性，又借助鼓的节奏点的引导初步感知了前、旁、后小踢腿的感觉。

把上小踢腿动作练习——分解与连贯

1. 点地式小踢腿：前、旁、后三个方向重复做单一点地动作。
2. 分解式小踢腿：前、旁、后三个方向擦地至最远处，随后做向上踢腿动作，原路返回。
3. 一位小踢腿：在一位脚的基础上，做前、旁、后三个方向小踢腿练习。
4. 五位小踢腿：在五位脚的基础上，做前、旁、后三个方向小踢腿练习。

想一想

1. 小踢腿和小踢腿点地有什么区别？
2. 把上小踢腿点地训练的目的是什么？

交流：

学习笔记

练一练

请根据配乐，进行一位小踢腿组合的把上练习。

把上练习：一位小踢腿组合练习音乐

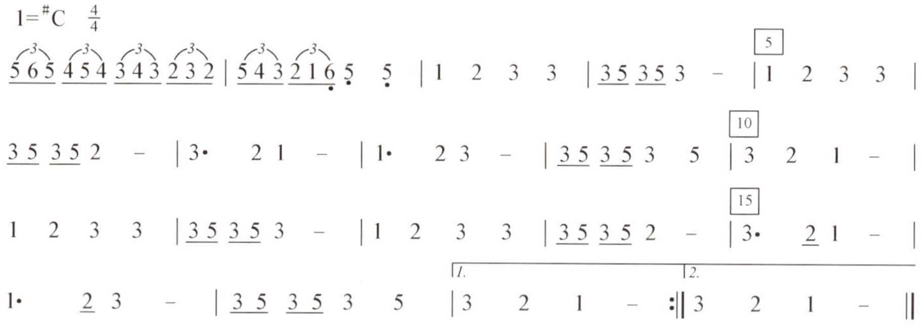

1. 练习目的

（1）通过组合训练，掌握把上小踢腿动作的做法及名称。

（2）通过组合中动作元素的训练，能够较好地掌握提高腿部、脚腕及后背肌群的力量、速度及控制能力的方法。

（3）培养艺术气质，感知欢快的组合音乐。

2. 动作要求

准备动作：面朝把杆一位脚一位手站立，芭蕾手形。

前奏部分　第 1—2 小节

［1］面向把杆一位脚站立，抬头，身体直立。

［2］双手轻扶把。

主体部分（第一段）　第 3—10 小节

［3—4］右脚向前小踢腿，与地面成 25°，绷脚，随后回落至前点地，擦地回一位。

［5—6］右脚向旁小踢腿，与地面成 25°，绷脚，随后回落至旁点地，擦地回一位。

［7—8］右脚向后小踢腿，与地面成 25°，绷脚，随后回落至后点地，擦地回一位。

［9—10］前、旁、后依次做小踢腿动作。

主体部分（第二段）　第 11—18 小节

［11—12］右脚向前小踢腿 2 次，2 拍前踢，2 拍收回。

［13—14］右脚向旁小踢腿 2 次，2 拍旁踢，2 拍收回。

［15—16］右脚向后小踢腿 2 次，2 拍后踢，2 拍收回。

［17—18］前、旁、后依次做小踢腿动作，前、旁腿 1 拍一动，后腿 2 拍一动。

间奏部分 第 1—2 小节

［1］立脚尖。

［2］压脚跟，一位蹲。

主体部分（第三段） 第 3—10 小节

［3—4］左脚向前小踢腿，与地面成 25°，绷脚，随后回落至前点地，擦地回一位。

［5—6］左脚向旁小踢腿，与地面成 25°，绷脚，随后回落至旁点地，擦地回一位。

［7—8］左脚向后小踢腿，与地面成 25°，绷脚，随后回落至后点地，擦地回一位。

［9—10］前、旁、后依次做小踢腿动作。

主体部分（第四段） 第 11—18 小节

［11—12］左脚向前小踢腿 2 次，2 拍前踢，2 拍收回。

［13—14］左脚向旁小踢腿 2 次，2 拍旁踢，2 拍收回。

［15—16］左脚向后小踢腿 2 次，2 拍后踢，2 拍收回。

［17—18］前、旁、后依次做小踢腿动作，前、旁腿 1 拍一动，后腿 2 拍一动，双手收一位。

学习笔记

学习提示

把上小踢腿练习动作要点

擦：经过地面擦地踢出。

紧：肌肉收紧。

开：擦地时要保持开胯。

巧：轻巧且有力量，小踢腿时保持肌肉灵敏度，动作快而有力。

把上小踢腿：经擦地起，踢时有力，主力腿保持伸直状态，动力腿上踢至 25°即可。

把上点地小踢腿：点地时做到快速有力，保持一定的控制力。

艺术锦囊

1. 把上小踢腿练习的意义

把上小踢腿对腿部肌肉灵敏度的提高有较大的作用，有利于提高动作的速度，锻炼腿部肌肉的控制能力，为大踢腿做好准备。

2. 把上小踢腿动作详解(见图 1-2-24、图 1-2-25、图 1-2-26)

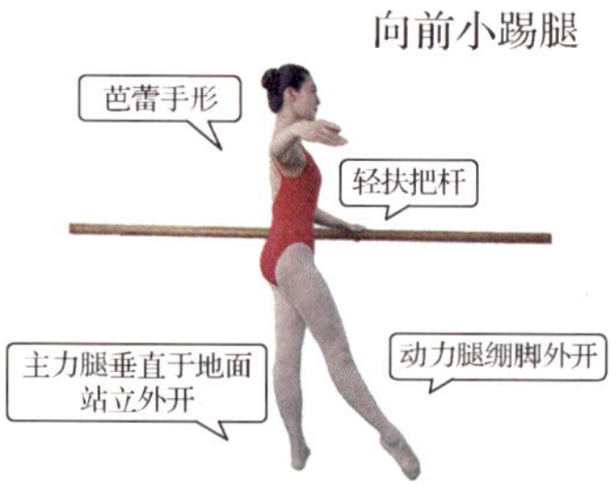

图 1-2-24

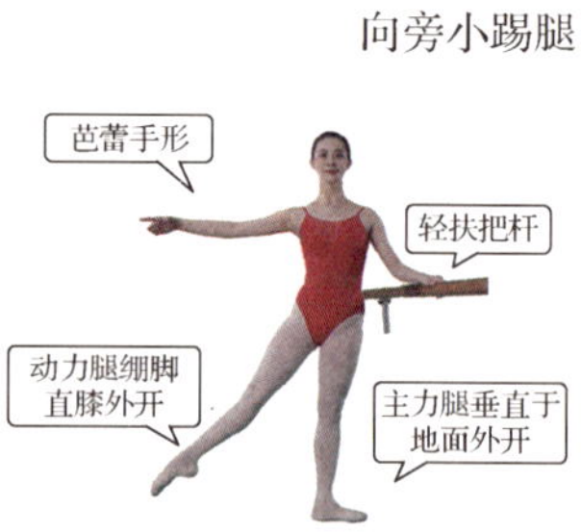

图 1-2-25

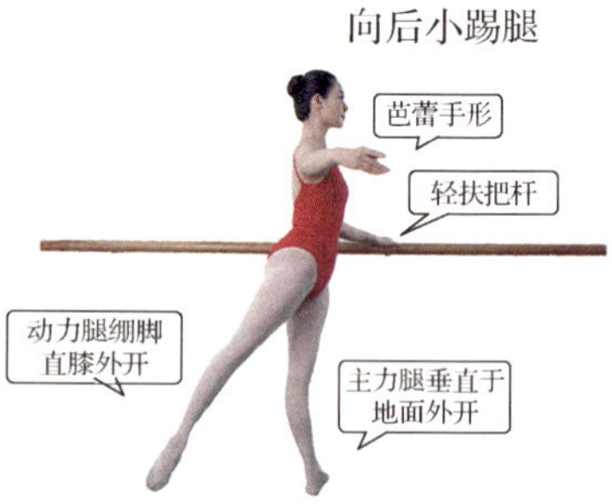

图 1-2-26

任务拓展

学习笔记

1. 把上小踢腿一般分为________、________两种。

2. 把上小踢腿主力腿保持________，动力腿上踢________°。

3. 找一找，想一想

观察并找出练习过程中的错误动作，写出错处和正确做法。

错误动作	错处	正确做法

4. 说一说，做一做

（1）小组合作，练习“把上组合练习 一位小踢腿”组合。

（2）小组合作，从“学一学”中任意选取一个一位小踢腿动作进行模拟教学，教学过程中结合语言表述与动作示范。

效果检测

学习内容	学习重点	学习难点	我的收获	反思计划

任务 2.4　腰的练习

任务实施

赏一赏

腰是舞蹈的核心部位。腰的柔韧性对于学习舞蹈的人来说十分重要。接下来，让我们一起带着以下两个问题观看视频，观看后，请将思考结果写在下面的横线上。

1. 腰的练习主要训练的是身体哪个部位？
2. 腰的练习中音乐有什么特点？

交流：

视频：把上组合练习 腰

腰是舞蹈训练中非常重要一环节，各种舞姿动作都离不开腰的辅助，腰的软度、力量、韧性、控制力和灵活性能使舞蹈表演更加优美自如。

常用扶把方法：单手扶把训练。

温馨提示

把上下腰时不顶胯，身体直立，腰部均匀用力。

1. 胸腰

准备：小八字位站立，一手扶把，一手七位，芭蕾手形。

做法：眼睛直视前方，从头、颈、肩依次向后下胸腰。如图 1-2-27 所示。

图 1-2-27

2. 前腰

准备：小八字位站立，一手扶把，一手七位，芭蕾手形。

做法：上身向腿的方向前俯，腹部尽量贴大腿，同时未扶把手朝

图 1-2-28

地面方向延伸，返回时上身起，未扶把手回七位。如图 1-2-28 所示。

3. 后腰

准备：小八字位站立，一手扶把，一手一位，芭蕾手形。

做法：从头、颈、肩、胸、腰依次向后压，同时未扶把手从二位至三位手，返回时腰、胸、肩、颈、头依次连贯上回，右手经二位回一位。如图 1-2-29 所示。

4. 单脚重心前、后腰

温馨提示

把上单脚重心下腰时身体直立，腰部均匀用力，脚背外开。

准备：一位站立，一手扶把，一手托掌，芭蕾手形。

做法：动力腿绷脚前擦地，主力腿半蹲，身体向前俯身，同时手成芭蕾手往地面方向延伸。然后主力腿伸直，动力腿绷脚前点地，上身直立，同时手随身体回，向后下腰。如图 1-2-30、图 1-2-31 所示。

图 1-2-29

图 1-2-30

图 1-2-31

学习提示

把上腰的动作学习——激趣引导

地面花篮腰及小飞机游戏。地面花篮腰：俯卧地面双手抓脚踝，上身往上立，同时带动双腿起成花篮状。地面小飞机（也称两头翘）：双手双脚与肩膀同宽，伸直同时往上翘。比一比谁更像花篮，谁飞得最高，激发学生学习的兴趣与探知欲。

把上腰的动作练习——局部到整体

1. 肩膀练习：两臂与肩同宽架于把杆上，做上下压肩动作。

2. 胸腰练习：双膝直立，肩部与腿在同一条直线上，两腿、臀部、腹肌要收紧，两肩放正外旋，胸椎往上顶，挑胸立腰。

3. 甩腰练习：单手扶把，一位脚站立，三位手向后甩大腰。

4. 下腰练习：扶把下腰至脱把下腰。

腰部的练习相对较难把握，从局部到整体的训练，由浅入深，由易到难，循序渐进地进行腰部的软开度和力量训练。

注意：练完要回腰。

学习笔记

想一想

1. 把上腰的练习下腰时重心在哪里呢?

2. 除了以上 5 个把上腰的练习动作外，你还知道哪些把上腰的练习动作呢?

交流：

练一练

请根据配乐，进行腰组合的把上练习。

把上练习：腰组合练习音乐

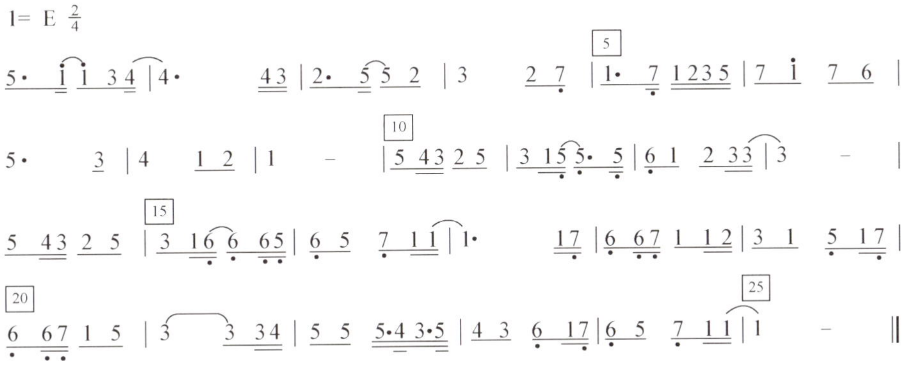

1. 练习目的

（1）通过组合训练，掌握把上腰部动作的做法及名称。

（2）通过组合中动作元素的训练，增强腰部软度、力度、控制力及灵活性。

（3）培养艺术气质，养成挺胸展肩的良好体态。

2. 动作要求

准备动作：一位站立，一位手，芭蕾手形。

前奏部分　第 1—9 小节

［1—4］准备动作保持不动，双手经二位打开，左手轻扶把，右手五位手。

学习笔记

[5—9] 含胸，同时手心朝前，随后回原位。眼睛直视前方，从头、颈、肩依次向后下胸腰，手心朝上。

主体动作　第 10—25 小节

[10—11] 下前腰。

[12—13] 起身回，右脚经擦地至二位脚。

[14—15] 向后下大腰。

[16—17] 甩大腰 2 次，起身回，右脚经擦地回一位。

[18—20] 右腿动力腿绷脚前擦地，主力腿半蹲，身体向前俯，同时手心向里往地面方向延伸，做单脚重心前腰。起上身，回原位。

[21—23] 左腿主力腿伸直，动力腿绷脚前点地，上身直立，手随身体回，向后下腰，做单脚重心后腰。

[24—25] 上身起，右脚收至一位同时立脚尖，右手至三位手，头回正，落脚跟，同时右手收回一位，眼随手动。

学习提示

把上腰的练习动作要点

旋：肩部外旋，从肩—胸—腰向后弯，两侧肩胛带向后方，大幅弯曲。

平：两肩膀放平，抬头。

挑：胸背向上挑，起身时收腹挑腰。

1. 胸腰：双膝直立，肩部与腿在同一条直线上，两腿、臀部、腹肌要收紧，两肩放正外旋，胸椎往上顶，挑胸立腰。

2. 前腰：身体放正，忌扣胸，下腰时呼吸要自然，不憋气。

3. 后腰：下腰时呼吸要自然，不憋气，起腰时需收腹挑腰，重心置于腿上，忌挺腹，膝盖保持直立，肩膀放松，不要端肩。

4. 单脚重心前、后腰：下腰时呼吸要自然，不憋气，起腰时需收腹挑腰。重心置于主力腿上，动力腿绷紧直立。

想一想

1. 请你说一说，回腰的重要性。

2. 请你说一说组合中的甩腰动作的要领。

交流：……………………………………

学习笔记

艺术锦囊

1. 腰的练习的意义

把上腰的练习主要是增加腰部的软度、控制力和灵活性，使腰部动作自如，增强舞蹈的表现力。腰的灵活与否、控制力量大小等会直接影响舞蹈动作的流畅性和美感。

2. 腰的练习动作详解

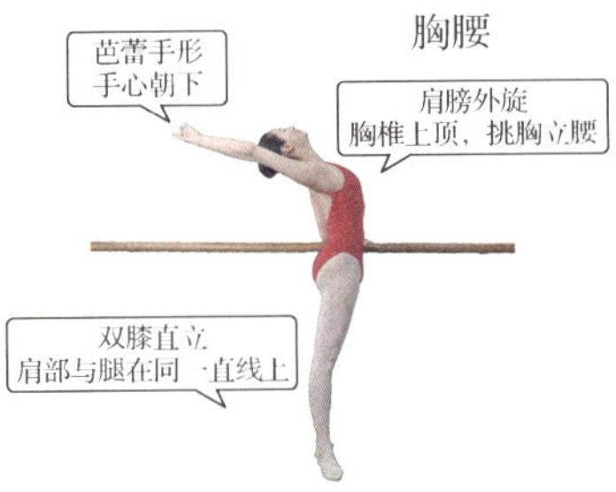

图 1-2-32

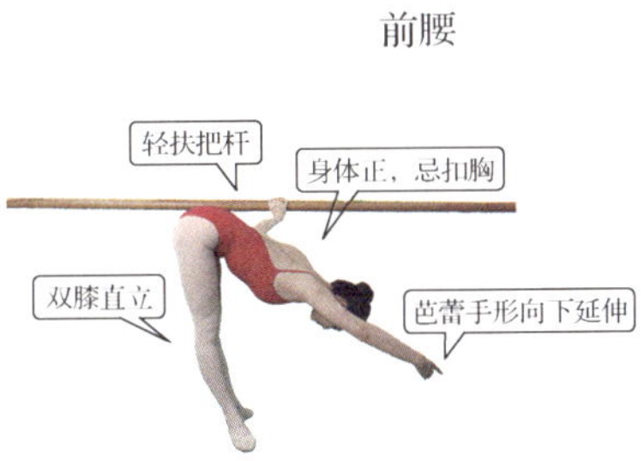

图 1-2-33

图 1-2-34

图 1-2-35

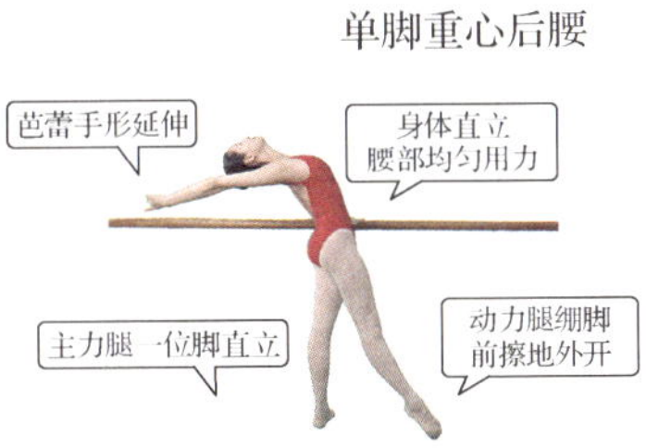

图 1-2-36

3. 幼儿适用腰部动作

图 1-2-37

图 1-2-38

图 1-2-39

图 1-2-40

学习笔记

任务拓展

1. 常用腰的练习动作有________、________、________、________、________。

2. 把上向后下大腰训练时，重心在______________。

3. 找一找，想一想

观察并找出练习过程中的错误动作，写出错处和正确做法。

错误动作	错处	正确做法

4. 说一说，做一做

（1）小组合作，练习腰组合。

（2）小组合作，从“学一学”中任意选取一个把上腰的动作进行模拟教学，教学过程中结合语言表述与动作示范。

效果检测

学习内容	学习重点	学习难点	我的收获	反思计划

专题二

基础舞姿

我们已经学习了芭蕾形体训练的基本组合，初步感受了身体的直立延伸感，同时拉伸了肌肉线条，锻炼了韧带的柔韧性，通过科学的形体训练方法，达到学习目标。从今天开始，我们将开启基础舞姿模块的学习。从这里出发，我们将一起学习用正确的姿势和优美的神态表达情感，同时给幼儿树立良好的榜样。

学习目标

1. 熟悉芭蕾舞和中国古典舞的基本理论常识。

2. 明确芭蕾舞与中国古典舞的训练任务及训练方法。

3. 通过学习芭蕾舞和中国古典舞，掌握常用的舞蹈术语和舞蹈记录方法。

4. 掌握正确的体态、舞姿，提高肢体的协调能力，加强自信心的培养。

学习导航

- 基础舞姿
  - 芭蕾基础
    - 手位脚位
      - 基本体态
      - 基本手位：一位、二位、三位、四位、五位、六位、七位
      - 基本脚位：一位、二位、三位、四位、五位
    - 方位练习
      - 8个方位变化
      - 方位组合
    - “立”的训练
      - 立半脚尖组合
      - 慢立半脚尖、快压立半脚尖
    - 行礼训练
      - 姿态、重心移动
      - 行礼组合
  - 古典身韵
    - 手位脚位
      - 基本手位：山膀位、按掌位、托掌位、扬掌位、提襟位
      - 基本脚位：正步、丁字步、小八字步、小踏步、大踏步、弓箭步、点步、虚步
      - 手位脚位组合
    - 元素练习
      - 沉、提、冲、靠、含、腆、移
      - 身韵元素组合
    - 舞姿训练
      - 单山膀、双山膀、托按掌、山膀按掌、顺风旗、斜托掌、双托掌
      - 舞姿组合
    - 步伐训练
      - 圆场步、花梆步
      - 步伐组合

感知体验

请通过互联网搜索并欣赏《最后一天》《扇舞丹青》两段经典舞蹈视频，感受舞蹈美的韵律，思考两段舞蹈分别带给你怎样的意境，运用了什么道具？

1. 赏：舞蹈视频《最后一天》《扇舞丹青》分别给你怎样的感觉？表现了什么主题？
2. 学：自主体验学习舞蹈视频，记录学习感悟。
3. 说：这两个舞蹈，具有什么样的风格特色？
4. 画：和我们之前学习过的舞蹈服饰有什么区别？
5. 搜：搜集芭蕾、古典舞蹈，除此之外，你还知道哪些经典作品？

视频	体态造型	动律特色	音乐节奏	情绪情感	服装道具
视频 1					
视频 2					

任务 1
芭蕾基础

任务描述

在学前教育专业的形体训练中，我们通过芭蕾基础训练，感受双脚脚位的变化，调整自身重心位置，从而调整人体的姿态和体态，纠正学生塌腰驼背的不良体态，形成挺拔向上的身姿，以及对身体动作协调性的训练和培养，其是一项全身性开发的训练体系，有助于培养学生的身体协调能力。

芭蕾基础训练大多采用静力性活动和控制能力的练习，通过肌肉的紧张和收缩，使躯干和四肢固定于某种姿势上不动，通过静力性活动让学生感知自主意识，把握肌肉和关节的本体感，感受身体各部位的正确用力方式，培养良好的控制能力和稳定能力，从而更好地进入下一个学习模块中，让我们一起学练吧！

任务 1.1　手位脚位

任务实施

赏一赏

芭蕾舞剧《葛蓓莉亚》诞生于浪漫主义晚期，是芭蕾史上一部尤为稀罕的喜剧作品。它从问世到如今已历经一百多年的沧桑更迭，当一代又一代人的作品都被历史的浪潮淹没时，它却仍然是流传度最高、世界各地演出节目单上最受欢迎的舞剧之一。请通过互联网搜索并欣赏《葛蓓莉亚》中的时钟舞选段，想一想，芭蕾舞有什么特点？

1. 观察舞剧片段中有哪些芭蕾手位、脚位。
2. 尝试做一做其中的动作。

交流：

芭蕾舞是一门技巧性很高的艺术，舞者的旋转、跳跃、脚间控制及双人舞技巧，都为芭蕾舞增添了巨大的艺术魅力。它是生动、典雅高尚、美丽的艺术。人们认识到芭蕾的训练方法不仅可以使人形体健美、动作优美、步履轻盈，而且在提高人的审美能力以及情操修养等方面也有不可忽略的作用。

图 2-1-1

1. 基本体态

身体姿态要求头部端正向上顶，两眼平视，下颌微收，双肩后张下沉，收腹、挺胸、立腰、拔背、紧臀，双膝伸直，两腿夹紧，脚跟并拢，双脚脚尖外开。行动时步伐轻盈稳健，给人一种优雅、含蓄的感觉。

图 2-1-2

2. 基本手位

一位：在基本站立姿态的基础上，双手在体前下垂，手臂略呈弧形，肘关节略有力前顶，手心向上，双手手指相距一拳，手掌与身体也相距一拳。如图 2-1-1 所示。

二位：保持一位手的形态，手臂同时向上提起，手心对着胸前横膈膜处，使肩到手指有一个下坡度，双臂有一种合抱大树的感觉。如图 2-1-2 所示。

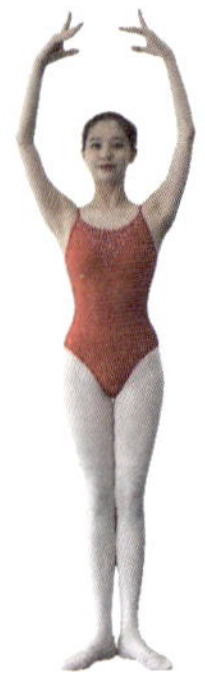

图 2-1-3

三位：保持二位手的形态，手臂同时向头顶的斜上方抬起，手心向下，肘关节略向后用力打开，双臂仍保持弧形。如图 2-1-3 所示。

四位：一手仍保持在三位，另一手保持原有形态落下到二位。如图 2-1-4 所示。

五位：停留在三位的手臂保持不动，落下至二位的手臂向外向旁走弧线打开，到正旁稍靠前的位置，肘关节向上抬起，手心向斜前，从肩到手指也略有一点坡度。如图 2-1-5 所示。

温馨提示

二位时，肘关节不要下沉。

六位：已打开到旁的手臂保持不动，另一手臂保持原有形态从三位落下到二位。如图 2-1-6 所示。

七位：已打开到旁的手臂仍保持不动，落下至二位的手臂向外向旁走弧线打开，到正旁稍靠前的位置，肘关节向上抬起，手心向斜前，从肩到手指也略有一点坡度，两臂成一延长的大弧形。如图 2-1-7 所示。

温馨提示

七位时，不要耸肩，尽量让颈脖拉长。

图 2-1-4

图 2-1-5

图 2-1-6

图 2-1-7

3. 基本脚位

一位：两脚脚跟靠拢，脚尖外开成“一”字形，双脚与肩成上下水平线。如图 2-1-8 所示。

二位：两脚在一位的基础上向旁分开，分开的距离约一只脚的长度，两脚的脚跟与肩头上下垂直，成分开的“一”字形。如图 2-1-9 所示。

三位：两脚仍保持外开，一脚跟紧贴在另一脚的脚弓处。如图 2-1-10 所示。

四位：两脚保持外开，一脚放在另一脚的正前方或正后方，成两条平行线，前后两脚相距一只脚的长度，一脚的脚跟与另一只脚的脚尖对齐在一条直线上，重心在两脚之间。如图 2-1-11 所示。

五位：在四位的基础上，前脚收回与后脚并拢，双脚贴紧，保持外开。如图 2-1-12 所示。

学习笔记

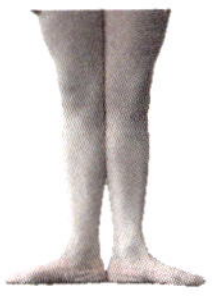

图 2-1-8

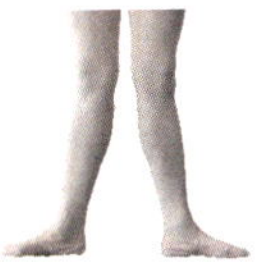

图 2-1-9

图 2-1-10

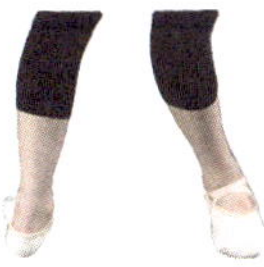

图 2-1-11

图 2-1-12

学习提示

芭蕾中的“开”“绷”“直”“立”

在芭蕾基础训练中，可以用四个字来概括所有的动作及体态的标准，即“开”“绷”“直”“立”。“开”指的是脚、踝、膝、髋、肩关节向人体两侧外开，尤其是两脚应该向外旋至 180°。这样可以最大限度地舒展人体的线条，扩大动作范围。但在施行“开”的要求时要注意，必须从髋关节到膝关节、踝关节、脚趾尖一次全部打开，切忌直接利用脚趾尖和踝关节外旋，这样容易造成身体上下扭曲，使肌肉或韧带拉伤。“绷”是指将肢体各部位最大限度地绷紧，尤其是膝关节和踝关节。这样可以增强关节的灵敏度，动作干净灵活。“直”要求学习者身体挺拔直立，不能塌腰撅臀，不能挺胸凸腹，人体重心直立，避免左右摇晃。“立”主要指腰背部的挺立和脚尖的垂直立起。它会产生提升的作用，使整个身体重心上提，具有一种轻盈、敏捷和精神气质上的美。

想一想

1. 芭蕾的基本体态要求是什么？
2. 芭蕾中“开”“绷”“直”“立”的内涵是什么？

交流：

学习笔记

练一练

结合体态、手位、脚位等元素，让我们在组合音乐中，进一步体验芭蕾的魅力。

乘着歌声的翅膀

1=$^\flat$A $\frac{6}{8}$

稍慢 幽静地

[德]门德尔松 曲

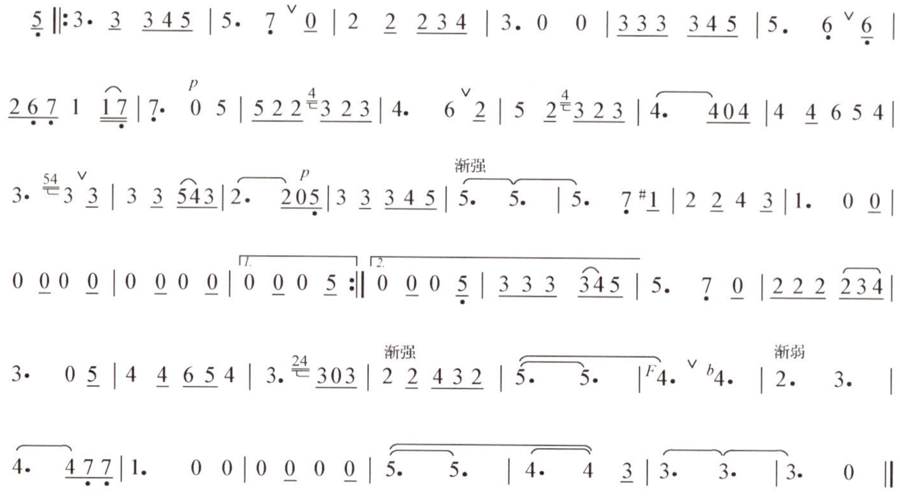

视频：芭蕾组合 乘着歌声的翅膀

1. 练习目的

熟悉芭蕾常用的姿态手位，配合悠扬的音乐，帮助学生寻找舞蹈的美感。

2. 动作要求

准备动作：

一位脚，一位手，身对 1 点音乐起，呼吸 1 次。

（1）［1—2］手从一位到二位。

［3—4］二位到三位。

［5—8］三位到四位然后到五位。

（2）［1—2］五位到六位。

［3—4］拉开到七位。

［5—8］三位到四位然后到五位。

（3）［1—2］右脚擦地，手至二位。

［3—4］四位蹲后，移重心至后点地，右手打开至六位后，左手拉长向前延伸到阿拉贝斯手位。

［5—8］收回主力腿至五位蹲，左脚旁擦地后回至一位脚位；手先回六位，打开变七位后呼吸收回至一位。

（4）［1—2］先小蹲，右脚旁擦地后收回前五位，小七位手呼吸一次，眼看 2 点方向。

［3—4］先小蹲，左脚旁擦地后收回前五位，小七位手呼吸 1 次，眼看 8 点方向。

［5—8］半蹲后立半脚尖，双手从一位至三位。

（5）［1—4］立半脚尖向右转圈，手在三位。

［5—8］落五位，身对 8 点方向，双手从三位打开至七位，延伸后收回一位。

学习提示

1. 气息要合理应用到组合的每个动作中来。每次出动作都需要一个小中间练习，由于没有把杆和地面的辅助，需要自己去找身体提气，用气息去贯穿动作，才能找到芭蕾的悠扬美感。

2. 重心，身体重心一般在两前脚掌上，切忌将重心放在脚后跟，忌翘脚指头或脚外翻内翻。

3. 手眼协调，眼随手动。

艺术锦囊

芭蕾舞简史

芭蕾舞起源于意大利，兴盛于法国，鼎盛于俄罗斯，最终从俄罗斯走向世界。它起源于 15 世纪文艺复兴时期意大利的盛大宴饮娱乐，是贵族们在宴会上自得其乐的业余性表演，即“早期芭蕾舞”。

学习笔记

1661 年，路易十四在法国结束了自娱艺术阶段，在巴黎建立皇家舞蹈学院，要求演员的姿势以外开为基础，并正式确立了脚的五个基本位置。18 世纪末 19 世纪初，浪漫主义文艺思潮发端于西欧，频频的战乱和苦难形成了表现神秘莫测的超自然境界的艺术特征。在大环境下，“浪漫主义芭蕾舞”跃上舞台，由舞者玛丽·塔里奥尼通过舞剧《仙女》《吉赛尔》推向鼎盛。

古典芭蕾舞以俄罗斯学派的崛起为背景，在浪漫芭蕾舞大势已去之时，新的芭蕾舞流派诞生。它集意大利、法兰西两大流派之大成，又融入俄罗斯特有的气势恢宏、动作凝重、精力过人、戏剧性强等特点，并形成了“双人舞”和“性格舞”模式，其中《天鹅湖》《睡美人》《胡桃夹子》三大舞剧最负盛名。

随着时代的发展，“浪漫芭蕾舞”和“古典芭蕾舞”尽管已千锤百炼，但毕竟与现代人的思想情趣相去甚远，于是“现代芭蕾舞”和“当代芭蕾舞”应运而生，它们顺应时代潮流，吸收借鉴现代舞训练体系及编舞技法，与“浪漫芭蕾舞”和“古典芭蕾舞”一同活跃在当今舞台上。

任务拓展

1. 芭蕾舞起源于________，兴盛于________，鼎盛于________。

2. 复习手位脚位组合，注意保持“开”“绷”“直”“立”的形体姿态，动作规范，正确运用发力。

3. 请小组合作练习《乘着歌声的翅膀》组合，并拍视频上传至学习平台。

效果检测

学习内容	学习重点	学习难点	我的收获	反思计划

任务 1.2 方位练习

任务实施

赏一赏

芭蕾舞《小夜曲》纯粹通过音乐和舞蹈，而不以任何其他辅助手段来表现剧情。柴可夫斯基的这一乐曲虽不是特地为芭蕾舞而作，但曲中四个乐章是适合舞蹈的，表现了不同的感情和处境。请通过互联网搜索并欣赏芭蕾舞作品《小夜曲》，想一想，芭蕾舞姿、体态有什么特点？

1. 观察舞蹈演员的基本体态，感受身体直立的美。
2. 体验并说出基本体态“直”与“立”、“开”与“绷”在舞蹈美中的作用。

交流：

在场记中，我们通常用“∠”这个符号来表示方向。

“∠1”舞台的正前方，即正面对着观众（或教室里正面对着镜子的方向）。

“∠2”舞台（或教室）的右斜前方。

“∠3”舞台（或教室）的右正旁。

“∠4”舞台（或教室）的右斜后方。

“∠5”舞台（或教室）的正后方。

“∠6”舞台（或教室）的左斜后方。

“∠7”舞台（或教室）的左正旁。

“∠8”舞台（或教室）的左斜前方。

八个基本方向是苏联著名芭蕾舞蹈家、优秀的舞蹈教育家瓦冈诺娃创立并确立的，从此，舞蹈教学中较为复杂的方向问题，有了一个简明的解决方法。

学习笔记

学习提示

舞蹈中的节奏

舞蹈由动作、节奏、表情三大要素构成。在舞蹈中，任何动作都需要有节奏，不同的节奏组成动作舞句，体现不同的情感表达。无论用音乐还是用鼓点，舞蹈动作通常都以八拍为一个时间单位，即以“1—2—3—4—5—6—7—8，2—2—3—4—5—6—7—8”依次顺延，音乐鼓点中，2/4 拍和 3/4 拍最为常见。

想一想

1. 在舞蹈中，你会数节奏吗？
2. 你知道 2/4 拍和 3/4 拍的区别吗？

交流：……………………………………

学习笔记

练一练

芭蕾基训能锻炼身体的柔软度、力度和开度，促使身体一直保持直立感，给人一种优雅之美感。让我们在组合音乐中，进一步体验芭蕾的魅力。

方位组合练习音乐

1=F $\frac{3}{4}$　　[日]久石让　曲

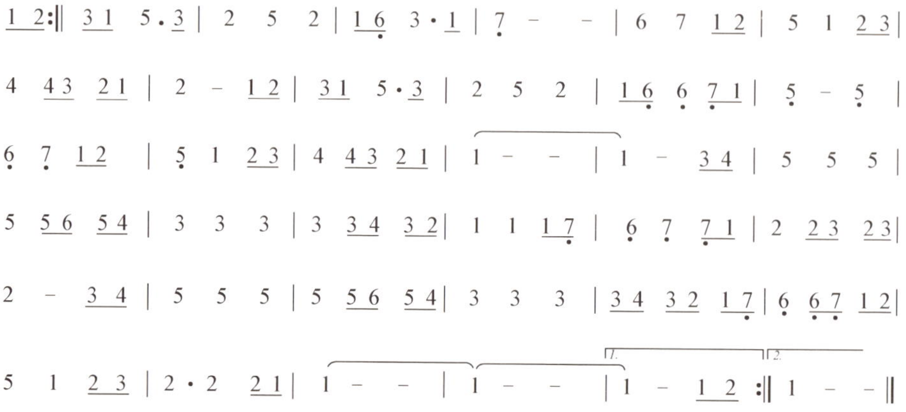

视频：芭蕾组合方位组合

学习笔记

1. 练习目的

通过对八个基本方位（8 个点）的变化以及头、手的配合训练，培养学生对空间方位的感受能力，发展头手动作的协调性。

2. 动作要求

[1] 面对 1 点，双臂自然下垂，小八字站立。

[2] 双臂向 2 点方向撩出至平举位，然后还原准备姿态。

[3] 左手背于腰后，右手撩出成侧平举，手心朝下，眼随右手，眼视 3 点远方，然后还原准备姿态。

[4] 右脚朝 4 点方向上步，右臂向 4 点方向撩出成侧平举，手心朝下，眼随右手，眼视 4 点方向，再还原准备姿态。

[5] 前 4 拍，身体左转 180°上左脚，右脚后点地，成背对 1 点站立，同时双臂斜上举，抬头挺胸，手心相对，眼视 5 点前上方；后 4 拍，双臂下落交叉搭于肩。

[6] 身体向右转 45°，左脚朝 6 点上步，同时左手伸向 6 点方向平举，手心朝下，眼随左手，然后还原面对 1 点的准备姿态。

[7] 右手背于腰后，左手撩出成侧平举，手心朝下，眼随左手，眼视 7 点远方，然后还原准备姿态。

[8] 左脚朝 8 点上步，右脚斜后方点地，同时双臂向 8 点方向撩出成平举位，然后还原准备姿态。

[9] 前 4 拍，左脚向 1 点方向上步，右脚后点地，同时双臂斜上举，抬头挺胸，手心相对，眼视 1 点前上方；后 4 拍，双臂胸前交叉搭于肩。

[10] 右脚向 3 点上步，左脚脚尖点地，保持双臂胸前交叉搭肩姿态。

[11] 重复 [10] 动作，方向相反（对 7 点），动作对称。

[12] 前 4 拍，身体右转 180°上右脚，左脚后点地，成背对 1 点站立，同时双臂斜上举，抬头挺胸，手心相对，眼视 5 点前上方；后 4 拍，双臂下落交叉搭于肩。

[13] 前 4 拍，身体左转，左脚朝 8 点上步，右脚斜后方点地，同时左臂向 8 点方向撩出成斜上举位；后 4 拍，重心后移成左脚点地，同时双臂向 6 点方向摆出成高低手（右手在上），眼随右手。

[14] 前 4 拍，右腿屈膝，同时左臂下落伸向 8 点斜前下方，眼随左手；后 4 拍左脚收回成小八字，同时双臂自然下落。

[15] 右脚朝 2 点上步，重复 [13] 动作，但方向相反，动作对称。

[16] 重复 [14] 动作，但方向相反，动作对称，最后右脚不收回。

学习提示

1. 练习中始终保持挺拔向上的体态，体会正确部位的肌肉感觉。

2. 身体的方向、手臂的方向和头部的方向改变时，要保持清醒的头脑，做到头、手与身体动作的协调。

学习笔记

艺术锦囊

芭蕾舞的派别

在芭蕾舞五百多年的发展历程中，举世公认的有六大学派，分别是意大利、法兰西、俄罗斯、丹麦、英国和美国学派。

意大利芭蕾舞学派风格“简劲”，动作简洁、准确、干净，技术娴熟，追求高难度，急速、猛烈、线条清晰，其快速灵巧的小跳动作亮点突出，旋转技术较为高超，且花样独特、繁多。

法兰西芭蕾舞学派集中体现了欧洲芭蕾舞“精致”“细腻”的风格，脚部动作灵活，手臂动作柔和，注重舞姿的线条和舞蹈技术的质量，独具特色，演技高超，自成一派。

俄罗斯芭蕾舞学派最具“戏剧性”，它批判地继承了俄罗斯古典舞的民族特色，发扬了俄罗斯舞风的平稳、优美和动作自由、宽广的风格，作品充满人道主义思想和深刻的内容，情感表达也极为真诚。

丹麦芭蕾舞学派风格“流畅又轻松”，注意动作的轻快、演员脚底下的功夫极为细致而灵敏。

英国芭蕾舞学派风格“妩媚”，其舞姿华丽优雅，动作轻盈纤细，手形美丽柔和，技术高超潇洒，总体以文雅、流畅、轻盈、细腻著称。

美国芭蕾舞学派以“速度”和“稳定”著称，侧重女演员的中心地位。虽然遵守着已经确立的芭蕾技术规范，但其动作中尚能反映美国特有的速度、幽默、广阔、精力、体育运动精神等。

任务拓展

1. 芭蕾基本分类为________派芭蕾、________派芭蕾、________派芭蕾、________派芭蕾、________派芭蕾、________派芭蕾。

2. 复习方位组合，增强动作反应能力。

3. 请小组合作练习方位组合，并拍视频上传至学习平台。

效果检测

学习内容	学习重点	学习难点	我的收获	反思计划

任务 1.3　“立”的训练

任务实施

赏一赏

《四小天鹅》是舞剧《天鹅湖》中最受人们欢迎的片段之一，音乐轻松、节奏欢快，主要描绘小天鹅们嬉戏的场景，其间，四名女舞者扮演四只小天鹅，上身动作很少，双手交叠握住不动，让观众把注意力集中到她们的腿部动作上。舞蹈着重突出天鹅修长的细腿，运用大量重复的大吸腿和小跳，把小天鹅的活泼敏捷展现得淋漓尽致。请通过互联网搜索并欣赏芭蕾舞剧《天鹅湖》选段《四小天鹅》，想一想，芭蕾舞腿部动作有什么特点？

1. 了解选段《四小天鹅》的舞蹈特色。

2. 观察舞蹈演员的腿部动作，感受芭蕾中的大吸腿和跳跃。

交流：

立半脚尖也称踮脚，在身体直立延伸的基础上，抬升脚后跟到最高点，让重心通过脚背传递至大脚趾、二脚趾一侧的脚掌上，让身体变得更加修长、挺拔。立半脚尖时全身要夹紧，不能松懈。立半脚尖是加强踝关节力量的一个基础动作。如图 2-1-13 所示。

图 2-1-13

学习提示

芭蕾中的“立”

“立”是指脊柱（后背）要直立挺拔，收腹、立腰、展胸，绝对不能驼背撅臀。演员身体重心的正确与上体形态的挺拔、舒展，在讲究形态美的芭蕾舞中极为重要，这与芭蕾来源于欧洲宫廷和表现贵族气质有很大关系。另外，这“立”还特别指“立足尖”技巧。芭蕾舞演员立足尖技巧的使用，是区别于其他舞蹈的显著特征，因此有人将芭蕾舞称为“足尖舞”。这不仅突出了女演员修长的双腿和轻盈感，而且还增加了技巧和表现力。充满神秘之感的足尖鞋，即在普通舞鞋的鞋尖部分垫上多层布料或轻质木楦，并在鞋尖上用线缝衲两层，为演员在足尖上作舞达到平衡提供了一个有力的支撑点。就是这样一个仅 6.4516 平方厘米的平面，使芭蕾成为生动、时尚典雅、高贵美丽的舞蹈艺术。

温馨提示

站立时，丹田提气，双肩下沉，脖子拉长。

想一想

1. 在芭蕾舞中，你知道“立”的作用吗？
2. 尝试用半脚尖“立”。

交流：

学习笔记

练一练

形体的美，建立在直立基础上，只有先找到直立，才能完成更美、更高的技巧和艺术表现，让我们在组合音乐中，进一步体验芭蕾的魅力。

立半脚尖组合练习音乐

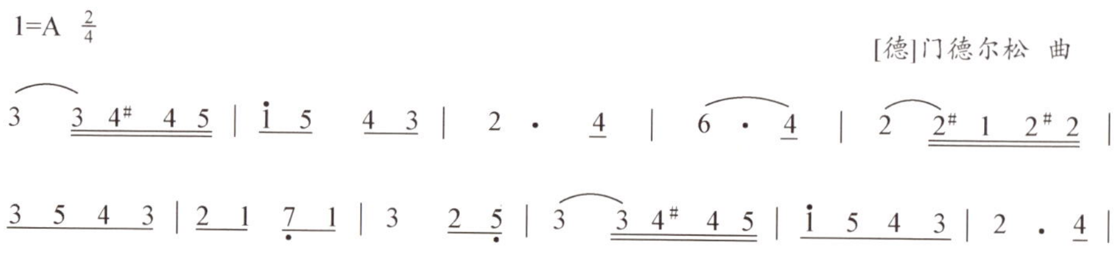

视频：芭蕾组合
立半脚尖组合

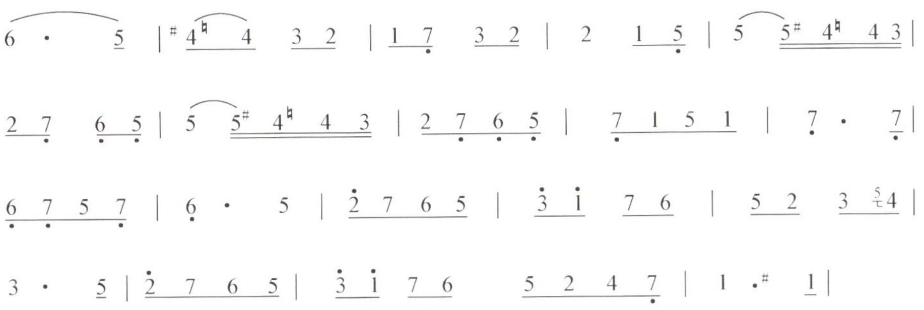

学习笔记

1. 练习目的

掌握直立膝盖和绷紧脚背，塑造腿的修长感。

2. 动作要求

（1）慢立半脚尖

双扶把脚下一位直立体态站立。直膝外开（膝盖及腿部肌肉转开向外），匀速慢起脚后跟，脚趾踩地、脚背推到最大限度（即全半脚尖，脚跟相对），再有控制地匀速慢落回原位。注意直立体态的始终保持。

（2）快压立半脚尖

双扶把，在立全半脚尖的基础上，直膝外开（膝盖及腿部肌肉转开向外），脚后跟快速压地推起，脚趾踩地，脚背快速推到最大限度，反复练习。注意直立体态的始终保持。

学习提示

1. 立半脚尖时，五个脚趾都要着地，力量不能偏向哪个脚趾。
2. 立半脚尖时用脚掌推地，脚腕绷紧，膝盖伸直，两条腿转开，胯要特别垂直，不能前顶后撅。
3. 脚要有力地向下踩，感觉整条腿很长，后背夹紧、上提。

艺术锦囊

芭蕾的足尖

事实上，芭蕾舞刚刚出现的时候并没有采用足尖跳舞。在 18 世纪的时候，法国女舞蹈家卡玛戈为了将她两腿在空中快速击打的高难度“弹足”技巧充分表现出来，才开始在演出时穿着短裙和软底鞋。1832 年 3 月 12 日，芭蕾舞剧《仙女》由意大利舞蹈家玛丽・塔里奥尼在巴黎歌剧院首次演出。在演出中，演员们不再穿着传统的掩臂缚颈、遮盖人体线条的芭蕾服装，女主角改穿上短袖、袒颈的白色轻纱裙，并首次穿上了足尖鞋跳舞。塔里奥尼以足尖轻轻掠过地面，轻盈得似空中飘浮的一朵云，令人倾倒。塔里奥尼也因此获得法国大文豪雨果的赠书题词“献给您那神奇的足，献给您那美妙的翼”，并被誉为“脚不沾地的芭蕾仙女”。从此以后，芭蕾舞演员普遍开始用足尖跳舞了。

任务拓展

1. 芭蕾舞女演员要穿特制的足尖鞋，用足尖立地起舞，故被称为“________上的艺术”。

2. 多次重复练习立半脚尖，速度可慢慢加快。

3. 请小组合作练习立半脚尖组合，并拍视频上传至学习平台。

效果检测

学习内容	学习重点	学习难点	我的收获	反思计划

任务 1.4　行礼训练

任务实施

赏一赏

芭蕾独舞《天鹅之死》是一部非常成功的现代芭蕾代表作品，它首演于 1907 年俄罗斯的彼得堡。编导是福金，他同时也是开创戏剧芭蕾的第一人。音乐则引用的是圣桑的曲子《天鹅》。首演的表演者是 20 世纪最伟大的芭蕾舞女演员——安娜·巴甫洛娃。最强大的编导，最伟大的演员，于是在 20 世纪诞生出了一部如此恢宏和成功的经典芭蕾剧目。请通过互联网搜索并欣赏现代芭蕾《天鹅之死》，想一想，现代芭蕾的风格特色是什么？

1. 了解现代芭蕾的风格特色。

2. 感受作品的内涵与意境。

交流：……………………………………

……………………………………

……………………………………

……………………………………

……………………………………

……………………………………

芭蕾舞者行礼时应保持整个脊椎的相对垂直，上身整体微微前倾，下颌微含。

女士动作：一位站好，右手二位至七位，右脚旁擦出，移重心至右腿，左脚点地，左手二位到七位，左脚收于右脚后，双手翻腕落于体前两侧，屈膝行礼，然后收左脚于一位还原。如图 2-1-14 所示。

男士动作：一位站好，前面相同，只是左脚不用置于右脚后交叉，而是并于右脚。鞠躬行礼。

图 2-1-14

温馨提示

上身整体微微前倾，下颌微含。

学习提示

芭蕾舞中的行礼

芭蕾舞之所以沿用西方贵族礼节是由于它起源于意大利宫廷，后来流传至法国宫廷，因此芭蕾舞本就是贵族舞蹈，不论是表演者还是观赏者，都是皇室成员或上层人士。在西方传统中，向地位比自己高的人行礼本就是理所应当的事，而如今，行礼更多是表达尊敬或感谢。

西方对礼节的重视更是源于想要将男孩、女孩培养成真正的绅士、淑女的愿望，因此西方礼节在仪态上不卑不亢，却又看起来谦敬有加。挺拔的脊柱，微含的下颌充分显示出其高贵、优雅的仪态。彬彬有礼、良好的修养是作为绅士、淑女的体现，因此，见面时向长辈行礼，下课后向老师行礼、向钢琴伴奏老师行礼，演出后向舞伴和观众行礼是芭蕾舞舞者必不可少的素养。

想一想

1. 在芭蕾舞中，行礼是必不可少的“仪式”，你知道吗？
2. 芭蕾舞舞者为什么要行礼呢？

交流：……………………………………

……………………………………

……………………………………

……………………………………

学习笔记

练一练

行礼，是芭蕾舞中最美妙的环节，万万不可漏掉，让我们在组合音乐中，进一步体验芭蕾的魅力。

视频：芭蕾组合
行礼组合

学习笔记

行礼组合练习音乐

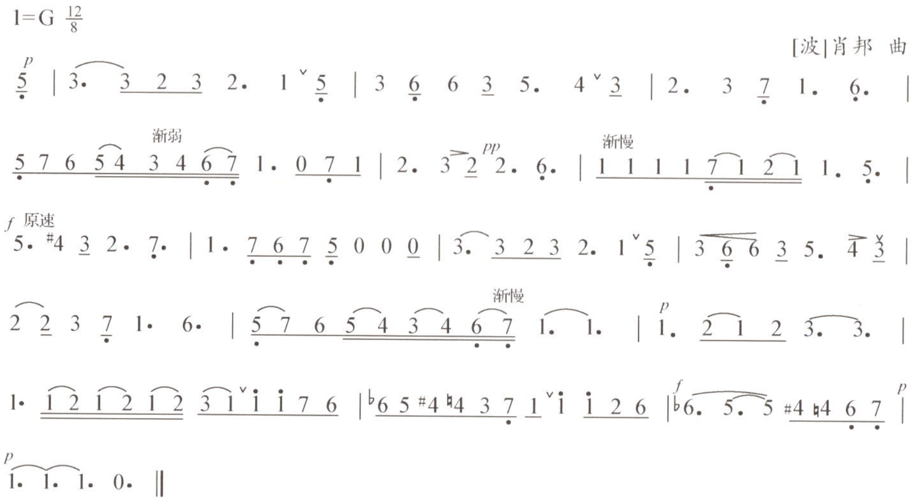

1. 练习目的

建立良好的站立姿态概念和身体感觉，体会身体前后移动、左右移动的重心轨迹变化。

2. 动作要求

准备动作：面对 1 点，双手叉腰，双脚并拢，正步位站立。

[1] 前 4 拍，面对 1 点，双膝弯曲半蹲；后 4 拍双膝直起，还原准备姿态。

[2] 正步位立踵再还原，但最后 1 拍成小八字站立。

[3] 前 4 拍，面对 1 点，双膝弯曲半蹲，同时双臂向两侧撩出至斜下方，眼随右手方向；后 4 拍双膝直起，还原直立，双手叉腰。

[4] 重复 [3] 8 拍动作，但动作对称；并且，最后 2 拍右脚向旁迈步，成大八字站立。

[5] 前 2 拍，面对 1 点，双膝弯曲半蹲；再 2 拍双腿重心向左平移，左臂配合向左侧平伸出，指尖做延伸状，眼随左手方向，同时左脚全掌着地，右脚脚尖点地；后 4 拍，经双腿半蹲还原大八字站立，双手叉腰。

[6] 重复 [5] 8 拍动作，但动作对称，方向相反。

[7] 前 2 拍，重复 [5] 8 拍移重心动作，但双臂配合向左侧摆出；再 2 拍，动作对称，方向相反；后 4 拍，双臂经左摆，动作不停继续向上晃动至右侧，再经下方摆至左侧平伸，同时再重心移动一

次，至左脚重心，右脚点地。

[8] 重复 [7] 8 拍动作，但最后 1 拍成小八字站立。

[9] 前 4 拍，双手叉腰，左腿直膝向前伸出点地，腿部外开；后 4 拍经双膝弯曲半蹲，重心由后向前平移，接着双膝直起成左脚全掌着地，右脚脚尖点地。

[10] 前 4 拍，先经左腿半蹲重心移至双腿半蹲位；后 4 拍双腿重心向后平移，接着双膝直起成右脚全掌着地，左脚脚尖点地，再收回成小八字站立。

[11] 重复 [9] 8 拍移重心动作，但换右脚前擦地开始。

[12] 重复 [10] 8 拍向后移重心动作。

[13] 前 4 拍，左脚向前擦地，同时双臂经两侧平举，然后向前移重心，双臂经前下方向前平举，指尖做延伸状，眼看 1 点方向；后 4 拍，双腿经屈膝半蹲至右脚重心，左脚前点，同时双臂体前下落抬至双臂侧举，然后左脚收回小八字位，同时双臂还原叉腰。

[14] 重复 [13] 8 拍动作，但换右脚开始动作，动作对称，方向相反，结束。

学习提示

1. 练习中始终保持挺拔向上的体态。

2. 身体各部位动作与重心移动要协调。

学习笔记

艺术锦囊

到剧场观看古典芭蕾演出的规则

1. 观众入场

欣赏古典芭蕾舞剧，观众通常应提前半小时左右到达剧场，以便留出寄存衣物或上洗手间的时间，然后从容就座，为进入剧情静下心来。对剧情不熟悉的观众，可购买一份节目单，利用开场前的时间阅读一下舞团简介、剧情介绍、编导和演员等相关材料。

2. 剧场铃声

正规演出前剧场会有三道铃声先后响起，提示观众及时就座，静心等候。

3. 学会鼓掌

大型古典芭蕾舞剧的演出通常由庞大的交响乐队作现场伴奏。在三次场铃响后，剧场的场灯渐暗，一束追光打在走进乐池的指挥家身上，他是当晚第一位与观众见面的艺术家。观众应给这位芭蕾剧场演

学习笔记

出中的大人物报以礼貌的掌声。因为这不仅是对指挥家的尊重，也是对随后将要展开的芭蕾演出所做的一个热身。热烈的掌声甚至能有效地预热身处侧幕条等候上场的芭蕾舞演员们的肌肉和关节。

当第二次幕间休息后，乐队再次进入乐池。指挥家再登指挥台时，他会谦恭地请全体演奏员起立向观众鞠躬。这时，观众须又一次献上掌声表示敬意。有时，由于乐队演奏的音乐是观众非常熟悉和喜爱的名曲，观众会自发地报以热烈的认同性的掌声。

任务拓展

1. 女性芭蕾舞者的行礼用到的是西方贵族的传统礼节________。
2. 多次重复练习行礼组合，注意舞蹈姿态美。
3. 请小组合作练习行礼组合，并拍视频上传至学习平台。

效果检测

学习内容	学习重点	学习难点	我的收获	反思计划

任务 2
古典身韵

任务描述

中国古典舞是舞蹈艺术中的一个类别，是在民族民间传统舞蹈的基础上，经过历代艺术家提炼、加工和创造，长期流传下来，具有典范意义和古典风格的舞蹈。古典舞创立于 20 世纪 50 年代，大多保存在戏曲艺术中，以手、眼、身、法、步的完美结合和高度统一为其主要特色，是一门借鉴，汲取，综合戏曲、杂技、武术等艺术精华的表演艺术，曾一度被一些人称作“戏曲舞蹈”。近几十年来，经过几代舞蹈家的辛勤探索和创造，从继承戏曲舞蹈和武术身法等中华民族传统文化艺术样式入手，根据舞蹈艺术自身的规律，以及时代精神的要求，运用科学的方法，对传统的戏曲舞蹈进行开发式整理，并对其作了创造性的理论与实践上的研究与探讨，创立了一套古典舞教学的基本方法，取名为身韵教学法。身韵教学法的确立使古典舞摆脱了对古典戏曲的依附，从而成为一个独立的舞蹈种类，确立了古典舞在中国舞蹈领域中的重要地位。因此，对古典舞身韵的特性、作用、价值和教学方法等进行系统性研究，也就成为发展古典舞的必然要求，具有极为重要的历史作用和现实意义。

在“舞蹈基础”课程中，我们主要学习的是中国古典舞中的身韵部分。

学习中国古典舞身韵，不仅需要了解其风格特色，而且要完成四个小任务，让我们一起学练吧！

任务 2.1　手位脚位

任务实施

赏一赏

《春江花月夜》用同名古典曲目为伴舞音乐，并借鉴了唐代著名诗人张若虚的同名诗作“江天一色无纤尘，皎皎空中孤月轮”的意境，同时适当借鉴了戏曲舞蹈中的一些程式和优美的身段，以婀娜柔美的舞姿，细腻含蓄的情韵，表现了月夜下少女对幸福的憧憬。请通过互联网搜索并欣赏古典舞作品《春江花月夜》，想一想，古典舞有什么特点？

1. 请问在作品中看到了哪些舞蹈动作语汇？
2. 想象一下这些动作语汇分别展现了哪些生活场景？

交流：……

经过几代舞蹈家的努力，中国古典舞逐渐形成细腻圆润、刚柔并济、技艺结合，以及精、气、神和手、眼、身、法、步完美和谐与高度统一的美学特色。

1. 基本手位

图 2-2-1

山膀位：手臂成弧状，平抬于体侧，开度与胸持平，大臂与肩持平，小臂呈下滑弧线，扣腕手指向前上方，掌心对外。如图 2-2-1 所示。

按掌位：手臂成下滑弧状，按于心窝处，掌心对体前下方，手与胸保持 25 厘米左右距离。如图 2-2-2 所示。

图 2-2-2

托掌位：手臂成弧状托于头上方，掌心向上，手边缘与前额在一条纵线上。如图 2-2-3 所示。

扬掌位：手臂举至头侧斜上方，手心对内侧。如图 2-2-4 所示。

提襟位：手臂成弧状，握拳提于胯旁，虎口对向胯骨，手腕微扣，掌心对下。如图 2-2-5 所示。

图 2-2-3

图 2-2-4

图 2-2-5

学习笔记

2. 基本脚位

正步：两脚并拢，脚尖向正前方，重心在两脚上。如图 2-2-6 所示。

丁字步：以左脚为例，左脚跟紧靠右脚脚窝处，夹角 90°，两脚尖对斜前方，重心在两脚上。如图 2-2-7 所示。

小八字步：两脚跟相靠，脚尖分开一脚之距对斜前方，重心在两脚上。如图 2-2-8 所示。

小踏步：以左脚为例，左脚脚尖对斜前方，直膝站重心，右脚在后，脚尖点地，膝微屈靠在左腿膝后。如图 2-2-9 所示。

大踏步（大掖步）：以左脚为例，左腿屈膝半蹲，站重心，右腿直膝绷脚，脚背贴于地面，向左后方撤一大步，两大腿根部相靠。如图 2-2-10 所示。

弓箭步：有旁、前之分。以左脚为例，旁弓箭步：左脚向旁屈膝下蹲，小腿垂直地面，夹角 90°左右，右腿向旁伸直，全脚落地，脚尖对右前方，重心在两腿之间。身体左转 90°为前弓箭步。如图 2-2-11 所示。

图 2-2-6

图 2-2-7

图 2-2-8

图 2-2-9

点步：有前、旁、后之分。以右脚为例，前点步：右腿直膝绷脚尖向前点地，左腿直膝站重心。如图 2-2-12 所示。旁、后点步：动作相同，只是方向不同。

虚步：动作同点步，只是主力腿加半蹲。如图 2-2-13 所示。

图 2-2-10

图 2-2-11

图 2-2-12

图 2-2-13

学习笔记

学习提示

芭蕾和中国古典舞的手位、脚位及舞姿虽然有很多相似的地方，但是其内在气质和运动轨迹是完全不同的。芭蕾的特点是开、绷、直、立，舞姿长而舒展，延伸感强，动作多表现在下肢，线条清晰；而中国古典舞的特点是“圆曲”“圆弧”，还有回旋，舞姿婉转修长，上下身配合，线条复杂、曲折。

要注意以下三点要领：

1. 舞者在静止的体态（或姿态）下所必须具备的自我审美意识与气质。
2. 掌握姿态、动作的运动过程中所经过的路线与轨迹。
3. “由动到静”或“由静到动”这瞬间变化的运动法则。

学习笔记

想一想

1. 古典舞手位脚位与芭蕾的手位脚位有何不同？

2. 你知道训练过程中的三个关键点吗？

交流：

练一练

结合体态、手位、脚位等元素，让我们在组合音乐中，进一步体验中国古典舞的意境。

手位脚位组合练习音乐

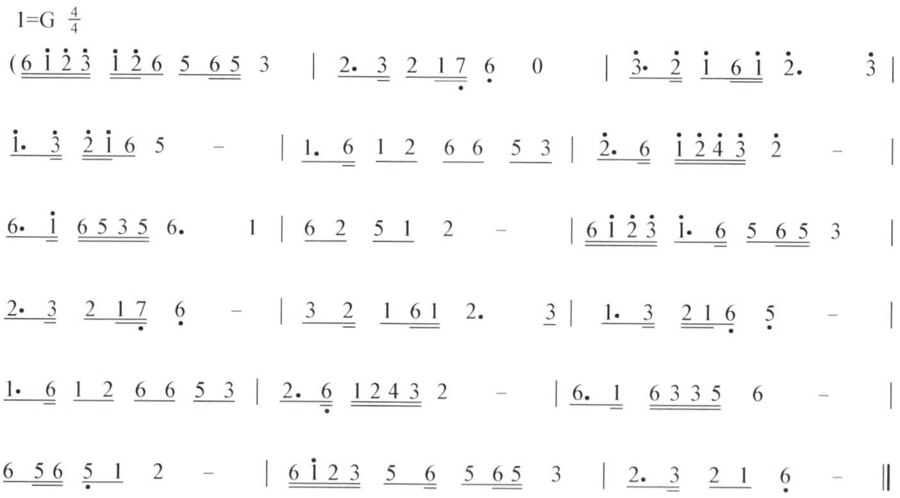

视频：古典舞手位脚位组合

1. 练习目的

身体被唤醒，从自然状态逐渐达到舞蹈状态，从而准确规范灵活地完成舞蹈动作所需的姿态；古典舞基本手位、脚位为之后的舞姿造型动作打下良好的基础。

2. 动作要求

准备动作：左脚在前丁字步，子午相准备，双手背手；男生双手叉腰准备。

［1］1—2 拍右手在旁提起至山膀位（眼随手动）。3 拍压手腕亮

相（眼睛看1点）。4拍保持不动。5—6拍山膀位落下至按掌位（眼随手动）。7拍压手腕亮相（眼睛看1点）。8拍保持不动。

[2]1—3拍按掌位提起至托掌位（眼随手动）。4拍压手腕亮相（眼睛看1点）。5—6拍双手打开至双山膀位。7—8拍右脚后踏步，移重心经过半脚尖落下至左脚点地。

[3]1—2拍左手落下至按掌位。3—4拍经过四位蹲到大掖步，身体转向1点同时下左旁腰。5—6拍右手从山膀位提起至托掌位，同时后脚起小射雁。7—8拍左手推开至山膀位。

[4]1—2拍双手在胸前小舞花，脚下射雁位不动。3—5拍双手从斜下方打开，画圆经过旁、上落下至胸前双按掌，左手在前，右脚向3点方向迈出至扑步，身体对2点，眼睛看1点。6—7拍保持不动。8拍回右脚在前丁字步，右手背手，左手握空拳成提襟手。反面重复一遍。

学习提示

1. 每一个手位、脚位表现准确，亮相时，头、眼、手配合到位。

2. 重心转换过程中保持上身舞姿的稳定。

学习笔记

艺术锦囊

戏曲舞蹈的形成与发展——宋元明清时期

中国舞蹈历经唐代的巅峰后逐渐走向衰落。正如唐诗作尽吟宋词，唐代舞蹈发展已极，宋代只得另辟蹊径，在唐代表演性舞蹈的基础上加以变化形成了自己独特的形式——队舞。这种具有庞大演出队伍的表演形式，兼具礼仪、典礼、欣赏娱乐多种功能，并有着固定的表演程式——舞蹈、歌唱、朗诵、对白等，各种形式互相穿插，形成了一种具有丰富内容，又有新的秩序的综合性表演形式。叙事成分的增添，是宋朝乐舞的一个重要变化。可惜的是，宋代队舞最终并没有向情节化方向发展，却转向戏曲靠拢，使得日后我国古代宫廷乐舞逐渐被戏曲吸收、淹没，而最终成为戏曲舞蹈的一个重要组成部分。

宋元以后的乐舞发展比较弱。自明朝起，戏曲已替代舞蹈成为主流欣赏艺术了。在民间，歌舞艺术一直保持着旺盛的生命力。如明清时汉族民间流行的秧歌，因其生动活泼，深受广大百姓的喜爱而一直流传至今。

任务拓展

1. “身韵”即________与________的总称，它们二者有机结合和渗透，才能真正体现中国古典舞的风貌及审美精髓。

2. 复习所学组合，注意头眼的配合。

3. 请小组合作练习手位脚位组合，并拍视频上传至学习平台。

效果检测

学习内容	学习重点	学习难点	我的收获	反思计划

任务 2.2　元素练习

任务实施

赏一赏

《踏歌》旨在向观众勾勒出一幅古代丽人携手游春的踏青图，以古典美景佳人的意象给人以美的享受。请通过互联网搜索并欣赏汉唐风格古典舞作品《踏歌》，想一想，古典舞舞姿体态有什么特点？

1. 唐代是我国古代舞蹈文化发展的高峰期，你在欣赏此作品中有何感受？

2. 此舞蹈体现古典舞诗、乐、舞三位一体的美学观念，你能看到舞台上“诗”的一面吗？

交流：

温馨提示

气息要放松。气从丹田而沉于丹田。

沉、提、冲、靠、含、腆、移是中国古典舞身韵里最基本的元素。通过练习这些可以增强气息和身体语言之间的协调性、连贯性，使动作变得圆滑、平缓，没有棱角，使表达的情感更加饱满而具有感染力。

沉：以盘坐的姿态，通过呼气，使气沉丹田，自下而上拉动脊椎自然弯曲，胸微含，眼皮随沉气慢慢放松。如图 2-2-14 所示。

提：在沉的基础上吸气，气息从丹田处提，自下而上至头顶，让脊椎一节一节往上展开，同时眼皮逐渐张开，眼睛睁大。如图 2-2-15 所示。

冲：先“提”，在“沉”的过程中，用肩的外侧和胸大肌向 8 点或 2 点水平“冲”出，肩与地面保持平行，切记上身不要向前倾倒，感觉腰侧肌拉长，头与肩方向相反，眼和“冲”的方向一致。如图 2-2-16 所示。

靠：先“提”，在“沉”的过程中，用后肩部及后肋侧带动上身向 4 点或 6 点“靠”出，感觉前肋往里收，后背侧肌拉长，要求肩与地面保持水平，不能有躺倒之感，肩、头方向相反，眼平视放松，头及颈部略向下梗。如图 2-2-17 所示。

含：先“提”，在“沉”的过程中，双肩向内收，腰椎蜷起来，头尖朝下延伸，胸腔向后收缩，寻找双手抱肩的感觉。如图 2-2-18 所示。

腆：和“含”是相反的运动，在“提”的过程中，双肩向肩胛骨靠拢，胸向前探，头微仰，上身完全舒展开。如图 2-2-19 所示。

移：先“提”，在“沉”的过程中，肩部在腰的发力下向左或向右正旁移动，即与地面呈横向的水平运动。要以腰发力，用肩带动向旁拉长腰肋肌，肩、头方向相反。注意：移是横向动势，要有不断的延伸感。如图 2-2-20 所示。

图 2-2-14

图 2-2-15

图 2-2-16

图 2-2-17

图 2-2-18

图 2-2-19

图 2-2-20

学习笔记

温馨提示

以腰为核心，带动上身完成动作。

学习提示

在学前教育专业古典舞学习的过程中，首先，学生通过练习身韵，感受舞蹈中气息的运用，以及气息运用在身体上的表达方式，从而进一步体会身体在运动中的协调感和舞蹈过程中身心合一的意境；其次，通过身韵中“沉”“提”“冲”“靠”“含”“腆”“移”的运动，扩大腰部的运动范围，体会人体中轴运动对个体平衡能力掌控的重要性；最后，在古典舞身韵的学习过程中，体会古典舞“形”“神”“劲”“律”的要求，体会舞蹈过程中表现出来的具有中国特色的古典美学意境。

学习笔记

想一想

1. 感受舞蹈中气息的运用。
2. 体会舞蹈过程中“形”“神”“劲”“律”的古典美学意境。

交流：

练一练

古典舞身韵的学习与训练，可以提高舞蹈的表现能力，在表演传统风格的舞蹈时表现更完美，以体现中华民族的神韵和气质。让我们在组合音乐中，进一步体验古典舞身韵的意境。

知道不知道

1=D $\frac{4}{4}$

中速♯ 优美、抒情地 广西民歌

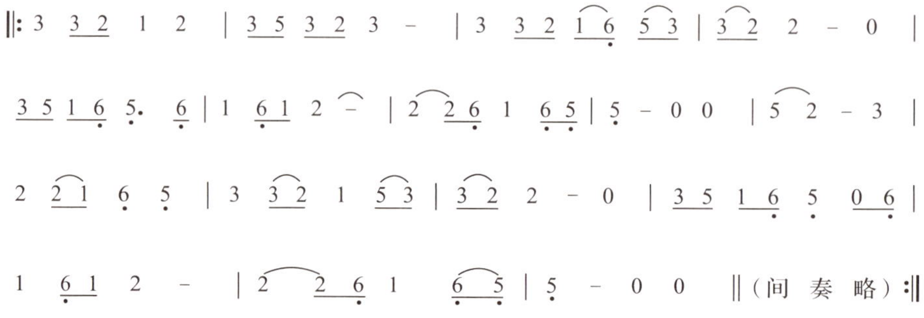

视频：古典舞
知道不知道

1. 练习目的

通过“沉”“提”“冲”“靠”“含”“腆”“移”元素的反复练习，强调以腰为轴的“平圆”动律特点，初步体会气息的作用。同时通过手臂的配合动作，进一步训练身体动作的协调性。

2. 动作要求

准备动作：盘坐沉，两手轻轻放在膝盖上，音乐起提。

[1]［1—8］提，右冲。

[2]［1—8］提回到正位，左靠。

[3]［1—8］提，右冲。

[4]［1—6］提回到正位，左靠；［7—8］回正后，沉。

[5]—[8]反面重复[1]—[4]一遍。

[9]［1—8］提，右移；右手手掌朝上提，小绕腕，右移时手指带动手肘向左平移，按手停。

[10]［1—8］提，左移；右手手腕带到手指打开，小臂画立圆放下。

[11]［1—8］提，右移；右手手掌朝上提，小绕腕，右移时手指带动手肘向左平移，按手停。

[12]［1—4］按手提气回正；［5—6］沉气时手从下画立圆到山膀手位后提气至最高点；［7—8］沉下手划到背手。

[13]－[16]左手重复[9]－[12]的动作。

学习提示

1. 在整个组合过程中，表情要自然，眼随手动，视线虚而深远；气息要放松，要“善于行意，巧于运气，控制用力”，气从丹田而沉于丹田。

2. 在做“冲”和“靠”的过程中，切记动作的连贯性，先“提”再“冲”，“提”回正之后，再“靠”。

任务拓展

1. 中国古典舞的特点是______________________________。

2. 复习所学的元素训练组合，从中领悟古典舞以腰为轴的“平圆”动律特点。

3. 请小组合作练习古典舞身韵元素组合，并拍视频上传至学习平台。

效果检测

学习内容	学习重点	学习难点	我的收获	反思计划

任务 2.3　舞姿训练

任务实施

赏一赏

《千手观音》深刻地体现了千手观音的体态造型，四肢运用有棱有角，散发着浓重的宗教气息；十几位聋哑姑娘从容安详，手臂分合如莲花绽放，她们在无声的世界里塑造了一个雍容典雅、光彩夺目的千手观音形象。请通过互联网搜索并欣赏古典舞作品《千手观音》，想一想，古典舞舞姿有什么特点？

1. 请问敦煌舞的基本体态是什么？
2. 感受此作品舞姿、音乐、灯光三者完美融合的气势。

交流：

温馨提示

动作、舞姿与内涵、呼吸要有机结合。

中国古典舞蹈中的舞姿是非常丰富的，它的基本动作具有高度的可塑性。它不仅是一种富有表现力的舞蹈动作，而且使跳跃、旋转与翻身等技巧具有强烈的视觉冲击力。基本舞姿要求腿部、躯干、手臂、头和眼睛（视线）等动作有高度的协调性。因此，基本舞姿的训练实际上也是掌握古典舞风格的手段。

图 2-2-21

单山膀：单山膀有左右之分，以右手为例。面向∠8，左丁字步，左手叉腰，右手经撩掌、切掌向右拉至右旁，高度与肩平，手心向斜下方稍扣腕，眼视∠8。如图 2-2-21 所示。

双山膀：双手均于山膀位。面向∠1，右丁字步，左手先经撩掌、切掌至胸前，眼随左手，然后向左旁平拉成左山膀；接着，右手同左手动作相反，向右旁平拉成右山膀，形成对称，眼视∠1。如图 2-2-22 所示。

托按掌：一手托掌位，一手按掌位。面向∠8，左小踏步，左手按掌按于胸前，同时右手撩掌至托掌位，眼睛随手看∠8。如图 2-2-23 所示。

山膀按掌：一手山膀位，另一手按掌位。面向∠1，右丁字步，动作与双山膀相同，区别在于一手停在按掌位置，眼视∠1。如图 2-2-24 所示。

顺风旗：一手山膀位，一手托掌位。面向∠8，左丁字步，双手同时撩掌胸前交叉，左手至山膀位，右手至托掌位，双臂保持圆弧形，手腕微翘，眼视∠8。如图 2-2-25 所示。

斜托掌：动作基本同顺风旗的做法，面向∠8，左丁字步，双手经分掌至顺风旗位，左手略低于山膀位，右手在扬掌位，双手手心向上，眼睛随手，最后在∠8 亮相。如图 2-2-26 所示。

双托掌：面向∠8，左丁字步，双手同时撩掌至托掌位，眼随右手，最后在∠8 亮相。如图 2-2-27 所示。

图 2-2-22

图 2-2-23

图 2-2-24

图 2-2-25

图 2-2-26

图 2-2-27

学习提示

中国古典舞在人体形态上强调“拧”“倾”“圆”“曲”的曲线美和刚健挺拔、含蓄柔韧的气质美，并要求在完成所有动作的同时，注意对神韵的把握。只有正确把握神韵，以内涵的气蕴、呼吸和意念带动与激发，才能体会舞蹈所包含的真实意境。

中国古典舞非常强调对“律”的运用，这也是中国古典舞身韵中一个特殊的存在。“律”这个字包含了动作中自身的律动性和运动中依循的规律这两层含义。一般来说，动作接动作必须要“顺”，“顺”是律中之“正律”，动作通过“顺”似乎有行云流水、一气呵成之感。“不顺则顺”的“反律”也是古典舞特有的，可以使人体动作产生千变万化、扑朔迷离、瞬息万变的动感。“逢冲必靠”“欲左先右”“逢开必合”“欲前先后”，正是这些特殊的规律产生了古典舞的特殊审美性。无论是一气呵成、顺水推舟的顺势，还是相反相成的逆向运势，或是“从反面做起”，都体现了中国古典舞的圆、游、变、幻之美，这正是中国“舞律”的精妙之处。

学习笔记

想一想

1. 古典舞中“律”的运用怎么体现？

2. 感受古典舞在人体形态上强调“拧”“倾”“圆”“曲”的曲线美和气质美。

交流：

练一练

中国古典舞要求把舞姿与内涵和呼吸有机结合，做到从内到外，从形到神，体现中国古典舞审美特征，提高艺术的感染力和表现力，让我们在组合音乐中，进一步感受古典舞舞姿的魅力。

梁祝

1=F $\frac{4}{4}$

慢板　　何占豪 陈 钢 曲

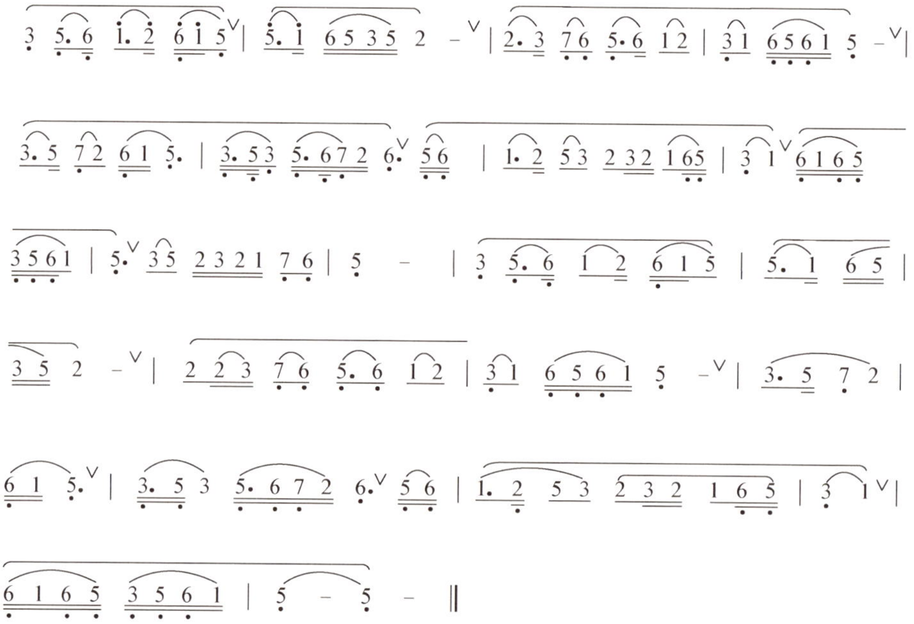

视频：古典舞梁祝

1. 练习目的

本组合将传统的单山膀、双山膀、顺风旗、双托掌、托按掌等舞姿，用动作连接，以气息、韵律为主线，以节奏的轻重缓急、抑扬顿挫进行控制变化，对动作进行处理，强调了“形神兼备”的审美特点，通过基本手位的学习，体会古典舞的独特魅力，锻炼肢体的协调性。

2. 动作要求

准备动作：小八字位，背手，兰花指。

[1][1—2]右手顺右胯向下经体侧斜下方至头上方，用手腕向上带动做撩掌运动。[3—4]右手臂按掌由头上方至胸前，眼随手动，做按掌动作。[5—6]右手由胸前经腹前，向旁用手心向外做分掌动作。[7—8]右手微扣腕向右拉成大臂与肩平的右单山膀位。整个8拍眼随手动，第7拍时提气提腕眼睛看手，第8拍时沉气压手腕成山膀，眼睛看1点方向。

[2]重复[1]的动作，但是需在保持右单山膀位的基础上，左手做方向相反的动作，最后成双山膀位，眼随手动。

[3][1—2]在双山膀位的基础上，提气，双手经一个小提腕后，往下同时压腕，沉气。[3—4]提气时，屈臂双手手心托上，经一个快速向外翻手腕的动作，向头上方做双托掌位。[5—8]提气，左脚上步变半脚尖立，双臂交叉按掌由头上方自上而下向外画立圆，双手变顺风旗手位亮相，右手在上，眼看8点。

[4][1—4]落重心，左脚前点地，右腿微蹲。左手上扬，右手斜下，眼看斜下。[5—8]左腿上提到吸伸腿位，双手回到顺风旗手位，眼随手动到8点。

[5][1—4]快速重复[4]的动作。[5—8]提气，向左双晃手转圈，左脚旁迈步，吸右腿后撤到大掖步，双手提至右上左下，绕腕亮相，眼看斜下。

[6][1—4]主力腿直立，左迈腿后踏步位，提气，向左双晃手一周。[5—6]双脚花梆步右移，小左双晃手，眼随手动。[7—8]右脚跨步后，左腿后移变大掖步，左手按掌，右手斜上按掌，眼看2点斜上。

[7][1—6]踏步位，左手背手，右手大盘腕1次，小盘腕1次，眼随手动。[7—8]身对8点，右脚前点地，左手背手，右手斜上，眼随手动。

学习提示

1. 在整个组合过程中，要注意气息的合理应用，每个动作前都会有个“欲动”，即“欲上先下”“欲左先右”“欲前先后”“欲提先沉”。

2. 手臂动作时注意以手指带动手臂画最大的圆，强调动作的延伸性。

3. 在整个组合里，强调眼随手动，每一次亮相动作要干脆，眼神要坚定。

学习笔记

［8］［1—2］右脚前点地，右手外盘腕到腰间，眼随手动，提气，右脚吸腿，右手屈于肘腰间，左手到山膀位，低头。［3—4］沉气，转身对6点，右腿后撤到大掖步，右手穿手到旁，左手回胯前按掌，眼看5点。［5—6］右撤步变踏步蹲，小舞花，眼随手动。［7—8］左腿撤步，半脚尖立，小射雁顺风旗。

［9］［1—8］向后圆场步绕圈，双手落下到背后，眼看右下，最后造型面朝8点，上右脚变踏步蹲，左手背手，右手向斜前延伸，眼看右手。

艺术锦囊

兰花指的故事

兰花指的做法是伸张五指，立食指，余四指自然弯曲，拇指指面轻贴中指指缘。现通常指大拇指和中指捏合，其余三指展开的手势。古时有多种指法，且为男子手势，体现了独特的美。

兰花，素有花中君子的美誉，所以兰花指又称君子指，也叫兰花手。在古代，翘兰花指是男人的专利，是他们显示男子气概的标志，当时有人写了一本《兰花品藻》，专门教人如何鉴赏、锤炼和保养兰花指。

据书中所载，兰花指品鉴之口诀为：钩、柔、白、瘦——钩，即弯曲；柔，即柔软；白，即白皙；瘦，即瘦削。如能达到如下标准方可称为极品：钩似圆月，柔若无骨，白如玉石，瘦胜麻秆。当时流行的兰花指指法甚为繁复，有上翘下翘、前翘后翘、左翘右翘、正翘斜翘等（有的难度极大，翘起来后可以仰贴在手背上），再辅以不同的角度和动作的快慢，赏心悦目、曼妙多姿。

在那个年代，如果一个男人有一翘就令人惊艳的兰花指，就会身价百倍，无论是就业上岗、登踏仕途或谈婚论嫁，都会顺顺当当，无往不利。所以男人们不但想方设法使自己拥有符合标准的兰花指，而且很注重保养工作。许多人还专门做兰花套戴在指头上，使之不受风尘雨露的侵蚀，为了让兰花指显得白皙，他们甚至还在上面扑粉。就像今天的选美一样，当时甚至还有兰花指大赛。时代变迁，这一风气渐渐移到了女性身上，翘兰花指于是就成了女性的特权。

学习笔记

任务拓展

1. 中国古典舞经过了长时间的发展，形成了以________为主审美特点的审美趋向。中国古典舞在舞姿造型中，始终遵循着________和________的走圆运动原则。

2. 复习本任务所学的舞姿组合，注意表现出古典舞“圆”的身韵，以及“欲上先下”“欲左先右”“欲前先后”“欲提先沉”的动作特点。

3. 请小组合作练习古典舞舞姿组合，并拍视频上传至学习平台。

效果检测

学习内容	学习重点	学习难点	我的收获	反思计划

任务 2.4　步伐训练

任务实施

赏一赏

古典舞《爱莲说》的创作来源是宋代诗人周敦颐所写的散文《爱莲说》。文中最经典的部分是歌颂莲花“出淤泥而不染，濯清涟而不妖，中通外直，不蔓不枝，香远益清，亭亭净植，可远观而不可亵玩焉”的气质和高尚的品格。正是在这样一篇具有深刻意义的散文的启发下，著名舞蹈编导赵小刚老师从中找到创作灵感，仔细地分析了《爱莲说》，将动作语汇与诗意环环相扣，深入主题，把莲花的形象和高尚的品德通过演员的肢体和情感而创作成了舞蹈作品，展现给观众，成功地将莲花的气质体现得淋漓尽致。请通过互联网搜索并欣赏古典舞作品《爱莲说》，想一想古典舞诗情画意的表现手法。

1. 请问这个作品中，你看到了古典舞“圆”的特点了吗？

2. 现代中国古典舞的特征是什么？

交流：

古典舞的基本舞步有以下两种。

温馨提示

踝关节松弛，膝盖靠住，步子小而碎。

圆场步：正步准备，一脚用脚跟上至另一脚的脚尖前，勾脚沿脚底的外沿依次由脚跟压至脚掌后，一只脚同时抬起脚跟接着往前走，这样连续上步前移。路线呈多种形状，可分半弧圆、斜线、圆圈、“S”字形、横“8”字形等几种。速度分为慢速、中速、快速三种，多为由慢到快，整个过程又称跑圆场。在跑圆场的开始阶段，可采用半步，即行进脚脚跟落在另一脚的脚弓处，其他要求同上。这样做能更好地掌握重心，并突出了勾脚的过程。

温馨提示

膝盖松弛，步子要小、流畅，身体保持平稳。

花梆步：又称碎步，即半脚掌着地，半脚尖直立，双腿快速地来回倒换，重心上提。具体做法：先正步准备，双脚并拢膝微弯，抬起脚跟，勾脚，踝关节放松，双脚用脚掌处向前、旁、后的方向快速移动。不能用脚掌擦着地行进。做向旁的花梆步时，一脚向移动方向（两脚间的距离约一拳），另一脚要快速并拢。做向前的花梆步时，第一步迈出后，第二步不是去看齐前脚，而是上到前脚约一拳左右的地方。后花梆步做法同前花梆步，只是移动的方向不同。

学习提示

中国古典舞强调“刚健”“挺拔”“含蓄柔韧”的内在气质。

中国古典舞注重“动静统一”，动作讲究起伏跌宕、有动有静，在行云流水般的动作之中穿插“亮相”，并以刚柔相济、具有韧性著称，赋予舞蹈者的形体动作以言犹未尽的如诗般的魅力。这种魅力在古典舞表演中主要体现在“劲头”上。所谓“劲头”，就是唐满城教授所指出的“赋予外部动作的内在节奏和有层次、有对比的力度处理”。比如运动时“线中的点”（即“动中之静”）或“点中之线”（即“静中之动”），都是靠劲头运用得当才得以表现的。这种“劲头”在古典舞表演中体现在区别运用“寸劲”、“反衬劲”和“神劲”，这对古典舞的表演来说十分重要。

想一想

1. 古典舞中的“劲”指的是什么？
2. 体会古典舞“刚中有柔”“韧中有脆”“急中有缓”的特点。

交流：……………………………………

学习笔记

练一练

准确掌握古典舞步伐的动作标准、做法要领，灵活、松弛、平稳、流畅地完成组合练习，让我们在组合音乐中，进一步体验古典舞步伐的魅力。

茉莉花

1=♭B $\frac{2}{4}$ 江苏民歌

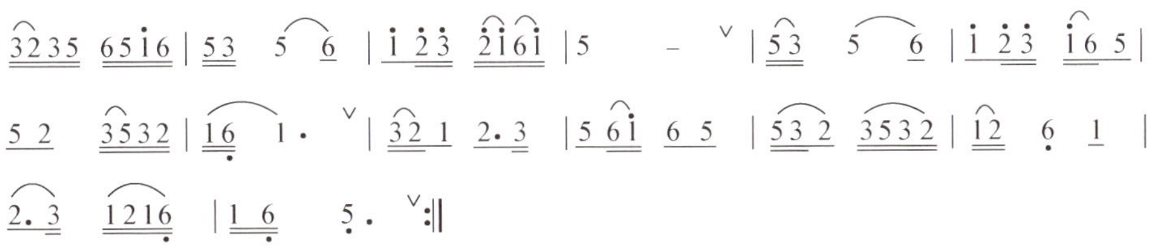

视频：古典舞茉莉花

1. 练习目的

圆场步和花梆步是古典舞中最常见也是最基本的步法。在走这两种舞步时，不但脚下要快而稳，两脚要来回快速地倒换重心，而且对上身的控制力也有很高的要求，需要“提气”，而且气不能“散”。这对自身的协调性是一个很好的锻炼，同时能够提升舞者的个人气质。

2. 动作要求

准备动作：朝右侧准备，小八字位，背手，兰花指。

［1］—［4］圆场步走一个圆圈，两手小波浪手，两拍一动。

［5］—［6］身体对 2 点，花梆步后退，双手画立圆，眼看 2 点。

［7］［1—8］右移，花梆步，小的双晃手 2 次。

［8］［1—8］向后圆场步转身，亮相造型。

学习提示

1. 在做组合动作时，身体重心要微微前倾，膝盖以下的关节都要放松，膝盖以上的躯体要收紧，大腿夹紧不僵直，两膝盖内侧要贴紧，步子要小、快、均匀，上身要稳，不能扣胸撅臀，这样才能让身体看起来轻盈。

2. 通常圆场步走圆场，花梆步走直线和斜线，每一个停顿或转向不要忘记气息的合理调节，通常走之前都需要提气。

学习笔记

艺术锦囊

从历史起源看中西古典舞的不同

文化，作为一种人类生存方式和社会现象，既有其共同性，也存在着时间与空间的异质性特色。特别是不同民族在地域、历史、文化上的差异，更是赋予了文化现象绚丽多彩的生命活力。舞蹈作为人类最古老的文化艺术门类之一，其文化特质积淀厚重，历史源远流长。从发展上考察，中国古典舞源于中国古老的戏曲舞蹈，植根、发展于中华民族文化传统的社会历史氛围中。经过独特的历史沧桑推演和文化陶冶，中国古典舞被注入了中华民族特有的审美追求。在古代先人的观念中，“天圆地方”的思想根深蒂固。而在中国人“天人合一”的思维与行为模式中，“圆”是天道周而复始运行规律最贴切的体现，是吉祥、圆满的符号象征，同时也是万物变化过程的价值体现。它被中国古典舞的肢体律动不断演绎、展现，是再自然不过的事情。“倾”则是人体律动过程中动静起承转合的表征。中国文化历来注重刚柔并济之道、动静开合之机。中国古典舞中的“倾”，正体现了这种舞蹈律动中“动中有静”“静中含动”的刚柔相济之美。

作为西方古典舞蹈典范的芭蕾舞，其艺术渊源可追溯至意大利文艺复兴时期。在这种历史文化沃土中孕育成长的芭蕾舞，自然体现并弘扬着这一时代精神，由文艺复兴运动带来的古希腊文明精神的重现，在舞蹈艺术的审美追求上，便是对人自身形体自然美感的展示与赞美。这与中国传统文化孕育、滋养的中国古典舞的审美旨趣有所不同。《白虎通·礼乐篇》曰：“乐所以必歌者何？夫歌者，口言之也，中心喜乐，口欲歌之，手欲舞之，足欲蹈之。”这诸多关于舞蹈的经典言论表达其所关注的并非人的肢体律动所展示的感性美，而是其蕴含的“达意”功能，即其社会政治道德教化功能。如果说，西方古典舞的审美视角所观视的是舞蹈展示的人自然肢体的感性之美的话，中国古典舞则是对舞蹈的意境之美表现出更多的关注。正因如此，西方芭蕾的舞者几乎无须借助任何舞具，只凭自身的形体便可以驰骋舞台，淋漓尽致地宣泄、展示人体的本然之美；而中国古典舞则往往离不开形形色色的舞具用以拓展舞蹈的意境氛围（如帗舞、羽舞、干舞、旄舞、皇舞等）。

学习笔记

任务拓展

1. 中国古典舞训练的总要求是____________________。

2. 复习本任务所学的古典舞舞姿步伐组合，注意体会古典舞“行云流水”般的轻盈灵动。

3. 请小组合作练习古典舞舞姿步伐组合，并拍视频上传至学习平台。

效果检测

学习内容	学习重点	学习难点	我的收获	反思计划

专题三

民族民间舞蹈（上）

我国有56个民族，舞种繁多，舞蹈异彩纷呈。千百年来，不同民族流传下来的民间歌舞，有的雄浑刚健，有的婀娜优雅，有的粗犷奔放，有的缓和细腻……这些散发着泥土芬芳的民族民间歌舞，是人们在生产、生活、劳动中智慧的结晶。它们以不同视角，展现着东方民族独有的悠远历史及深厚的文化底蕴。

本专题我们将重点学习汉族民间舞蹈。让我们在正月的冰天雪地里，一起去看看“锣鼓喧天踩高跷，火树银花到晨晓”的景象，感受质朴热烈、场面壮观的东北秧歌；再到温暖清丽的南方，一起去看看“千家万户歌舞蹈，男女老少全家跳”的场景，体验秀丽精致、悠然荡漾的云南花灯。

学习目标

1. 能理解东北秧歌、云南花灯舞蹈的风格特点和基本类型。

2. 能学习表演东北秧歌、云南花灯舞蹈的体态、动律、步伐和动作组合，并具有良好的舞蹈表现力。

3. 能将汉族民间舞蹈元素运用于幼儿舞蹈表演，积累舞蹈素材，加强自身舞蹈示范能力，传承民族舞蹈文化，增进民族自豪感。

学习导航

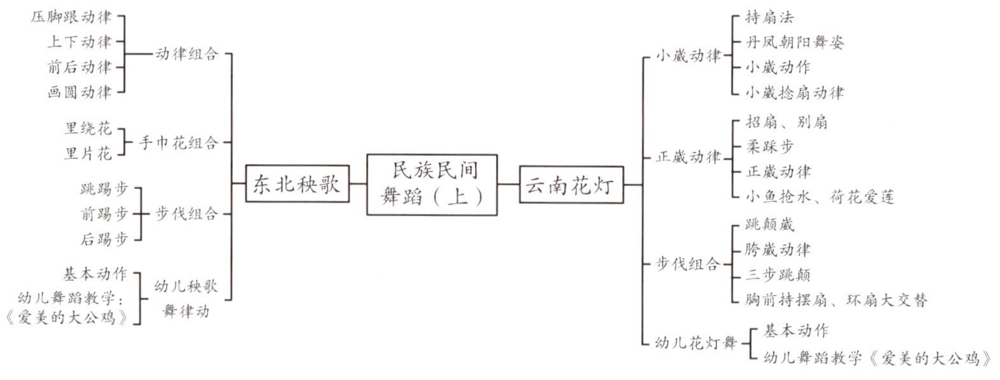

感知体验

春风迎新岁，瑞雪兆丰年，一片片喜气洋洋的雪花，或急或缓，或抑或顿，在大地之上，如此优雅美丽地飘向少女；初春的茶山上，姑娘们采茶欢歌，嬉戏逗笑，好不热闹……

请通过互联网搜索并欣赏《喜雪》《十大姐》舞蹈视频，体验汉族民间舞蹈的韵律。

1. 赏：舞蹈视频《喜雪》《十大姐》分别给你什么样的感受？

2. 试：自主体验学习舞蹈，你能学会吗？

3. 说：这两个舞蹈分别具有什么样的风格特色？

4. 画：两个舞蹈的服装道具有什么相同之处，又有什么区别？请画一画。

5. 搜：搜集幼儿民族舞蹈，你还知道哪些经典作品？

视频	体态造型	动律特色	音乐节奏	情绪情感	服装道具
视频 1					
视频 2					

任务 1

东北秧歌

任务描述

东北秧歌又称大秧歌，它源自中原，流行于东北三省，深深印上了黑土地所滋养出的泼辣火热、质朴浓烈的情感特征，是汉族民间舞中最具北方特色的舞蹈。它活跃于民间，有着悠久的历史传承和广泛的群众基础，展示了东北人民特殊的文化面貌和独特性格，表达了劳动人民对美好生活的向往和渴望，多年来一直深受大众喜爱，在中国秧歌群体中堪称独树一帜。

东北秧歌在东北地区以三种形式广泛流传：高跷秧歌、地秧歌、二人转。它的手巾花丰富多彩，与舞姿动态结合，细致地刻画出女性性格中的不同侧面：“里外片花”带着内在的秀美；“出手花”的抛接直观地体现出东北女性的泼辣果敢。

东北秧歌的音乐较独特。从旋律上看，东北秧歌的旋律跌宕起伏、迂回曲折，充分展现了东北秧歌火爆、热烈、俏皮、欢快的特点。从节拍节奏看，东北秧歌的节奏明快富有弹性，主要节奏是 2/4 拍。此外，大量运用附点音符是东北秧歌曲调的主要特点之一。

东北秧歌的另一特色，是常在情绪转换或动作结束时，伴着不同鼓点做出不同的姿态或动作，我们称之为“鼓相”。常用的锣鼓经有：

起鼓：一冬　冬|仓 |仓 古儿|龙仓　一冬|仓仓 |仓 古儿|龙仓 一冬|仓　0‖

一鼓：冬|0 仓 古儿|龙冬 仓‖

二鼓：冬 0 古儿|龙冬 仓|冬. 巴 冬|仓 0‖

三鼓：冬 0 古儿|龙冬 仓|0 古儿　龙冬|仓 冬. 巴|冬 仓‖

四鼓：冬 0 古儿|龙冬 仓|0 古儿　龙冬|仓 0 古儿|龙冬 仓|冬. 巴　冬|仓 0‖

五鼓：冬　冬|0 古儿 龙冬|仓　冬|0 古儿 龙冬|仓古儿 龙冬|仓古儿 龙冬|仓　冬|0 古儿 龙冬|仓 冬. 巴|冬　仓‖

十二鼓：冬 0 古儿|龙冬 仓|0 古儿　龙冬|仓 0 古儿|龙冬 仓|冬. 巴　冬仓| 0 古儿　龙冬|仓古儿 龙冬|仓古儿 龙冬|仓 仓古儿|龙仓 一冬|仓 0‖

学习东北秧歌，要强调“以情带舞、情舞互动”。这主要体现为“艮劲儿”的步，带动上肢的“扭”，手腕的“花”，“出脚急，落脚稳，慢移重心”的步法要点，以及“稳中浪、浪中艮、艮中俏”的主体风格特征。这种动静、收放、强弱对比鲜明，轻重缓急巧妙的动态特征，体现了东北人民热情、质朴、刚柔相济的鲜明心理特征。

东北秧歌是舞蹈学习中的必修课。学习东北秧歌，不仅需要了解其风格特色，而且要完成四个小任务，让我们一起学练吧！

任务 1.1　东北秧歌舞蹈动律

任务实施

赏一赏

北风在呼啸，大雪在飘飞，所有的生命都在这白色的柔絮中迷醉，我们飘飞的思绪，融入了纷纷扬扬的大雪。飞扬的大雪，就是我们飞扬的梦想。请通过互联网搜索并欣赏舞蹈视频《我爱你，塞北的雪》，体验东北秧歌独特的气质和韵律，想一想，东北秧歌舞蹈动律有什么特点？

1. 东北秧歌的舞姿有哪些特点？
2. 东北秧歌的音乐有什么特色？

交流：

图 3-1-1

图 3-1-2

东北秧歌舞蹈动律的核心为“艮中扭”，动律在“艮”与“扭”的关系中，由脚下的“艮”（点）劲儿带动腰部的“扭”（线），形成俗话说的“踩在板上，扭在腰眼儿上”，而这正是“扭秧歌”的本质体现。

因此，我们在练习压脚跟配合上身动律时，既要关注上身动律的发力点，切忌用手臂或肘部做动律，又要关注两者之间的节奏配合与内在联系。

1. 基本体态

正步，重心前倾；双膝略存，提胯，拔腰；下巴微含，眼睛平视。如图 3-1-1 所示。

2. 基本脚位

（1）正步位：双脚并拢，脚尖对前。如图 3-1-2 所示。

（2）踏步位：小八字基础上，左脚向右斜后方撤半步，脚掌点地，左膝轻靠在右膝盖窝上，重心在前脚上。如图 3-1-3 所示。

（3）小八字位：正步基础上，双脚尖自然外开。如图 3-1-4 所示。

图 3-1-3

图 3-1-4

3. 握巾法

从手巾的两个角中间入手，手握手巾三分之一处，五指松弛，食指顺手巾的圆心方向自然延伸。如图 3-1-5 所示。

4. 基本舞姿

（1）叉腰位：双手手腕分别放至双侧腰位，双肘略向前，指尖对后斜下方。如图 3-1-6所示。

（2）扶鬓式：右手曲臂托掌在右额前，左手曲臂压腕靠向右肘窝。如图 3-1-7所示。

温馨提示

握巾时大拇指与中指相对，食指放松延伸。

图 3-1-5

图 3-1-6

图 3-1-7

（3）双护头：双手曲臂分别放在头的斜上两侧，双肘略向前，手心向上。如图 3-1-8 所示。

（4）双推山：双臂沉肘向前推，立腕指尖相靠放于胸前。如图 3-1-9 所示。

（5）双护胸：双手指尖相对，轻点胸口，双肘与肩同高。如图 3-1-10 所示。

（6）燕展翅：双手压腕于体前斜下 45°，指尖上翘。如图 3-1-11 所示。

温馨提示

注意提起脚跟的时间要短，脚跟要抬得低、压得快，重拍在下，强调“艮”劲儿。

温馨提示

表演前后动律、上下动律、画圆动律时，下巴颏要随着腰部的扭动而摆动。

图 3-1-8

图 3-1-9

图 3-1-10

图 3-1-11

5. 基本动律

（1）压脚跟动律：正步位，双手叉腰，脚跟快起快落，重拍在下。

温馨提示

上身动律要强调腰部的轴心作用，切忌用手臂或肘部发力。

（2）上下动律：指以腰部为轴，一侧腰下压，同时，另一侧腰上提，交替进行，重拍在下。

（3）前后动律：指以腰部为轴，一侧肘部带着前送，同时，另一侧回让，交替进行，重拍往回。

（4）画圆动律：指腰部为轴并发力，左右两侧腰围绕腰轴做八字画圆运动，重拍在前下。

学习提示

压脚跟动律的学习方法——分步练习法

第一步：压脚跟感受脚部律动

压脚跟在正步位上准备，后半拍双脚跟提起，前半拍迅速双脚落脚跟。注意提起脚跟的时间要短，脚跟要抬得低、压得快，重拍在下，就是俗称的“艮”劲儿，不能往上蹿。

第二步：上体律动练习感受腰部发力

压脚跟前后动律，注意一侧腰前送后往回拉时，正好是脚跟落地的时间；压脚跟上下动律，注意一侧腰下压后往上提，同时脚跟落地；压脚跟画圆动律，注意脚跟落地的同时，正好腰部经上弧线下压。

第三步：压脚跟动律协调配合

配合常用脚位、舞姿，在体态、舞姿、动作的相互协调中，完成动律的练习，使体态、舞姿在流动中得以掌握。

想一想

1. 请你结合所学知识，说说东北秧歌动律的成因。

2. 请你对比前后动律、上下动律、画圆动律三者的异同之处，并把它写下来。

交流：……………………………………

……………………………………

……………………………………

……………………………………

练一练

结合体态、舞姿等元素，让我们在组合音乐中，进一步体验东北秧歌动律组合的魅力。

视频：东北秧歌动律组合：我爱你，塞北的雪

学习笔记

我爱你，塞北的雪

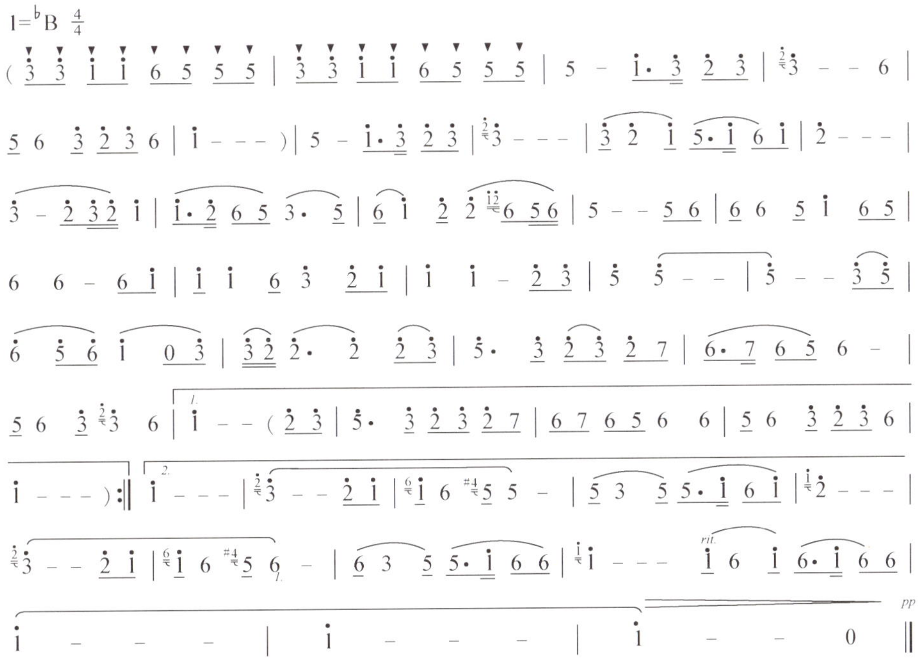

1. 练习目的

（1）掌握东北秧歌基本体态和动律特点。

（2）在流动中训练东北秧歌的“扭”——上下、前后、画圆动律，并掌握常用舞姿，为今后的训练奠定基础。

（3）体验、感受东北秧歌舞蹈和音乐的美。

2. 动作要求

前奏准备：［1—6］正步位，身体对1点，体前曲臂，手心向上捧住手巾，两块手巾对齐重叠，平铺于小臂上。如图3-1-12所示。

图 3-1-12

第一段：

［1—2］保持舞姿，屈膝抬头看向8点斜上，直立头回正接反向动作1次。

［3—4］压脚跟左起上下动律4次。

［5－6］保持舞姿，屈膝 1 次，双手与头同时朝向 8 点斜上，直立头回正接反向动作 1 次。

［7－8］重复［3－4］动作。

［9－10］快屈膝 4 次，最后 2 拍，双手挡脸，低头。

［11－12］慢速站直，向上探头，双手各捏住手巾一角，落于体前。

图 3-1-13

［13－14］前 4 拍，双手交叉向右、向左翻转手巾各 1 次，身体靠向 3 点、7 点；后 4 拍，屈膝，胯部经 6 点向后绕至 4 点，身体对 2 点直立，双手从 7 点向前绕到右胯旁。如图 3-1-13 所示。

［15－16］上身动律重复［13－14］动作，脚下左、右脚先后向斜后撤步成踏步位。

图 3-1-14

［17－18］压脚跟右起上下动律 2 次，右脚向 8 点上步至踏步位，双手慢提手巾挡脸。

［19－20］前 4 拍，双手向右旁拉，探身露脸；后 4 拍，收左脚至正步位半蹲，抬头，正上方做小云手，落下垂于体前，体对 1 点。

学习笔记

［21－22］双手于胸前各扯住手巾一角，右起画圆动律 3 次。左起依次向 2 点、8 点、2 点方向勾脚上步；最后 2 拍，保持舞姿。如图 3-1-14 所示。

［23－24］左转身自转一圈。

第二段

［1－2］正步叉腰位，压脚跟 4 次，身体依次转向 2 点、1 点、8 点、1 点。

［3－4］左起上下动律 2 次。

［5－6］左起上下动律 4 次。

［7－8］前 4 拍，压脚跟 2 次；后 4 拍，向 1 点上步至正步位，双手经体前摊手至双护头。

温馨提示

顺风旗舞姿行进时，要记得侧身哦！

［9－10］前 4 拍，右起压脚跟前后动律 1 次，压脚跟 1 次；后 4 拍，左起前后动律 1 次，压脚跟 1 次。

［11－12］前 4 拍，右起压脚跟前后动律 2 次；后 4 拍，压脚跟 2 次。

［13－14］向 8 点上步至左踏步位，体对 2 点，小燕展翅位。

［15—18］右起画圆动律 6 次，两拍一次；最后 4 拍，向 2 点上步至正步位，双手经体前摊手至双推山。

［19—20］压脚跟左起上下动律 2 次，压脚跟 2 次。

［21—22］左转身面向 5 点，顺风旗舞姿圆场前进。

［23—24］左勾脚上步并腿至正步，双扶胸右起画圆动律 2 次，依次向 6 点、2 点各做 1 次。

［25—26］重复［21—22］动作，面向 1 点前进。

［27—28］重复［23—24］动作，依次向 2 点、6 点各做 1 次。

［29—32］向 2 点上步至正步位，右掏手至扶鬓手，向 7 点下场。

学习提示

1. 三个动律之间的衔接都要经过腰部的下弧线慢移动，然后快速形成舞姿。

2. 压脚跟要有"艮"劲儿，组合体现"浪中艮"的特点。

学习笔记

艺术锦囊

舞蹈与生活

东北秧歌流传至今已有约 300 年的历史，在表演风格和形式上都有了很大的发展和演变，东北地区曾经是多民族聚居之地，如蒙古族、满族等，其中满族与汉族之间的舞蹈融合对其发展有重要影响。

秧歌队的服装色彩丰富艳丽，多采用粉、绿、红、蓝等浓烈色彩，大多以戏剧服装为主，从服装和道具上即可辨别角色。有人们耳熟能详的《西游记》《白蛇传》等经典剧目中的人物，有民间的媒婆、老汉等人物，他们伴着热烈而欢快、诙趣而颠浪的曲调翩翩起舞。在东北，最受人们青睐的当数踩高跷、舞龙、舞狮、跑旱船等表演，这些表演生动活泼，技巧高超，造型优美，深受广大群众的喜爱。

今天的东北农村，东北秧歌已经成为人们日常生活中必不可少的一种强身健体的锻炼方式，民众相聚一处扭起秧歌，兴高采烈，尽情娱乐。春节期间，有的村落还自发组织秧歌演出队，走村下屯进行表演，欢庆佳节，使得节日气氛更加浓郁。

绸舞

汉族民间舞蹈绸舞，以舞者舞动色彩各异、长短不等的绸带而得名。绸舞的历史悠久，汉代画像石、画像砖上已有绸舞的形象，如四川羊子山汉墓出土的画像砖上刻有一组乐舞百戏图，其中有一个女舞

学习笔记

者，双手各执一条长绸，绸端有短棍，左手上举，右手平置腹前，回首顾盼，绸带似波浪飘舞，形象生动。

绸舞所用的绸带分长、短两种。短绸一般用于秧歌等民间歌舞。例如，在东北秧歌中，舞者一手拿短绸，一手执扇配合舞动，有的舞者双手各执一短绸舞动，欢快活泼。1951 年，长春文艺工作团将传统的长绸舞和东北秧歌融为一体，创作演出了《红绸舞》，在第三届世界青年与学生和平友谊联欢节上获得一等奖。

舞长绸时绸的一端系着木棍，舞者握着木棍舞动长绸，配合各种步法和舞姿，舞出“小八字”“大八字”“对花”“波浪花”等绸花。京剧表演艺术大师梅兰芳及戏剧家欧阳予倩舞的长绸，不用绸棍，而用双手舞绸，还能脱手抛接，技艺高超，堪称绝活。绸舞中舞者手臂的上下左右运动使绸带似波浪，手臂的画圆动律更让绸带形如旋涡，使绸带占有了人体所不能及的空间，使舞者的表演更有张力。舞动的绸带，极大地延展了舞者肢体语言的运动范围，与舞者的体态一起形成一个更为广阔的表现空间，进一步丰富了观众的视觉形象，从而进入一个仅凭单纯的肢体运动很难达到的艺术境界。

任务拓展

1. 东北秧歌的形式有________、________、________。

2. 压脚跟的重拍在________，脚跟要________起________落，配合动律完成时要强调________劲；三大动律的发力点都在________。

3. 请小组合作练习东北秧歌动律组合，并拍摄视频上传至学习平台。

4. 东北秧歌动律造型丰富多彩，请你在所学知识的基础上，根据自己的想象和舞蹈形象的表现，创造 4 个具有个性、富有形象的舞姿造型吧！

效果检测

学习内容	学习重点	学习难点	我的收获	反思计划

任务 1.2 手巾花组合

任务实施

赏一赏

红红的棉布红红的情，一针一线，都装满了亲人对我们的希望和祝愿，愿我们幸福快乐每一天！请通过互联网搜索并欣赏舞蹈视频《红布包》，感受来自家人的美好祝福！

1. 这段舞蹈中有哪些元素我们学过？

2. 东北秧歌的手巾花灵活多变，你知道舞蹈中有哪些手巾花的做法吗？

交流：

说到汉族民间秧歌中所使用的舞蹈道具，我们脑海里想到的便是手巾和扇子，但是一提到手巾花，人们不约而同地跟东北秧歌联系起来了，这足以说明手巾花对于东北秧歌的重要性。

勤劳智慧的东北人民把手巾花玩出了新花样，动作舞法看上去都是那么和谐有节奏，手巾花的技巧更是叫人叹为观止。它可以不限服饰、场景、情节进行演出，有其美感。如"里外片花"体现出女性内在的秀美，"小燕展翅"直接表现了小姑娘的俏丽活泼，"出手花"的抛接直观地体现出东北女性的泼辣果敢。

温馨提示

里绕花注意是手腕发力，手肘要放松垂直于地面。在绕完后要快速压腕，压腕与跷指的连接要快速、流畅。

1. 基本动作

里绕花：掌心向上，以手腕为轴心，以指带腕将手巾挑起，快速向里绕腕一圈，快压腕，立手指。

里绕花是本组合学习的重点，也是完成后续许多手巾花动作的基础。起法儿时要用食指将手巾"挑"起，同时手臂在身体斜前直臂快速抬起，以手腕为轴心快速向里"绕"花一圈后，快"压"腕、跷指，最后手腕松落，胳膊外旋，手巾向下"撣"开。

温馨提示

东北秧歌强调“艮中扭”——扭在腰眼，同时也强调“活”——活在手巾花，因此我们在学习手巾花过程中更要注意手腕的灵活。

温馨提示

里片花要让手绢舒展开，不要让它缠在手上哦！

学习笔记

2. 手臂动作

（1）单臂花：左手叉腰，右手在左胸前做里绕花（如图 3-1-15 所示），压腕，经过下弧线到身旁与肩同高；右手里绕花（如图 3-1-16 所示）。

（2）蚌壳花：双手从两侧快速至斜上方里绕花，双臂落在肩前，双肘与肩同高，手心向前（如图 3-1-17 所示）；双手小臂手心向下从正上方撩巾打开，双分手落至体旁（如图 3-1-18 所示）。

（3）蝴蝶花：右手在上左手在下，于腹前交叉做里绕花（如图 3-1-19 所示）；压腕，双手经下弧线到小燕展翅位，做里绕花（如图 3-1-20 所示）。

（4）下捅花：体旁双曲臂经上弧线里绕花至左胸前，双手指尖下捅。如图 3-1-21 所示。

（5）交替花：大臂不动，小臂在体前由外向里交替画小立圆，手腕里绕花，手心向下。

（6）里片花：食指带动由外向内贴着小臂上、下画平圆，重拍在里。

图 3-1-15

图 3-1-16

图 3-1-17

图 3-1-18

图 3-1-19

图 3-1-20

图 3-1-21

学习提示

里绕花的学习方法——三步递进法

第一步：口诀记忆法

挑——全把握巾，食指贴着手巾侧边将手巾上挑。

绕——食指带动手腕，向里绕腕一圈。

压——压腕同时跷指。

落——手腕松落，手臂外旋。

运用简单的四字口诀，概括了里绕花特点的同时也方便同学们记忆动作要求。单一练习时，注意慢挑、快绕压、慢落，可以按照“挑—绕—压—落下来”的口诀节奏配合动作练习。

第二步：对墙练习感受绕花的“朵”状

单一里绕花，全把握巾，手心向上提手腕准备，食指贴着墙壁向里快速画一圈，带动手腕绕动，让手巾的巾面竖立起来，贴着墙壁一层层往里卷，压腕的同时跷指，让手巾搭在手背上。此方法易于快速掌握里绕花做法，避免出现“甩巾”的错误。

第三步：交替里绕花体验

交替里绕花是在单一里绕花的基础上，双手在体前交替进行。大臂尽量贴合身体，小臂在体前由外到里交替画小立圆，手腕里绕花，重拍在下。要注意双手一直在交替运动过程中，没有停顿的时候。

想一想

1. 片花与绕花有哪些不同之处？

2. 根据里绕花的特点，请你说说交替里绕花的动作特点，并将它记录下来。

交流：……………………………………

……………………………………

……………………………………

……………………………………

学习笔记

练一练

结合里绕花、动律等元素，让我们在组合音乐中，进一步体验东北秧歌手巾花组合的魅力。

视频：东北秧歌手巾花组合 红布包

学习笔记

红布包

杨显群 词
杨智慧 曲

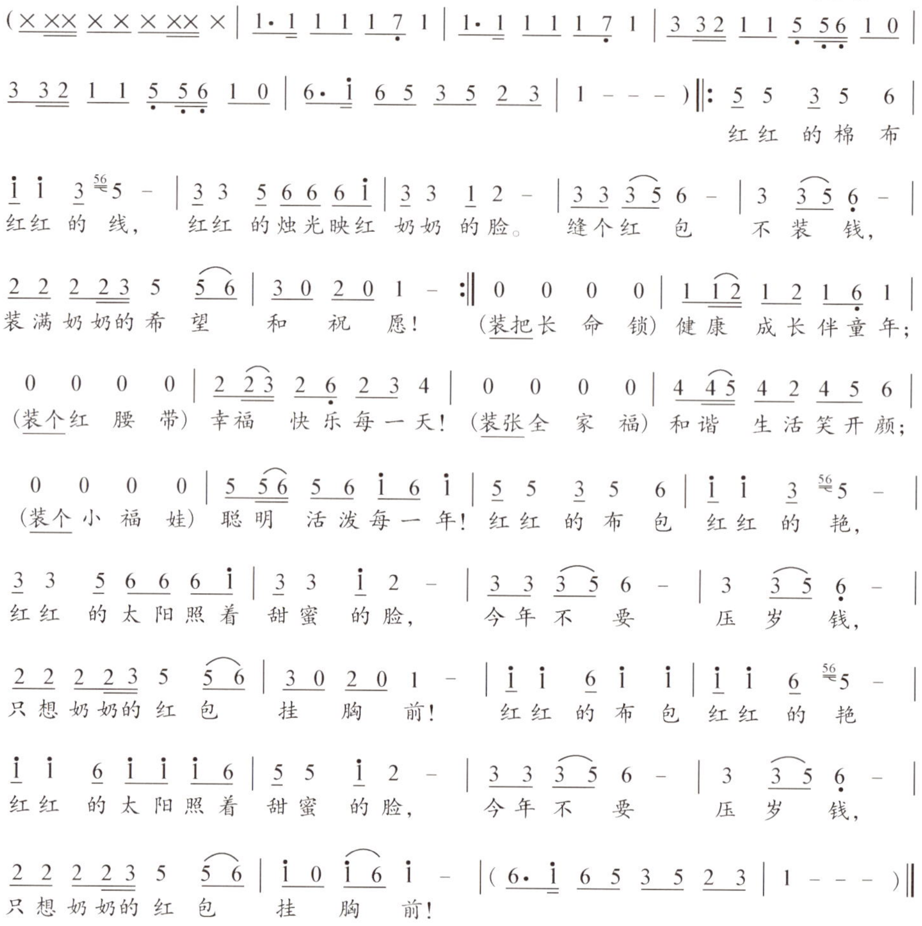

1. 练习目的

（1）掌握手巾花的常用绕法。

（2）能较好地表演东北秧歌手巾花组合。

（3）体验、感受东北秧歌舞蹈和音乐的美。

2. 动作要求

前奏准备：［1—6］正步位体态站姿，双手持手巾，自然垂于身体两侧；［7］前 2 拍，双手体前交叉摊掌，后 2 拍，里绕花至叉腰位。

第一段：

［1—2］右手单臂花 2 次，配合压脚跟 4 次，最后一个收回叉腰手。

［3—4］重复［1—2］小节反向动作。

[5—6] 前 4 拍，右脚向 3 点迈步，蚌壳花前半个落肩前，右拧身；后 4 拍，左脚并腿至正步，蚌壳花后半个落体旁，左拧身。

[7—8] 重复 [5—6] 动作。

[9—10] 向 3 点拧身，左手在前，燕展翅位里绕花 2 次，右倾头。如图 3-1-22 所示。

[11—12] 小节，重复 [9—10] 反向动作。

[13—16] 小节，重复 [5—8] 反向动作。

第二段：

[1—2] 小节，前 4 拍，向 8 点上步，正步屈膝俯身，左手体前直臂按掌，右手燕展翅位里绕花；后 4 拍，上左脚至踏步位，右起交替花 3 次。如图 3-1-23 所示。

[3—4] 小节，重复第二段音乐 [1—2] 反向动作。

[5—6] 前 4 拍，向 2 点上至正步位，双手经体前里绕花至左手托掌、右手体前直臂立掌位，后 4 拍，右起上下动律 2 次。如图 3-1-24 所示。

[7—8] 前 4 拍，向 8 点上至正步位，后 4 拍，右转身自转一圈。

第三段：

[1—4] 向 1 点迈步，左起下捅花 4 次。

[5—6] 小碎步后退，蝴蝶花 2 次。

[7—8] 前 4 拍，快速向 1 点上至正步位，右起交替花 2 次后，屈膝俯身，双手自然垂下；后 4 拍，保持舞姿，双手于体前左右里绕花各 1 次。如图 3-1-25 所示。

图 3-1-22

图 3-1-23

图 3-1-24

图 3-1-25

[9—10] 正步位屈膝俯身，双手与肩同高，从 8 点斜上里片花至

学习笔记

温馨提示

快发挥自己的创造力，秀出自己独特的结束舞姿吧！

学习提示

1. 里绕花以指带腕，慢起范儿快压绕，起动要先于节奏，“da”拍完成挑绕，正拍下压。

2. 在组合中进一步体会手巾花与动律、脚步的相互配合。

2点斜上。

［11—12］重复第三段音乐［9—10］反向动作。

［13—16］重复第三段音乐［5—8］动作。

［17—18］双扶胸闪身，双手自然垂下，碎步后退；最后1拍，定格结束舞姿。

艺术锦囊

学习笔记

经典作品赏析：东北秧歌群舞《蝴蝶飞》

《蝴蝶飞》是一部以东北秧歌舞蹈文化为背景，运用东北秧歌典型道具——手巾来表现蝴蝶飞舞的强大感染力，勾画出“动”“飞”“舞”“情”画面的原创秧歌群舞作品。这颇有东北地域风情的群舞作品，取材于东北秧歌民间舞蹈《扑蝴蝶》，它贴近生活，反映社会风貌。该作品得到了民间艺术的充分滋养，每位演员身后藏有多条颜色艳丽、样式新颖、印有蝴蝶翅膀的八角手巾，她们娴熟地运用这一东北秧歌特有的道具，依托手巾花的变化以及顶巾、立巾、吸巾、抱巾、抛巾等一系列手巾花技巧动作来比拟蝴蝶飞舞的灵动状态。

该作品结构严谨，分A、B、C三个舞段。在舞蹈引子及A舞段中，幕起时，舞台中央是一群美丽的姑娘，手托腮、挽裤脚，小小的圆肩扭捏撒娇，互相嬉戏玩耍。手巾别于舞者腰上，主要通过东北秧歌扭、摆动律及踢步表演，来展现姐妹们在河对岸及过河欲扑蝴蝶的焦急心态。在B舞段中，舞者将手巾抽出比拟一只小蝴蝶，通过单人、三人、五人舞以及贴身技巧来展现蝴蝶与人的亲密动作，直到姐妹们扑到一只象征吉祥如意的大蝴蝶，把作品推到高潮，此时传统民间音乐《摇篮曲》响起，衬托出姐妹情深。对于亲情、友情以及民族情的情感表现，也是贯穿作品的主线。在C舞段中，姑娘们将手巾高抛于空中，比拟身边飞舞的五彩缤纷的蝴蝶，通过手巾与人体之间的舞蹈关系呈现出蝴蝶漫天飞舞的景象，姑娘们的笑脸，在蝴蝶纷飞的世界里、在爱的关怀下幸福绽放……

《蝴蝶飞》这部作品，通过24位少女，把舞台变成一个大花园，在春意盎然、鸟语花香的季节里发现蝴蝶，并追蝶、扑蝶、捏蝶、戏蝶、舞蝶。她们时而临涧戏水，时而嬉戏流连，形成蝴蝶飞舞的动感画面。舞台调度的精心设计，使个体和整体都具有一种活泼灵秀的韵味。

任务拓展

1. 交替花________不动，________在体前由________向________交替________，________，________。

2. 里绕花的四个步骤是：________、________、________、________。

3. 请小组合作练习组合《红布包》，并拍视频上传至学习平台。

4. 请你自选幼儿歌曲一首，选 3～4 种所学的手巾花动作，配合儿童舞步练习，尝试将动作串编成一个小组合。

效果检测

学习内容	学习重点	学习难点	我的收获	反思计划

任务 1.3　步伐组合

任务实施

赏一赏

东北姑娘俏丽活泼、火辣热情，同时她们内心也有细腻、秀美的一面。请通过互联网搜索并欣赏舞蹈《大姑娘美》，感受东北姑娘独特的气质。想一想，东北秧歌的脚下步伐有什么样的特点？

1. 东北秧歌的踢步有什么特点？

2. 为什么会有这样的特色？

交流：________________

> **温馨提示**
>
> 跳踢步在表演时要求动作灵活、轻巧。

> **温馨提示**
>
> 前踢步出脚用力过程快，同时主力腿膝关节和胯部略有控制地上提，落脚收力过程慢。

> **温馨提示**
>
> 后踢步的后踢动作要做到快而小，主力腿屈膝要有压力，伸腿时要有弹性，强调反作用力。整体形成灵活洒脱、俊俏泼辣的特点。

在东北秧歌中，最有特色而又最能体现重心移动的步伐便是踢步了。踢步的节奏感特别强，踢出的一刹那体现了艮、俏、泼辣、爽快、干脆的特点，落地与重心移动充分地体现了“稳中浪”的动律风格。由此可见，踢步不仅表现了“艮”，而且表现了“浪”。

1. 基本动作

（1）顺风旗：双手握巾，右手绕花至托掌位，左手绕花至山膀位。如图 3-1-26 所示。

（2）大交替花：大臂在体前由外向里交替画大立圆，手臂斜上里绕花后，曲臂落下，重拍在下。

（3）双臂花：双手悠手至左胸前、右体旁里绕花；压腕经下弧线悠手至右胸前、左体旁里绕花。如图 3-1-27 所示。

（4）操转身：顺风旗舞姿，两人以肩为轴心，顺时针或逆时针互绕。如图 3-1-28 所示。

2. 基本步伐

（1）跳踢步：主力腿脚掌跳落，动力腿小腿后踢，自然绷脚，脚跟找臀部，交替进行。

（2）前踢步：动力腿经过擦地快速向前踢出，快回，虚落回正步；慢移重心，接反面。

（3）后踢步：双膝快速下衬，动力腿勾脚快速向后向上踢，虚落回正步；慢移重心（下踩）接反面。

图 3-1-26

图 3-1-27

图 3-1-28

学习提示

前、后踢步的学习方法——分步学习法

第一步：踢步的溯源启迪

东北秧歌跟辽南高跷秧歌有着密不可分的联系。在现在的课堂中，东北秧歌基本是徒步做的，但是很显然，高跷"踩跷"所形成的风格动律对东北秧歌影响非常大，东北秧歌基本所有风格、体态、韵律都是因"踩跷"时所形成的重心交替发展变化而来的。高跷由于脚踩木跷，重心不容易把握，就要求膝盖微屈，不断地挪动重心，腰部也要提气，加强对平衡的控制，所以出脚时，抬腿有力，落地稳当。因此，前、后踢步的总体要求为快出、快回、稳落、慢移重心。

第二步：膝盖的屈伸与动力腿擦地体验

膝盖的屈伸：正步位双膝微屈准备，双腿感觉有压力地向下挤压，再快速弹回至双腿微屈，切忌膝盖完全绷直。

动力腿擦地：动力腿经过膝盖的屈伸挤压后，经过擦地向前、向后快速踢出，当后踢节奏变快时，稳落、慢移重心的过程自然就变化为虚落、换脚的过程。

第三步：踢步与动律、手巾花的配合练习

我们在练习组合时，要将踢步、动律、手巾花三种元素配合成一体，由脚下的重心移动来带动上身的扭——动律，再延伸到腕部的活——手巾花，达到自下而上的连锁协调过程，体现东北秧歌的风格特点。

想一想

1. 你知道后踢步配合画圆动律需注意哪些方面吗？
2. 你能比较一下跳踢步与前、后踢步有什么不同吗？

交流：……………………………………

……………………………………

……………………………………

……………………………………

学习笔记

练一练

拿上手巾，带上笑容，让我们化身东北姑娘，热辣秀美，动静得

宜，一起跳起来吧！

视频：东北秧歌步伐组合 大姑娘美

学习笔记

大姑娘美

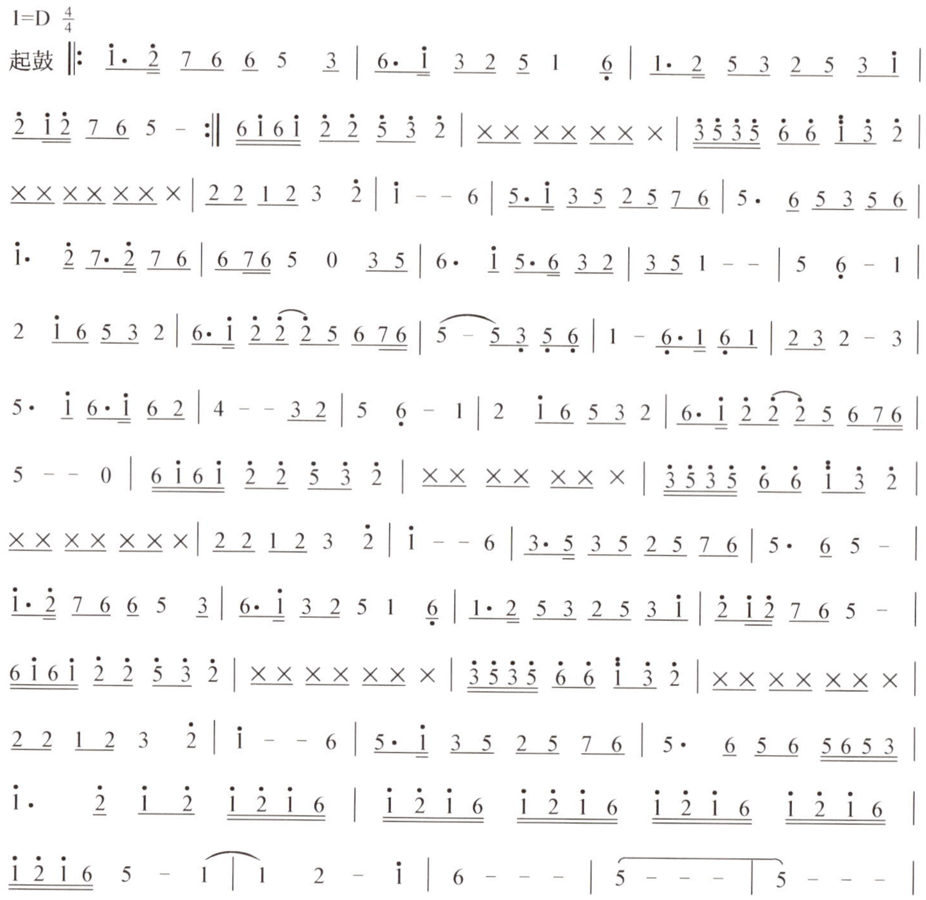

1. 练习目的

（1）进一步深化动律、手巾花练习。

（2）初步完成踢步训练，并使之与动律、手巾花协调配合。

（3）体验人物情绪情感，感受东北秧歌的韵律美。

2. 动作要求

前奏准备：［起鼓］音乐响起后，共 16 拍，台左侧准备，体对 7 点，双手曲臂于肩前，手心向外。

第一段：

［1—2］前 4 拍，保持准备舞姿，左起跳踢步 4 次；后 4 拍，体对 1 点，右起单臂花 1 次，大八字位左右移重心。

［3—8］重复［1—2］动作 3 次。

［9—10］前 4 拍，体对 8 点，双腿并立，顺风旗舞姿，右倾头；

后 4 拍，正步位半蹲，左起蝴蝶花 1 次。

[11—12] 重复 [9—10] 反向动作。

[13—14] 前 4 拍，左脚向 1 点上步，双手经体前交叉，小燕展翅位摊掌；后 4 拍，右脚跟至正步，小燕展翅位里绕花 1 次。

[15—16] 左起上下动律压脚跟 2 次。

第二段：

[1—2] 前 4 拍，正步位双臂花 1 次；后 4 拍，正步半蹲，手臂松落。

[3—4] 重复 [1—2] 反向动作。

[5—8] 左起前踢步双臂花 4 次，向 1 点前进。

[9—10] 右起大交替花 2 次，向 7 点行进。

[11—12] 前 4 拍，左手叉腰，右手快速从左肩掏出，至右斜上里绕花，大八字左右移重心；后 4 拍，撤左脚至踏步，右手从腋下穿手至双背手，向左转身至 1 点。

[13—16] 重复 [9—12] 反向动作。

[17—18] 前 4 拍，左、右脚先后向 1 点上步至正步，右、左手先后从体旁揽至双扶胸；后 4 拍，左起后踢步上下动律 2 次。

[19—20] 重复 [17—18] 动作。

[21—22] 左起后踢步画圆动律 2 次。

[23—24] 左起后踢步画圆动律 4 次。

第三段：

[1—4] 两人对向穿插，重复第一段音乐 [1—2] 动作 2 次。

[5—8] 重复第一段音乐 [9—12] 动作。

[9—12] 重复第一段音乐 [13—16] 动作。

[13—15] 两人一组操转身，一手体旁里片花。

[16—19] 双晃手至双臂花位，圆场，二龙吐须至台后侧形成一横排，结束舞姿。如图 3-1-29、图 3-1-30 所示。

学习笔记

图 3-1-29

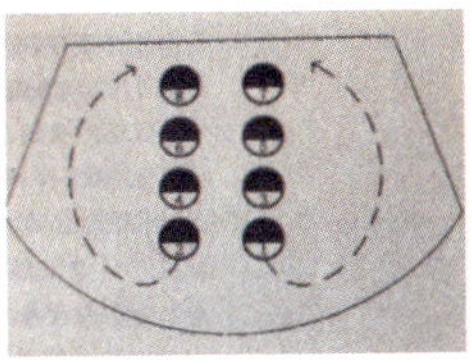

图 3-1-30

学习提示

1. 两人对向穿插时，其中一人需做反面动作。

2. 注意三个舞段之间的情绪转换，第一、第三两个舞段活泼欢快，第二舞段应该体现稳而俏的风格特征。

艺术锦囊

1. 高跷舞

高跷舞俗称踩高跷，是一种传统民俗舞蹈。木跷用硬质圆木制

学习笔记

作，下圆上扁，中间有一跷踏，两个为一副，高约 0.6 米。表演时，脚蹬跷踏，并用布带把脚及小腿绑在跷踏、跷杆上，外套花裤，或穿特制长衫。高跷队一般由二三十人组成，多者四五十人。他们通常扮成一组或几组神话、戏曲如《唐僧取经》《八仙过海》《打渔杀家》等中的人物。也有的以秧歌为主，如常见的有《扑蝴蝶》《张公背张婆》《锯大缸》等小杂剧和小演唱。高跷舞讲究队形变换，其基本变换形式有“踏街”“叉花”“一条龙”“剪子股”“大八字”“麒麟送子”等。高跷舞的伴奏除锣鼓打击乐外，还有唢呐、笛、笙、京胡、二胡、三弦等乐器。

高跷舞中最负盛名的是“辽南高跷”。而东北秧歌动律特征的形成就是来自它。由于艺人脚下绑有木跷，重心不易掌握，所以膝部要微屈，两脚要不断移动，上身和双手必须随重心而俯仰和甩摆，以加强腰部的控制力保持平衡。辽南高跷艺人们运用了这些规律，出脚时踢抬有力，收回时落地稳扎，同时发挥上身和双臂的舞蹈作用，舞姿多变，手腕灵巧，“手巾花”翻飞如蝶，体现了敏捷活泼和稳重相结合的美。利用跷着地面积小、易于活动的特点，使膝部规律性的“顿劲”和舞动翻转时的“利索劲”结合起来，形成一种特殊的动律，艺人们把它称为“艮劲”。舞蹈家们把源于高跷的风格特点归纳为：臂松弛、腕有力、腰先摆、脚后踢、身要稳、微提气，即秧歌中强调的“艮中浪”。

冰天雪地里，唢呐一吹，大鼓一响，辽阔的原野顿时热闹起来，活泼、欢乐的节奏和舞蹈，给寒冷的乡野带来一派生机。色彩鲜艳的服饰，踩着高跷的表演，远远地就给人温暖的春意和生命的力量。

2. 经典鉴赏：东北秧歌群舞《绢花》

群舞《绢花》，是一个经典的东北秧歌群舞剧目。它以手绢为切入点，红色、黄色、蓝色、绿色的手绢花，如真如幻，似花似蝶，若火若云，在舞者全身上下、左右前后：头顶、肩侧、肘旁、膝下、怀中、腰际、背脊、面庞到处闪耀开放，使整个舞台呈现出翻飞流逸的景象。尤其是那舞者向外抛出一丈多远后如魔术般又回到演员手里的回旋花，更是妙不可言。

如果你想了解东北秧歌更多的手巾花技巧，那么这一定是个不可错过的经典群舞。

学习笔记

任务拓展

1. 东北秧歌的整体风格特点是：________、________、________。

2. 前踢步的三个关键点是：________、________、________。

3. 请小组合作练习《大姑娘美》组合，并拍视频上传至学习平台。

4. 你知道东北秧歌还有哪些步伐动作吗？请你通过查阅资料找出，并尝试分析它们是如何体现东北秧歌的风格特征的。

效果检测

学习内容	学习重点	学习难点	我的收获	反思计划

任务 1.4　幼儿秧歌舞律动

任务实施

赏一赏

请通过互联网搜索并欣赏舞蹈视频《爱美的大公鸡》，注意它的舞蹈动作有什么特点？

1. 舞蹈中表现了一个什么样的形象？

2. 带给你怎样的情绪和情感体验？

交流：……

“律动”一词是由希腊语变化发展而来的。英语中的 rhythmic 是“节奏”的意思。从词义上讲，律动可以解释为有韵律节奏的身体动作，它根据音乐的性质、节拍、速度、力度等，有规律地重复做某个

温馨提示

双扶胸舞姿，大臂架起，手肘与肩同高。

温馨提示

掸巾的发力点在于以指带腕。

图 3-1-31

图 3-1-32

动作或一组动作。它对于幼儿身心的健康、情操的陶冶和智力的开发都有着良好的作用，也为幼儿学习舞蹈奠定了基础。

东北秧歌幼儿律动，就是将东北秧歌的舞蹈元素与儿童音乐元素相融合，在轻快活泼、节奏清晰的音乐中表演简单的东北秧歌动作。

基本动作

1. 双叉腰：双手手背叉于腰间，双肘前拢，双肩自然放松。

2. 双扶胸：双手手心向内轻抚于胸口，略架双肘前拢，肩膀放松下沉。

3. 双护头：大臂在肩两侧抬起，手巾花位于头的两侧，掌心向上。

4. 掸巾：手握巾，经提腕向斜下方甩巾，似掸灰尘一样快甩快收。

5. 缠巾：以腕为轴，以指带腕，带动手巾由外向内连续快速缠绕，手腕用力要均匀。

6. 大公鸡舞姿一：屈膝塌腰，上体前倾。右手握巾于头顶前斜上位（模拟鸡冠），左手握巾于斜后下位（模拟鸡尾巴）。如图 3-1-31 所示。

7. 大公鸡舞姿二：屈膝塌腰，上体前倾，双手旁后斜下位，颤膝掸巾点头。如图 3-1-32 所示。

8. 压脚跟：基本体态准备，脚跟微提，之后迅速下压，重拍在下。脚跟要慢起快落。

学习提示

各阶段幼儿的律动能力

小班的幼儿能随音乐用自己的动作模仿和表现日常生活中熟悉的具体事物，如动物、植物、自然现象、劳动用具、交通工具等，能用动作来表现自己的情感体验。

中班的幼儿能随着音乐的变化自如地做动作，比如做一些下肢的连续动作，跑步、跳跃等。这一年龄阶段的幼儿已经开始注意运用动作与同伴合作、交流。如在集体韵律活动中，他们会自动调节位置，不与他人碰撞而共享空间，会和同伴合作表演，还能进行简单的创编活动。

大班的幼儿动作进一步精细，能做上下肢联合的较复杂的动作，如“新疆集体舞”“绸带舞”等，能自如地表现音乐的节奏、节拍，如八分音符、十六分音符、切分节奏以及三拍子的节奏等。他们的音乐创造性进一步增强。如在同样的音乐、同样的主题活动中，他们会努力地用自己已有的表达经验尽可能创造与别人不同的动作，并追求姿态与动作的美。

想一想

1. 东北秧歌幼儿舞蹈与成人舞蹈的区别是什么？
2. 两个大公鸡舞姿在体态上有什么共同点？

交流：

学习笔记

练一练

让我们一起跟着动感音乐跳舞吧！别忘了学会之后将舞蹈教给幼儿园的小朋友们，相信他们一定会喜欢这只聪明美丽的公鸡！

爱美的大公鸡

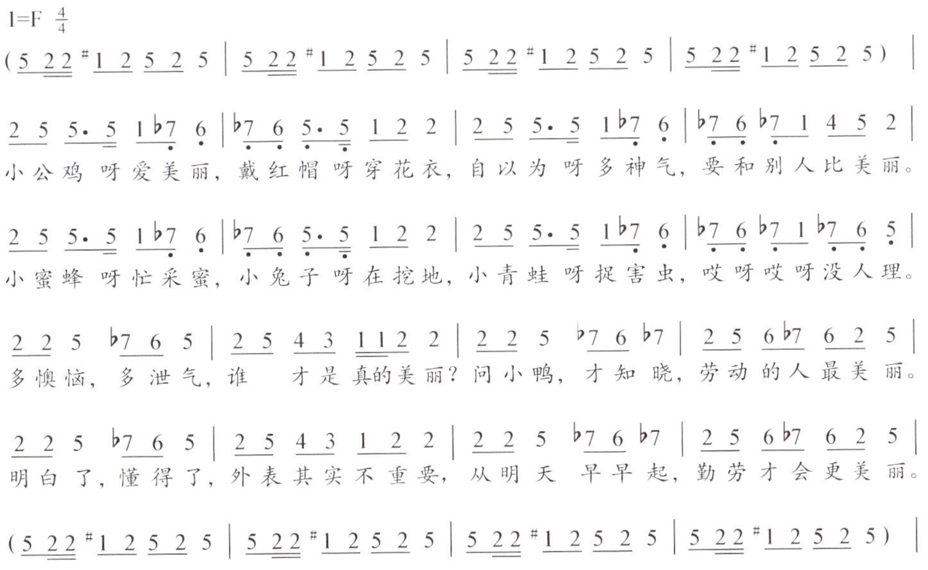

视频：儿童秧歌律动组合 爱美的大公鸡

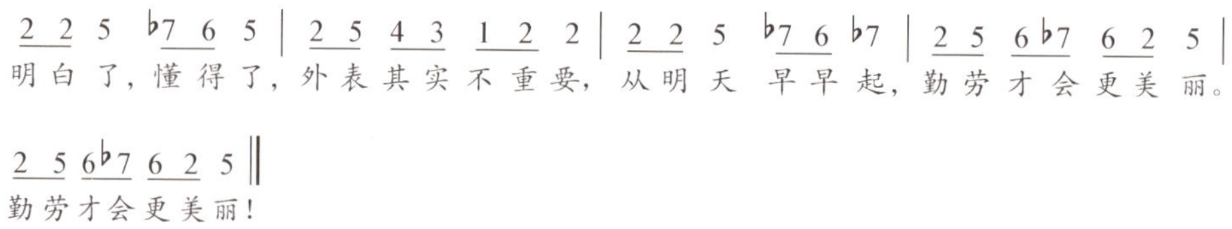

1. 练习目的

学习笔记

（1）初步了解幼儿律动舞蹈的概念。

（2）能较好地表演东北秧歌幼儿舞蹈。

（3）感受幼儿舞蹈的魅力，提升职业素养。

2. 动作要求

前奏准备：［1—2］，大公鸡舞姿，体向 2 点准备，左后区候场；［3—4］，大公鸡舞姿，右手缠巾，平脚碎步向 2 点方向前进。

［1］颤膝，双手旁后斜下位掸巾 4 次。

［2］右脚踵步配合左手肩上搭巾，回正步，接反向动作 1 次。

［3］右、左脚先后向前上步至正步，同时双手经体前交叉，打开至斜下位摊手，接双手叉腰。

［4］半脚掌碎步，晃头转向 8 点。

［5—8］重复［1—4］动作，最后停在 1 点方向。

［9］屈膝含胸低头，双手胸前缠巾，同时碎步向 1 点方向前进，至正步位双扶胸舞姿。

［10］压脚跟配合旁斜下位掸巾，右倾头，回至双扶胸舞姿压脚跟，完成 2 次。

［11］屈膝含胸低头，双手胸前缠巾，同时碎步向 1 点方向行进至正步，双护头舞姿。

［12］压脚跟配合斜上位掸巾，右倾头，回至双护头舞姿压脚跟，完成 2 次。

图 3-1-33

［13—16］重复［9—12］动作。

［17］大公鸡舞姿二，碎步右转至 5 点方向行进。

［18］颤膝，双手旁后斜下位掸巾 4 次，同时右转头点头。

［19］重复［17］动作，不转身。

［20］重复［18］反向动作。

［21—24］重复［9—12］动作。

［25］屈膝含胸低头，双手胸前缠巾，同时走碎步，两人一组集

中，最后一拍形成造型（左侧演员双护头，右侧演员半蹲双扶胸，两人对视，如图 3-1-33 所示）。

学习提示

1. 动作表演要夸张，仿若一只神气又可爱的大公鸡。

2. 掸巾的特点是快甩快收，因此在表演时要动作灵活轻巧、干净利落。

学习笔记

艺术锦囊

1. 幼儿舞蹈教学设计：《爱美的大公鸡》

教学对象

大班幼儿

教学分析

（1）本活动之前，幼儿已经有了许多律动表演的经验，能够手脚协调地做一些简单的舞蹈动作，幼儿具备了一定模仿律动的基础。并且幼儿对东北秧歌有过了解，也有了踵步等舞蹈动作经验。

（2）本活动是大班的律动“爱美的大公鸡”，律动以模仿大公鸡形象动作进行东北秧歌元素表演，舞蹈动作主要包括压脚跟、踵步，手部动作主要是掸巾、缠巾，同时还有双扶胸、双护头等具有东北秧歌特色的舞姿动作。

（3）《爱美的大公鸡》是一首曲调简洁欢快的歌曲，歌词清晰明确，动作简单重复，大班幼儿比较容易接受。

教学目标

（1）完整学习舞蹈，尝试手脚协调、合拍地表演大公鸡动作。

（2）理解舞蹈动作的含义，学习东北秧歌舞步——压脚跟和手臂动作——掸巾、缠巾。

（3）体验民族舞蹈律动的快乐。

教学准备

（1）幼儿经验准备。

对东北秧歌有初步了解，已经学会手巾的持法。

（2）物质材料准备。

手巾每人两条、《爱美的大公鸡》歌曲音乐、公鸡形象图谱。

教学重点

（1）根据已有经验，能够用肢体模仿出大公鸡的形象。

（2）学习东北秧歌压脚跟动律、缠巾、掸巾。

教学难点

完整表演舞蹈《爱美的大公鸡》，表现出东北秧歌明丽、活泼的风格。

学习笔记

教学过程

（1）交流信息。

讲故事，引出爱美丽的大公鸡的形象，激发幼儿兴趣。

指导语：今天老师给大家讲一个大公鸡比美的故事。一只爱美的大公鸡到处和动物比美，只觉得自己最美，其他动物都很丑陋。在老马伯伯的教育下，公鸡认识到了自己认为外表不美的动物，却都有一颗美丽的心灵——它们都在认真地为人们做有意义的事情。于是，大公鸡改正了错误，每天天不亮，它就一遍一遍地催人们早起，真正成了一只美丽的大公鸡。

（2）感知旋律。

①幼儿听音乐自由表现大公鸡形象。

指导语：小朋友们，大家一起来学学美丽的大公鸡吧！

②教师完整表演舞蹈，巩固对音乐旋律的认知。

指导语：老师把儿歌《爱美的大公鸡》编成了一个舞蹈，请你们一起来看一看。

（3）学习动作。

①教师示范大公鸡舞姿。

指导语：大公鸡有个大鸡冠，还有一条大尾巴（大公鸡舞姿一），两个翅膀背在身后（大公鸡舞姿二），神气极了！我们用东北秧歌的手巾来展现大公鸡的美丽形象吧！

②学习主要动作。

指导语：大公鸡走起路来摇头晃脑，它的大鸡冠也跟着在晃动（缠巾），扇起翅膀来扑腾扑腾的（掸巾），我们一起学习一下吧！

③请幼儿完整学习舞蹈。（重点指导幼儿练习压脚跟、舞姿造型）

指导语：跟着老师，我们一起来跳一跳吧！

（4）完整表演。

①跟着音乐练习舞蹈的主题动作。

②请幼儿完整练习舞蹈 1～2 遍。

（5）延伸活动。

可以把律动《爱美的大公鸡》创编成表演舞，加上一些队形的变化，更能提高幼儿的舞台感知能力。

学习笔记

2. 关于秧歌的传说

秧歌是春节期间一项备受老百姓喜欢的表演，因为表演时非常热闹，所以被称为“闹秧歌”。

关于秧歌的起源有不同的说法，有人认为秧歌起源于两千多年前的春秋时期，当时它是一种迎神驱邪的祭祀仪式活动，后来逐渐演变成一种民间的吉庆仪式；有人说秧歌是古代农民在插秧、拔秧等农事劳动过程中，为了减轻面朝黄土背朝天的劳作之苦，所以唱歌曲，渐渐就形成了“秧歌”；也有人说，秧歌也叫“阳歌”，是喜迎阳气复苏，大地回春的歌舞；还有人说，“秧歌”起源于抗洪斗争，在古代黄河岸边的百姓，为了生存，奋力抗洪，最后取得胜利，大家高兴地拿起抗洪的工具当道具，唱起来，跳起来，抒发高兴的心情。随着参加人数的增多，有了舞蹈动作和舞蹈组合，逐渐就形成了秧歌。

现如今，不论起源如何，秧歌由祈福仪式发展为娱乐活动这一特点都是非常明显的。

任务 2 云南花灯

任务描述

在我国浩瀚的歌舞海洋里，盛开着一朵瑰丽隽美的浪花，那就是清新、秀美、活泼，富有悠然的荡漾感而独树一帜的云南花灯。它是在云南汉族地区广为流传的一种民间歌舞，是在民间歌舞基础上发展出来的一个戏曲剧种。它歌舞并重，“无舞不成灯”“半场舞蹈半场戏”是云南花灯的真实写照。云南花灯歌舞内容丰富，情节简洁，舞蹈朴实明快，优雅别致，曲调柔美，风格鲜明，深受广大群众喜爱。

云南花灯的动律特点为“崴”，所谓“无崴不成灯”。“崴”分为小崴、正崴、反崴和跳颠崴。小崴欢快流畅，正崴清丽优雅，反崴沉稳大方，跳颠崴活泼明朗。崴虽多姿多彩，但没有过多的交叉和旋扭，也没有做作的姿态，更没有高超的技巧，全是自然平衡的摆动所产生的一种流畅美感。

道具也是人的情感外化和延伸。云南花灯的道具是扇子和手绢。运用简单的扇子能舞出花样繁多的扇花，扇花与崴动合二为一，相得益彰，加强了崴动的表现力，渲染了花灯的表演氛围，成为云南花灯舞蹈动作的一个重要组成部分。

云南花灯的音乐规整、轻快、跳动性强，大多属于小调性质，使人闻之而动，跃跃欲试。音乐在整体风格之下，又各有特征：有的轻快活泼，有的优美柔和，有的热情奔放。

在学习和表演云南花灯的过程中，我们要注意把握它的特点：沉稳、含蓄、轻而不飘、舒展而不豪放，同时要完成四个小任务，让我们一起学练吧！

任务 2.1　小崴动律

任务实施

赏一赏

组合音乐选自民歌《绣荷包》。“荷包”，旧时人们很讲究的一种腰间佩戴之物，后来用作年轻男女之间传递情意的信物。请通过互联网搜索并欣赏舞蹈视频《绣荷包》，体验南方汉族姑娘独特的气质。想一想，这个舞蹈动律有什么特点？

1. 云南花灯的音乐给你什么样的感受？
2. 云南花灯舞蹈的舞姿有什么特点？

交流：

俗话说：“无崴不成灯”，“崴”是云南花灯的重要特征，而“小崴”是女性舞蹈的主要动律之一，因此，“小崴”是学习云南花灯的必备基础。

“小崴”崴动的主动源在膝盖，形成了云南花灯弹性、灵巧、明快的重要动势特征。由于小崴节奏较快，所以腰、胯、肋，尤其是胯的崴动最为明显。

图 3-2-1

1. 基本体态

基本体态是自然直立，体旁垂手，左手持巾，右手持扇，眼睛平视。如图 3-2-1 所示。

学习笔记

2. 扇子部位名称

扇子可以分为扇口、扇面、左扇角、右扇角、小扇骨、大扇骨、扇柄和扇轴八个部分。如图 3-2-2 所示。

3. 基本持扇法

（1）虎口托合扇：合扇，虎口拖住扇骨，像握笔一样。如图 3-2-3 所示。

（2）握扇：开扇，手握扇柄。如图 3-2-4 所示。

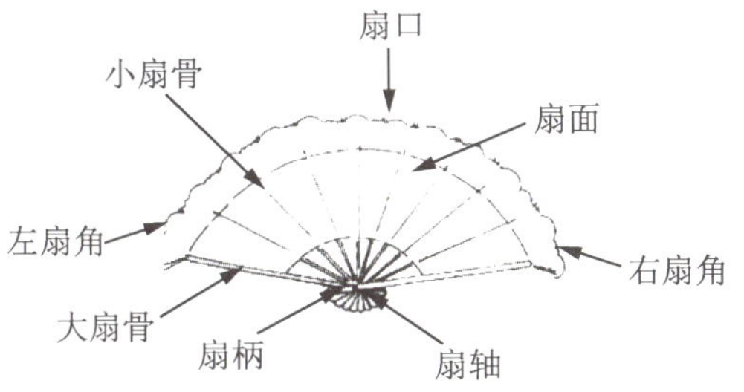

图 3-2-2

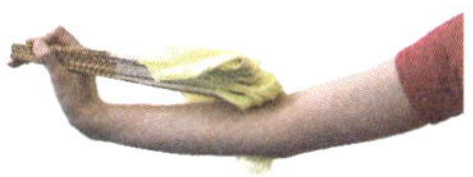

图 3-2-3

图 3-2-4

4. 基本手型

学习笔记

（1）小风摆手：双臂在体旁 25°的位置，顺着体侧经下弧线同时左、右自然摆动，指尖对前，配合小崴进行。

（2）点扇：胸前捏扇，扇口对左侧，扇面对前准备，手腕和拇指向前点弹扇角，无名指略回搬握。

（3）放扇：胸前三指捏扇准备，将扇竖放在左胯前，扇口对左，扇面对前，左手放于左胯前，手心对前。如图 3-2-5 所示。

（4）送扇：双手经上弧线向左斜上将扇子送出去。如图 3-2-6 所示。

（5）扛扇：扇口正中间对右肩，像扛包状，左手胸前按掌，挑胸腰，目视左斜下方。如图 3-2-7 所示。

图 3-2-5

图 3-2-6

图 3-2-7

图 3-2-8

温馨提示

丹凤朝阳的舞姿要注意眼睛与扇子的配合，眼随扇动。

（6）抱扇：握扇放于胸前，手心向上，左手按掌放于胸前。如图 3-2-8 所示。

（7）丹凤朝阳：在右踏步位上，依次做斜下立扇、平立扇、斜上立扇。如图 3-2-9、图 3-2-10、图 3-2-11 所示。

温馨提示

抱扇时小臂架平，与手肘同高。

图 3-2-9

图 3-2-10

图 3-2-11

学习笔记

5. 基本脚位

（1）正步：双脚自然并拢，脚尖对前。如图 3-2-12 所示。

（2）小八字位：正步基础上，双脚尖自然外开。如图 3-2-13 所示。

（3）大八字位：在小八字基础上，左脚向旁迈出约一脚距离。如图 3-2-14 所示。

（4）踏步：在小八字基础上，左脚向右斜后方撤半步，脚掌撑地，左膝内侧与右膝盖窝相靠。如图 3-2-15 所示。

图 3-2-12

图 3-2-13

图 3-2-14

图 3-2-15

6. 基本动律

（1）小崴动律：正步双背手，重心原地左右自然移动，双脚随重心外、内沿滚动，双膝自然屈伸，带动胯、腰和肋左右下弧线崴动，重拍向下。

温馨提示

小崴动律的主动源不在胯部，而是在膝部。

小崴动律是指由膝盖的屈伸带动胯、腰、肩的左右摆动。膝盖的屈伸要有一个交替的倒换重心，同时脚掌内外崴动，重心的移动与胯崴动的方向要一致，配合小风摆手练习。

（2）捻扇动律：胸前三指捏扇准备，左上角由里向外松弛地画小圆，保持扇口对左斜上方，在胸前连续捻动。

学习提示

小崴捻扇的学习方法——分步递进法

第一步：移重心的双膝屈弹体验

小崴动律是由双膝重拍在下的自然屈弹，带动胯、腰、肋三部分，尤其是胯部为主的左右下弧线悠摆。因此，我们在开范儿时要强调膝盖的主动向下弯曲，在移重心的过程当中胯部向旁崴动，双膝自然弹回时经过上弧线向另一侧移动重心。

第二步：小崴小风摆手动律体验

在原地小崴动律的基础上，配合小风摆手练习。小风摆手双手在胯旁，手腕松弛地带动小臂经下弧线左右小幅度晃动。要求大臂要尽量贴着身体，肘部向后微夹，左右摆动时双臂各自要在体侧运动，不要跟到体前。小崴小风摆手的配合带有朴素的生活气息，有优雅别致的特点。

第三步：小崴捻扇动律体验

小崴捻扇与扇位的有机配合，使花灯崴得灵活而富有动感。在练习小崴捻扇动律的过程中，捻扇可在胸前、头顶、风摆手的位置上做。不论在哪一舞姿上做，都要注意小崴捻扇与各种扇位的配合均以崴带动，扇位舞姿要准确。捻扇是三指捏扇，切忌全把握扇，捻扇要做得圆，手腕要松弛，捻扇节奏与小崴的快慢要互相配合。

想一想

1. 捻扇的重拍在哪个方向，你知道吗？
2. 你能说说小崴动律中膝、胯、腰、肩之间的关系吗？

交流：……

学习笔记

练一练

结合体态、扇法舞姿等元素，让我们在组合音乐中，进一步体验“小崴”动律组合的魅力。

视频：云南花灯小崴组合 绣荷包

学习笔记

绣荷包

1=A $\frac{2}{4}$

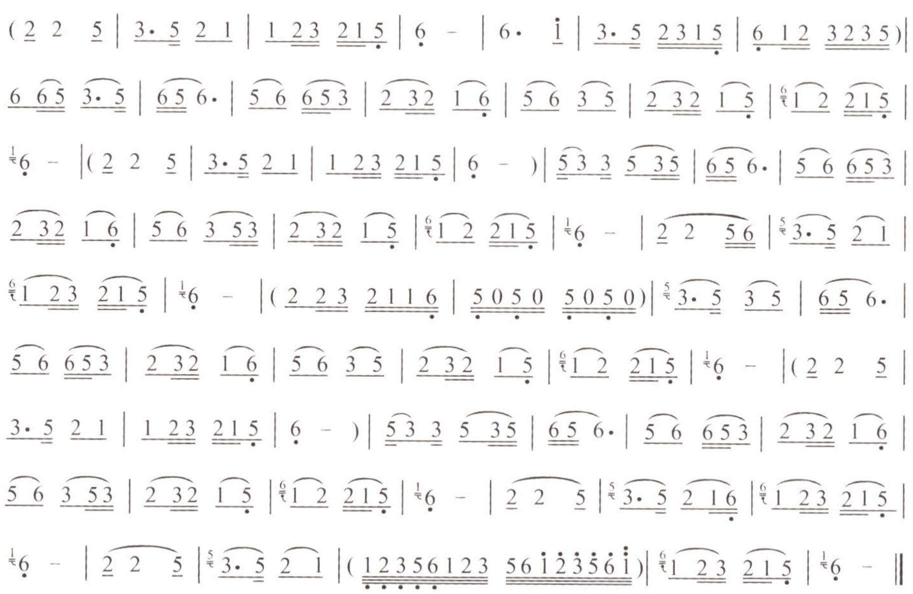

1. 练习目的

（1）掌握小崴的基本动律。

（2）解决膝、胯、腰、肋的松弛及小崴捻扇和各种扇位的配合。

（3）掌握云南花灯灵巧、明快的舞蹈风格特点。

2. 动作要求

前奏准备

［1—6］体对 1 点，正步位，左手持巾，右手握扇准备；第［7］小节，双手从体侧经上方落至头顶抱扇、屈膝俯身舞姿。如图 3-2-16 所示。

图 3-2-16

第一段

［1—4］保持舞姿，左起原地小崴 8 次。

［5—8］左起原地小崴 8 次，落至胸前抱扇。

［9—10］送扇 2 次，接扛扇。

［11—12］右转身，扛扇舞姿，小碎步自转一圈。

［13—16］左起小崴点扇 8 次，向 1 点行进。

［17—20］重复［13—16］动作，向后退。

［21—22］左起小崴点扇 3 次接放扇，向 8 点前进。

［23—24］重复［21—22］动作，向 2 点方向前进。

间奏

［1—2］上左脚提扇，接丹凤朝阳。

第二段

［1—2］小崴十字步，头顶捻扇 4 次。

［3—4］小崴十字步，胸前捻扇 4 次。

［5—8］重复［1—4］动作。

［9—12］重复第一段［9—12］小节动作。

［13—14］左起原地小崴，胸前捻扇 2 次接放扇。

［15—24］依次向 8、6、4、2、1 点重复［13—14］动作。

［25—26］重复间奏［1—2］动作。

［27］向左晃手，慢起至双腿并立。

［28—29］两人一组相绕转身，至结束舞姿。如图 3-2-17 所示。

图 3-2-17

学习提示

1. 小风摆手要随着小崴动律自然流畅地摆动，无须刻意去强调它。

2. 在组合中进一步体会“小崴”动律和音乐的美。

学习笔记

艺术锦囊

1. 舞蹈与生活

云南花灯戏，源自明代或更早一些时候民间“社火”活动中的花灯，流行于云南全省各地和四川省、贵州省的个别地区。由于各地话语有别和艺人演唱的不同，流行在不同地区的花灯又接受了不同的曲种、剧种或民歌小调的影响，因此云南花灯又分昆明、呈贡花灯，玉溪花灯，弥渡花灯，姚安、大姚、楚雄、禄丰花灯，元谋花灯，建水、蒙自花灯，嵩明、曲靖、罗平花灯，文山、邱北花灯，边疆地区花灯九个支派。

花灯舞蹈是云南花灯的重要组成部分，传统的花灯舞蹈有只舞不唱的如《狮舞》《猴子弹棉花》等，有集体性的歌舞，如《连厢》《拉花》等。

现如今在云南各地，处处都有业余花灯队，城乡每个小广场，都有人常常在跳花灯。“一年不唱人难过，三年不跳牛马瘟。”这是云南农村流传的反映农民喜爱跳花灯的俗语。在“中国花灯艺术之乡”弥渡县，还有“十个弥渡人，九个会唱灯，还有一个会哼哼”的说法。

云南花灯有何魅力让云南人如此痴迷？因为花灯反映了云南老百姓的衣食住行，是老百姓听得懂的语言和旋律，演的故事是老百姓身

学习笔记

边的事，同时也是老百姓的精神寄托，这也是花灯的艺术魅力。

2. 扇舞

扇舞为我国古老的乐舞形式。古代的宫廷扇舞多为女性所演，动作轻缓柔和、典雅流畅，表现女子轻盈飘逸、抒情婉转之美；或舞者以巫师形象持扇起舞出现，则为一种宗教仪式性的“巫舞”，表现强烈的神话鬼魅色彩。中国的扇舞也在不断发展创新，融合了许多戏曲元素，如长绸扇舞，便是根据戏曲中的水袖改良的扇子而形成的舞蹈，女子舞动飘逸轻盈，男子舞动清雅俊秀。

中国的民间乐舞中也喜爱用扇子作道具。在北方流行的汉族民间乐舞秧歌，就是使用扇子或手巾、彩绸进行表演，不同的角色手执不同的扇子，伴随着音乐的节奏而挥舞成趣。“云南花灯”舞演出时，舞者男执彩灯，女执花扇、花灯，在舞动中灯扇交错，飘然律动，纯朴自然而又优雅洒脱，人们将其比喻为秀美别致的“山茶花”。其他如南方的“采茶灯”乐舞，舞者左手提茶篮，右手执彩扇，载歌载舞。江西“赣南采茶舞”，舞者动作有扇子花，又分为男女通用的单扇花和多用于女性的双扇花，并形成了舞扇花的基本要领：“扇花变化在于手，力在手腕见千秋，左甩水袖右摆扇，十指牵着两臂走。”

少数民族也有扇子舞。哈尼人的扇子舞，分为棕扇舞和纸扇舞。棕扇舞多为女性表演，用芭蕉叶或棕叶的扇子模拟白鹇鸟的生活、姿态、动作起舞，舞姿柔美，气氛庄重，充满对寨神祖母的崇拜，寄托了哈尼人民的美好愿望和理想。纸扇舞是由棕扇舞发展演变而来的，主要是在送葬时由男性跳。朝鲜族扇子舞源于朝鲜族传统巫俗，后来发展成为表演性的一种舞蹈形式。它一般由女子表演，通过舞动扇子抒发内心的喜悦之情。

任务拓展

1. 云南花灯的整体风格是____________________。

2. 小崴动律是________的屈伸，带动________、________、________三部分左右摆动，它的风格特点是____________________。

3. 请小组合作练习《绣荷包》组合，并拍视频上传至学习平台。

效果检测

学习内容	学习重点	学习难点	我的收获	反思计划

任务 2.2　正崴动律

任务实施

赏一赏

小河门前绕，船儿轻轻摇，摇呀摇呀摇，摇到外婆桥……请通过互联网搜索并欣赏舞蹈视频《摇到外婆桥》，感受南方水乡的美丽景色，体验浓浓的乡野之情。

1. 该舞蹈带给你怎样的情绪和情感体验？
2. 该舞蹈的动律和舞姿有什么特点？

交流：

正崴也是云南花灯女性舞蹈动律的特征之一。如果说小崴是弹性、灵巧的，那正崴则是延伸、柔韧的，具有优美、平稳的美感。云南花灯特有的节奏、动律情感体现了它独特的美感特征：女性舞蹈表现出内秀、淡雅的美，具有南国的清秀风格和恬静的心理特征，区别于热情火爆的东北秧歌和婀娜俏丽的花鼓灯；男性舞蹈则区别于蒙古族舞的彪悍和鼓子秧歌的刚劲，展示出洒脱的美。

图 3-2-18

1. 基本手位

（1）三指捏合扇：合扇，拇指、食指和中指捏住扇柄，无名指和小指放松。如图 3-2-18 所示。

（2）大风摆手：双臂在体旁 90°的位置，顺着体侧经下弧线同时左、右自然摆动，配合正崴练习。如图 3-2-19 所示。

图 3-2-19

温馨提示

别扇配合小崴完成。

（3）夹扇：开扇，拇指和小指于扇一面，其余三指于扇的另一面夹住扇子。如图 3-2-20 所示。

（4）招扇：大八字位重心右移，右顺风旗位夹扇，扇骨竖直，扇面对 2 点方向，体对 2 点方向。如图 3-2-21 所示。

温馨提示

“招扇”要先回身至左胯前抱扇，再移重心至右脚，扇尖经下弧线至招扇位。

（5）别扇：右手手腕经下弧线到右后胯，提肘拎腕，扇口对斜后，左手小提花。如图 3-2-22 所示。

图 3-2-20

图 3-2-21

图 3-2-22

2. 基本步伐

柔踩步：重心右移，半蹲，左腿自然抬起向前上步，双膝韧性向上延伸，左脚掌下踩，重心回至双脚接反面。配合正崴练习。

3. 基本动律

温馨提示

动力腿踩时就要注意从膝到胯、腰、肋、头的自下而上的延伸，是一个传导的过程，要有明显向上的特点。

正崴动律：重心右移，屈膝，左脚自然抬；左脚下踩，从膝—胯—腰—肋，挑起左旁腰，头向右倒，大风摆手，目视前方。

正崴崴动时，要先气息松落，经过主力腿的弯曲，屈膝的脚步自然抬起，在动力腿落地移动重心的同时，形成了明显自下而上的动力，促使胯、腰、肋三部分形成弧形向上崴动。

4. 基本舞姿

（1）小鱼抢水：跳步上右脚成踏步半蹲，同时双臂体侧平伸，手背向前，向左转身一圈。如图 3-2-23 所示。

图 3-2-23

图 3-2-24

（2）荷花爱莲：右踏步蹲，右手握扇在左耳旁，扇面对前，左手轻扶左扇角，目视右斜上方。如图 3-2-24 所示。

学习提示

正崴动律的学习方法——分步练习法

第一步：原地的正崴体验——配合大风摆手

正崴动律的节奏重拍在上，正崴大风摆手摆臂与胯的方向是一致的，臂摆时要松弛柔和，犹如风中垂柳。在练习过程中，我们要强调最后向上够的那一下，体现延续的柔韧感。

第二步：行进的正崴体验——正崴柔踩步

正崴柔踩步上步时要先经过全脚掌再移至全脚，膝关节慢伸直，同时上步脚提起时要离地稍高，上下屈伸的幅度要大，延伸感要强。动作中要进一步把握正崴膝部内在的柔韧性，强调脚腕及膝的控制力，脚掌有韧性地落地，步子轻而柔和，像踩在棉花上一样，上身可直立、前倾或左右崴动。

想一想

1. 正崴动律的风格特点是什么？
2. 请你尝试分析小崴动律与正崴动律的异同之处。

交流：

学习笔记

练一练

结合舞姿手位、步伐等元素，让我们在组合音乐中，进一步体验“正崴”动律组合的魅力。

摇到外婆桥

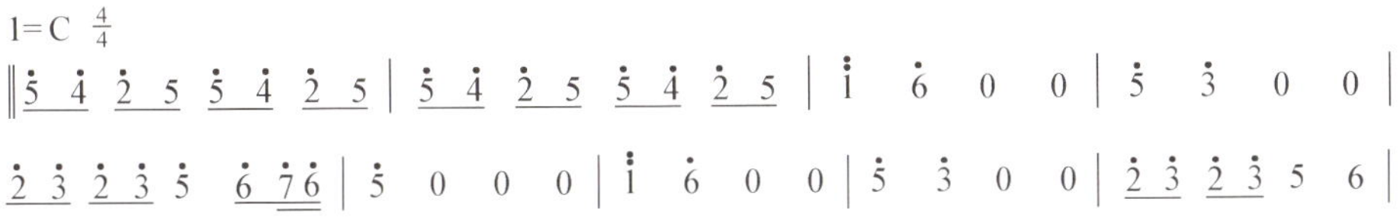

视频：云南花灯正崴组合　摇到外婆桥

学习笔记

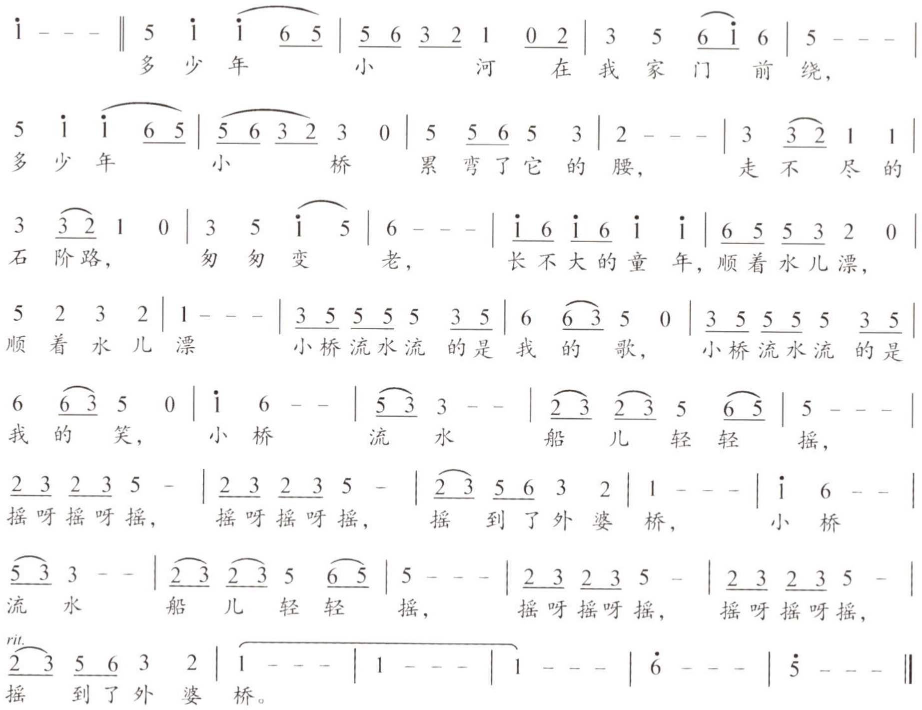

1. 练习目的

（1）理解正崴动律的特点。

（2）掌握正崴与捻扇的协调配合，能较好地表演正崴动律组合。

（3）体验、感受云南花灯正崴平稳、优美、舒展的风格特点。

2. 动作要求

前奏准备：［1—2］前 4 拍，三指捏合扇，荷花爱莲舞姿准备，后 4 拍，慢起至右踏步位；［3—6］保持舞姿，做摇船状；［7—10］右双晃手，向 7 点方向下场。

［1—8］虎口托合扇背手，左起正崴大风摆手 16 次，面对 1 点，向 3 点方向前进。

［9—12］原地左起正崴 4 次，大风摆手。

［13—14］前 6 拍，左起正崴大风摆手 3 次，面对 1 点，向左移动，最后 2 拍原地右起小崴小风摆手 2 次。

［15—16］重复［13—14］反向动作，最后一拍开扇。

［17—18］左转身，左起正崴柔踩步捻扇 4 次，向 5 点方向前进。

［19—20］左转身原地左起小崴捻扇 2 次，后 4 拍小崴别扇。

［21—24］重复［17—20］动作。

[25—26] 胸前抱扇，做摇船状。

[27—28] 左双晃手，右转身自转一圈。

[29—30] 向 2 点招扇 2 次。

[31—32] 小鱼抢水接荷花爱莲。

[33—36] 重复 [29—32] 动作。

[37—40] 左起正崴柔踩步大风摆手 8 次，右手背手，面对 1 点，向 3 点方向下场。

艺术锦囊

1. 舞蹈与历史

云南花灯不是灯展，而是有舞蹈、唱曲和故事，是云南近几百年来最深入人心的地方戏曲，是国家级非物质文化遗产。

云南花灯从唐宋以来的江南社火歌舞来。“管弦春社早，灯火夜街迟。”这是沐璘的诗《滇南即事》，诗中反映江南祭社中的社火，与云南百姓祭土神时表演的歌舞合二为一。社火歌舞逐渐从宗教性的社火活动中独立出来，成为云南花灯的一大组成部分。

云南花灯从江南的明清时曲来。“梦入滇池卷白波，密檀花发暖风多，画船总载江南客，齐唱吴腔子夜歌。”诗中所言“吴腔子夜歌”就是江南的明清时曲，而明清时曲正是云南花灯的又一重要组成部分。

云南花灯还从云南各地的民族风俗和民间艺术中来。“滇歌棘曲齐声和，社鼓渔灯夜未央。”这是明代著名诗人杨慎《观秋千》中的诗句，描绘了滇池边汉族百姓与少数民族百姓共同歌舞唱灯的情景，反映了汉族习俗与云南少数民族习俗相交融，花灯在云南充分地方化、民族化。用云南方言说唱，用云南少数民族舞蹈跳舞，用云南民间传说故事改编或新创戏曲故事，在民族地区甚至演化为彝族花灯、白族花灯等。这些特点使云南花灯成为与其他戏曲不一样的独立戏种。

2. 经典鉴赏：云南花灯群舞《十大姐》

云南花灯是云南老百姓自己的艺术，它取材于老百姓的衣食住行，用的是老百姓听得懂的语言和旋律，所演的故事是老百姓身边的事。云南花灯经典剧目《十大姐》是云南花灯中一个载歌载舞的节

学习提示

1. 捻扇不仅可以配合小崴，而且可配合正崴，不同点在于前者重拍在下，而后者重拍在上。

2. 在组合中进一步体验“正崴”动律和音乐的美。

学习笔记

学习笔记

目，节目的内容取材于云南人的日常生活，描写的是云南农村中的十个采茶姑娘，在一天劳动后回家的途中，互相述说着自己的心事和蕴藏在心底的爱情。十个姐妹就像大自然里的十朵花，她们各有不同的性格，但她们都是同样的乐观。群舞《十大姐》采用云南花灯的小崴、正崴、反崴等动律元素，融入层出不穷的扇花，加入现代元素，给观众展现出一群热爱生活、热爱劳动的姑娘，以及她们心底充满着对幸福生活的向往和信心。

任务拓展

1. 正崴动律的风格特点是________________。正崴动律的节奏重拍在________，是一种________的动力延伸。

2. 小组合作，练习正崴动律组合并上传至学习平台。

3. 云南花灯的扇花花样繁多，请你在所学知识的基础上，根据自己的想象和舞蹈形象的表现，创造具有个性、富有形象的扇花舞姿造型，并将它们串编成一个舞蹈短句。

效果检测

学习内容	学习重点	学习难点	我的收获	反思计划

任务 2.3　步伐组合

任务实施

赏一赏

长长的柳条青又软，编只青蛙、编头大象，好不快乐！请通过互联网搜索并欣赏舞蹈视频《柳条的故事》，一起回味童年的野趣。

1. 该舞蹈组合的音乐给你什么样的感受？

2. 该舞蹈组合的动作又有什么特色？

交流：____

____

跳颠崴和正崴都是由小崴派生而来的，都是以膝部为发力点，带动胯、腰、肋左右摇摆，拉伸，悠荡，形成连绵不断的和谐的动作形态。跳颠崴是轻快短促的，正崴则是优美延伸的，它们的动律共性为——顺。将跳颠崴与正崴先后行课，既强化了正崴的训练，又能使学生感受到同一律动在不同配合中所呈现的不同结果。

温馨提示

胸前横摆扇左右摆动时，双手需经过下弧线。

1. 基本手型

（1）胸前横摆扇：右手握扇，扇口直立，曲臂于胸前，左手持巾体旁平伸，手心向外，左右交替完成。如图 3-2-25 所示。

（2）环扇大交替：右手旁起捻扇落至胸前抱扇，同时左手悠至体旁；左手经上落至胸前按掌，同时右手经下拉开至体旁，扇口向下。如图 3-2-26、图 3-2-27 所示。

温馨提示

环扇大交替可以配合胯崴或三步跳颠。

学习笔记

图 3-2-25

图 3-2-26

图 3-2-27

2. 基本动律

（1）跳颠崴：正步垂手，三指捏扇准备；右脚掌轻推地面跳颠，左腿吸在右脚踝处，扇子搭于右肩，右垂手，左正崴。如图 3-2-28 所示。

①吸跳颠步：主力腿跳颠，动力腿吸腿。

②撩跳颠步：主力腿跳颠，动力腿经小腿吸起，小腿前撩。如图 3-2-29 所示。

（2）胯崴动律：大八字步准备，1—重心左移，落全脚，左崴胯；2—回至大八字步做反向动作。如图 3-2-30 所示。

（3）三步跳颠：两拍内连续做 3 个吸跳颠步。

温馨提示

跳颠崴上身为正崴动律，脚背自然绷直，脚下运用主力腿的推、弹，形成跳与颠的结合，要注重跳动体现轻快活泼。

温馨提示

胯崴重心左移时，另一条腿的膝部要放松，脚趾内扣轻点于地面。

图 3-2-28

图 3-2-29

图 3-2-30

温馨提示

跳颠崴转身要自然、流畅。

学习笔记

3. 动作短句

跳颠崴转身转：1—左脚跳颠，右吸腿，双手经前拉回至右胯旁抱扇，右拧腰回让，目视前方（如图 3-2-31 所示）；2—落右脚跳颠，左腿吸撩，双下分手至斜下方，左拧腰回让，目视前方（如图 3-2-32 所示）；3—落左脚跳颠转身，左手平拉至胸前按掌，右手摆成遮阳扇（如图 3-2-33 所示）；4—落右脚跳颠，双手至胸前左横摆扇位（如图 3-2-34 所示）。

图 3-2-31

图 3-2-32

图 3-2-33

图 3-2-34

学习提示

跳颠崴的学习方法——分步递进法

第一步：溯源启迪

花灯歌舞的形成，主要源自农村生活，在生产劳动中人们多以肩挑为主，加之农村多为崎岖不平的山路及坡坎较多的田埂，重担行走时，必然崴来崴去，人们将这些生活动作经过舞蹈化的加工、提炼，逐渐形成了独有的“崴花灯”风格特点。

云南花灯借鉴和吸收了云南少数民族的各种舞蹈。例如，滇南蒙自、建水等地方的花灯舞蹈“颠步”吸收了彝族舞蹈的“踩荞步”，花灯舞蹈的“跳踢步”则吸收了彝族舞蹈的“跳弦”，而胯崴，这是一个大幅度带双脚重心明显移动的崴步。因此，它们都带有刚劲有力、泼辣稳健的特点。

第二步：情感外化

云南花灯舞蹈表演中的情感，展现了舞蹈者内心深处的情感世界，只有将情感融入每个动作，才能赋予舞蹈生命。云南花灯音乐多属小调，音乐规整、轻快、动感强。只要音乐一响，舞蹈者就会随之崴动。从动作的体态和规律上来看，又显示多种特点，如有的崴动是活泼跳荡的，有的则悠然荡漾，总之是音乐赋予花灯舞蹈以各种动律，所以，花灯舞蹈是由花灯音乐决定的。在训练过程中，抓住“崴”的动律美的特点，在躯干松弛状态下运动，并协调各部位的相互配合。

想一想

1. 要把握胯崴动律的美感，你知道有哪三个关键点吗？
2. 请你尝试分析正崴与跳颠崴的异同之处。

交流：……

学习笔记

练一练

结合扇花、动作短句等元素，让我们在音乐中，进一步体验云南花灯步伐组合的魅力。

柳条的故事

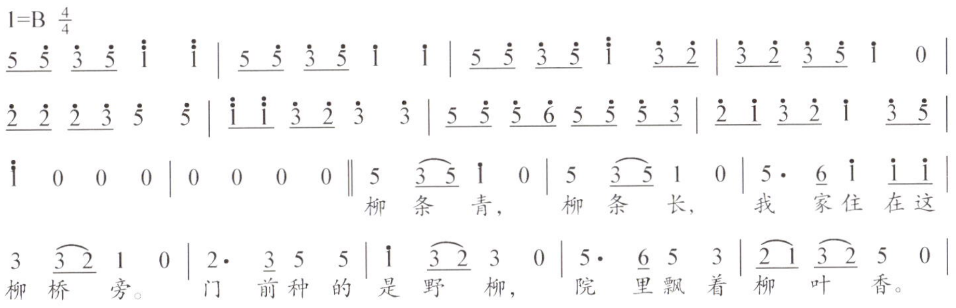

视频：云南花灯步伐组合 柳条的故事

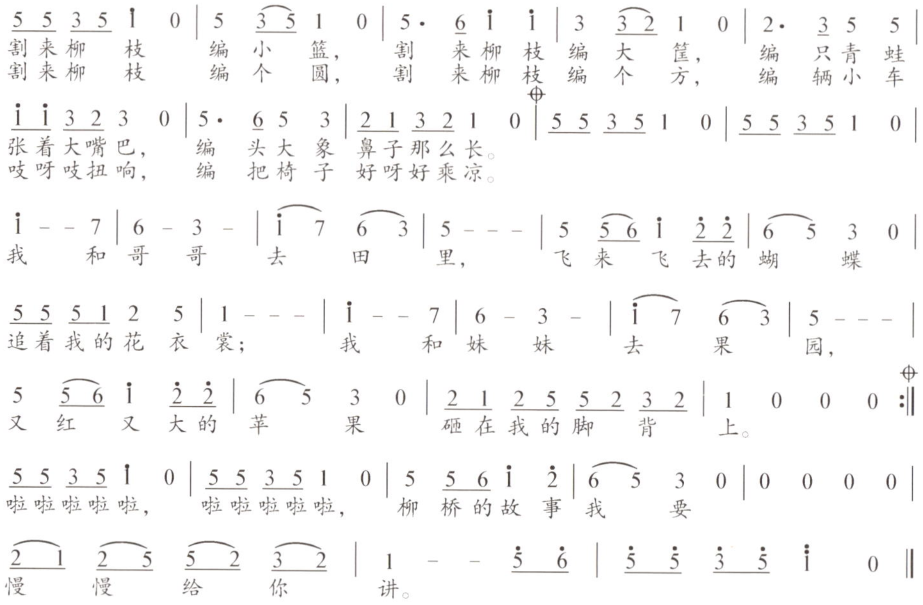

学习提示

1. 跳颠崴轻快短促，要运用主力腿与地面的推弹，形成富有弹性的跳动感。

2. 在组合中进一步体会跳颠崴与胯崴的动律，以及充满趣味的音乐。

学习笔记

1. 练习目的

（1）掌握跳颠步等步伐与扇花的配合。

（2）能较好地表演云南花灯步伐组合。

（3）体验、感受云南花灯舞蹈的美。

2. 动作要求

前奏准备：［1—10］正步位，左手持巾，右手虎口夹合扇。面向 7 点方向，于台左侧。

第一段

［1—4］左起吸跳颠步 8 次，合扇双手交替搭肩，7 点方向前进。

［5—8］面向 1 点方向，重复［1—4］动作。

［9—10］前 4 拍，左起撩跳颠步 4 次，双手上撩；［11—12］面对 3 点、5 点、7 点、1 点方向重复［9—10］动作。

［13—16］左起跳颠崴三步一停 4 次，左手背手，右手肩上搭扇。

［17—18］正步位，前 4 拍头顶遮扇舞姿，后 4 拍顺风旗摊手开扇舞姿。如图 3-2-35 所示。

［19—22］左起胯崴 4 次，胸前抱扇。

［23—26］脚下动律重复［19—22］，双手经下双分手，从体旁提腕回到胸前抱扇。

图 3-2-35

学习笔记

［27—28］左起胯崴 2 次，环扇大交替；［29—30］左起三步跳颠 2 次，环扇大交替。

［31—34］重复［27—30］动作。

间奏

［1—4］左起跳颠崴三步一停 4 次，胸前抱扇。

［5—6］前 4 拍重复第一段［17—18］动作；［7—8］双手至体旁立扇，撤右脚踏步转身至 1 点。

［9—10］正步位半蹲，头顶遮扇舞姿。

第二段

［1—2］右起吸跳颠步 4 次，胸前横摆扇；［3—4］跳颠崴转身转。

［5—8］重复［1—4］动作，转向 3 点方向。

［9—12］重复［1—4］动作，转向 7 点方向。

［13—16］重复［1—4］动作，转向 1 点方向。

［17—20］重复［5—8］动作。

［21—24］右转身面对 5 点，合扇，圆场向中心聚拢，最后 4 拍，左转身踏步位，至胸前抱扇舞姿。

艺术锦囊

1. 汉族民间舞蹈

汉族是中国人口最多、分布最广的民族。汉族的民间舞蹈不但内容丰富，而且种类繁多、风格各异。即使是相同种类的歌舞，因地区的不同，也会在风格、装扮和表现形式上各有特色，独具魅力。北方的舞蹈古朴、刚劲、场面壮观；南方的舞蹈以纤小秀丽见长，而且载歌载舞。总体上其可以用“南灯北歌”来概括。

（1）花灯

“南灯”里的“灯”指的是花灯，除了我们学习的云南花灯之外，还包括安徽花鼓灯、采茶戏等。

安徽花鼓灯是我国民族民间优秀艺术，在全国乃至国际上都有较高的知名度，作为中国舞蹈的杰出代表，在世界舞蹈艺术中拥有独特地位，是我国重要的文化艺术资源，被誉为“东方芭蕾”。它是从地

学习笔记

方灯会、社火风俗中发展起来的，在淮北一带的农村十分盛行。花鼓灯多在年节、庙会和冬闲时进行，并常与龙灯、狮子、马灯等多种民间道具舞一起表演。花鼓灯由舞蹈、歌唱、小戏三部分组成，歌时不舞，舞时不歌，有自娱性和表演性相结合的特点。所唱的曲调，是在山歌和地方小调基础上形成的花鼓歌，如《卖货郎》《孟姜女》等，伴奏以打击乐器为主，有大锣、花鼓、小钹、小手锣等。锣鼓与舞蹈配合默契，有"半台锣半台戏"之说。

采茶戏流传在我国南方采茶区，如广东、广西、江西、福建、浙江、江苏、安徽等地，通常的表演形式是一男一女或一男二女，男的手拿钱尺（鞭）模拟扁担、锄头或撑船杆等。女的手持花扇，模拟竹篮、雨伞或是盛茶器具，有时也拿糊的各种灯具，载歌载舞。表演的内容是茶农劳动的全过程，从种茶、采茶到制作（炒茶）和卖茶，有的地区在表演中还穿插了民间传说故事。

（2）秧歌

"北歌"里的"歌"指的是秧歌，歌舞中一般是舞蹈者扮成各种人物，手持扇子、手巾、彩绸等道具进行舞蹈。在表现形式上，开始和结束为变化队形的大型集体舞，也叫大场，中间穿插两三个人表演的带有简单情节的舞蹈或歌舞小戏，也叫小场。秧歌除了我们学习的东北秧歌之外，还有胶州秧歌、鼓子秧歌、海阳秧歌、陕北秧歌、河北地秧歌等。

胶州秧歌别名为"地秧歌"或者"跑秧歌"，而在当地、百姓又称其为"三道弯""扭断腰"，"拧""碾""抻""韧""扭"是胶州秧歌的主要审美特征。胶州秧歌深受齐鲁大地文化的影响，其舞蹈形式中处处渗透着胶东地区的风土人情，深入生活、贴近群众、流传甚广，其卓越的舞蹈技巧和特征鲜明的艺术风格独领风骚，征服了广大人民群众，艺术生命力绵延不绝。在2006年，"胶州秧歌"被列入国家非物质文化遗产保护名录，在诸多舞蹈艺术院校中成为女班专修的民间舞课程之一。

2. 灯舞

灯舞是历史悠久的中国民间舞，主要在元宵节表演，已有1000多年的历史。灯舞源于灯节，是灯的制作工艺发展到一定水平，以彩灯作道具的舞蹈形式，因灯的造型不同而有各种名称，其表演以南方见长。明、清两代已盛行灯舞，清代文献中记载比较多。灯舞主要在夜晚表演，在彩灯照耀中灯、人相映，情趣盎然，或通过彩灯形成不同的队形、图案，或摆成“吉祥”“天下太平”等字样，或在变化与穿插中表现各种意境。

学习笔记

表演中见灯不见人，图案有动、有静，又有高低不同多种层次的变化，神秘奥妙，引人入胜。舞灯以群舞居多，灯的造型有动物、花卉及象征吉祥的器物等。表演中舞者可一人一灯乃至多人同舞一灯，可分为持灯、提灯、举灯而舞等多种表演形式。

任务拓展

1. 跳颠嵗的风格特点是________，上身配合________动律，给人以________的感觉。

2. 请小组合作，练习《柳条的故事》组合，并拍视频上传至学习平台。

效果检测

学习内容	学习重点	学习难点	我的收获	反思计划

任务 2.4　幼儿花灯舞

任务实施

赏一赏

请通过互联网搜索并欣赏舞蹈视频《抓包》，感受游戏舞蹈的快乐。

1. 该舞蹈音乐反映了什么样的场景？

2. 舞蹈中运用了云南花灯的哪些动作元素？

交流：

学习笔记

幼儿游戏舞

游戏舞蹈是深受幼儿喜爱的一种舞蹈活动，由于它将舞蹈活动内容融于游戏的形式中，让幼儿在游戏中感受音乐、表现音乐、展示动作，从而使幼儿获得审美能力的提高。游戏舞蹈的素材可以从幼儿常见的、平时喜欢玩的生活游戏中选择。

游戏舞蹈一般可分为模仿性游戏、故事性游戏、竞赛性游戏、躲闪性游戏、道具类游戏、民间体育游戏、益智类游戏等。在《抓包》这个舞蹈当中，我们根据幼儿的身心发展特点，提取了云南花灯中的小崴动律元素，并配合小道具——沙包，设计了一个抓沙包的游戏舞蹈，将传统的民间体育游戏与民间舞蹈相结合，表现出云南花灯活泼、轻快、柔美的整体风格。

幼儿学习民间舞蹈，可以激发幼儿对民间艺术的审美情趣，让其充分体验到我国不同民族的不同审美，并在感知美、想象美、理解美、创造美的过程中，培养其热爱祖国、热爱集体、热爱本民族文化的意识。

1. 跪坐抓包：双手曲臂于胸前，平摊掌，将沙包置于双手手心。如图 3-2-36 所示。

图 3-2-36

2. 胸前抓包：双手曲臂于胸前，立掌，五指伸直，将沙包置于手心。如图 3-2-37 所示。

3. 摊掌抓包舞姿：跪姿向左崴动，双手斜下位摊掌，沙包置于右手掌心。如图 3-2-38 所示。

4. 顺风旗抓包舞姿：跪姿向左崴动，顺风旗手位，沙包置于左手掌心。如图 3-2-39 所示。

5. 旁按手：大拇指分开，其余四指并拢，掌心向下，按于斜下手位。如图 3-2-40 所示。

温馨提示

跳颠步双脚交替要短促，突出灵巧、明快的动作特点。

图 3-2-37

图 3-2-38

图 3-2-39

图 3-2-40

6. 小崴动律：跪立准备，由膝的屈伸带动胯、腰、肋向左右崴动，重拍在下，屈伸要有弹性。

7. 跳颠步：双脚颠起，双膝微屈，一脚以脚掌踏地，同时另一脚迅速靠近脚踝，双脚交替进行。

学习提示

幼儿游戏舞蹈的美育价值

幼儿游戏舞蹈是游戏、音乐、舞蹈结合的一种形式，可以借助各种物品，通过动作和音乐结合，边唱边跳边玩，在舞蹈中反映并探索周围世界，获取知识。

幼儿游戏舞蹈有着形式生动活泼的特点，常常伴随着顽皮、愉悦的情感，是幼儿在假想的情境中认知生活、学习知识的途径之一。它是一种非功利性的活动，更注重过程而不重视结果。因此，幼儿也往往更陶醉其中。

我们在设计游戏情节时，要注重情节应为幼儿所理解，角色的活动应贴近幼儿生活。这样，幼儿的想象力才能活跃，感情才能真实。单纯的云南花灯动作教学，对幼儿来说未免枯燥。我们根据幼儿的年龄特点，将抓沙包游戏与云南花灯的动作元素相结合，以舞蹈的方式做游戏，以游戏的形式练舞蹈，毫不费力地模仿、创造出各种生动形象的肢体语言，让幼儿觉得舞蹈就是游戏、游戏就是舞蹈，大大提高了幼儿对民族民间舞的兴趣。

想一想

1. 你还知道哪些幼儿舞蹈？
2. 在创编幼儿游戏舞蹈中，你认为最重要的是什么？

交流：……………………………………

学习笔记

练一练

分组合作表演《抓包》舞蹈，教给幼儿园小朋友，争做优秀的小老师，一起行动吧！

视频：云南花灯儿童游戏舞 抓包

学习笔记

抓包

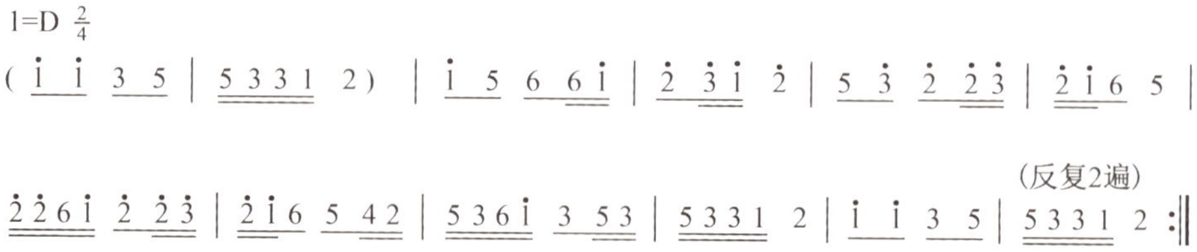

1. 练习目的

（1）理解云南花灯幼儿游戏舞的特点。

（2）能较好地表演云南花灯幼儿舞蹈。

（3）知幼儿，爱幼儿，提升职业素养。

2. 动作要求

前奏准备：［1—2］双腿跪坐抓包舞姿准备。

第一遍音乐

［1—2］右起跪姿小崴 4 次，最后 1 拍，双手斜下位摊掌，沙包置于右手掌心。

［3—4］左起跪姿小崴 4 次，最后 1 拍，顺风旗手位，沙包置于左手掌心，眼看左手。

［5—6］保持舞姿，左胯崴出，右腿向 3 点旁屈伸 2 次。如图 3-2-41 所示。

图 3-2-41

［7—8］前 2 拍，向右斜下抛出沙包，眼经上弧线看向右斜下；后 2 拍，双手至旁按手，左倾头。

［9—10］前 2 拍，右起双手交替，向 2 点爬 3 下，左手抓包；后 2 拍，至跪坐抓包舞姿。

［11—20］重复［1—10］反向动作，最后 1 拍至胸前立掌抓包舞姿。

间奏

［1—2］前 2 拍，右左腿先后站起，后 2 拍，小碎步，搓沙包。

第二遍音乐

［1—2］前 2 拍，向上抛接沙包，后 2 拍，右起跳颠崴 3 次。

［3—4］重复［1—2］动作。

［5—6］原地小崴半蹲 4 次，前 2 拍，胸前拍手接摊掌舞姿；后 2 拍，胸前拍手接顺风旗舞姿。

[7—8] 左转身，小碎步自转 1 圈。

[9—10] 重复第二遍音乐 [1—2] 动作。

[11—14] 重复第二遍音乐 [1—4] 动作。

[15—16] 前 2 拍，右脚向 6 点撤步，右手经顺风旗位，向 8 点斜下扔沙包，眼经上弧线看向左斜下；后 2 拍，收左脚至正步位，旁按手，右倾头。

[17—18] 旁按手，左起跳颠步 4 次，向 8 点前进，左右交替倾头。

[19—20] 抓沙包，碎步左转身，搓沙包，最后 1 拍至结束舞姿。如图 3-2-42 所示。

图 3-2-42

学习提示

1. 注意抛沙包的幅度不要太大，能接住为宜。

2. 动作表演要夸张、有趣。

学习笔记

艺术锦囊

1. 大班游戏舞蹈教学设计:《抓包》

设计意图

通过"我们的大中国"主题教学活动之后，我发现班级幼儿对"不同的地域环境造就了不同的地域文化"这一点非常感兴趣，特别是南北地域差异，真是让幼儿大开眼界。但是单纯的云南花灯动作教学，对幼儿来说未免枯燥。我根据幼儿的年龄特点，将抓沙包游戏与云南花灯的动作元素相结合，以舞蹈的方式做游戏，以游戏的形式练舞蹈，让幼儿觉得舞蹈就是游戏、游戏就是舞蹈，大大提高了幼儿对民族民间舞的兴趣。

教学对象

大班幼儿

教学分析

(1) 本活动之前，幼儿了解过云南花灯舞蹈，学习过扇子、手巾等道具的使用方法，已经具备了一定模仿律动的基础。

(2) 本活动是大班幼儿的表现民族特色的舞蹈，也是民间游戏"扔沙包"的舞蹈形式呈现，动作主要包括小崴、跳颠崴等云南花灯舞蹈动律，手臂动作包括旁按手、顺风旗、摊掌等。

(3) 乐曲选自云南姚安花灯调《采花调》，音乐民族特色浓郁，曲调活泼、欢快，节奏感强，幼儿容易分辨。

学习笔记

教学目标

（1）感受云南花灯音乐、云南花灯舞蹈风格，喜爱民族舞蹈。

（2）学习云南花灯基本动律。

（3）在游戏舞蹈过程中，体验舞蹈的乐趣及快乐。

教学准备

（1）幼儿经验准备：已经会玩抛接沙包的游戏，了解云南花灯舞蹈的基本知识。

（2）物质材料准备：沙包每人一个，舞蹈动作图谱一本。

教学重点

（1）学习云南花灯基本动律：小崴动律、跳颠崴动律，并将手部动作协调配合。

（2）能合着音乐表演舞蹈。

教学难点

完整表演舞蹈《抓包》，表现儿童花灯的活泼欢快、优美舒展的风格。

教学过程

（1）欢乐游戏，感知旋律。

①出示道具，直入主题。

师：小朋友们，你们看这是什么？（展示沙包）你们玩过丢沙包的游戏吗？大家一起试试看！

②播放音乐，感知舞蹈。

师：今天老师带大家去看看云南那边的一群汉族小朋友，他们不仅丢沙包游戏玩得好，而且会一边玩游戏一边跳舞呢，你们会吗？

（2）学习动作。

①教师完整表演舞蹈。

师：老师把丢沙包的游戏编成了一个舞蹈，请你们一起来看一看。

②提问了解舞蹈主要动作。

师：你们看到舞蹈中沙包是怎么抛出去又接回来的了吗？跟脚下的动作是怎么配合的？你能试着做一做吗？

③教师根据幼儿的回答出示相应的动作图谱。

学习笔记

师：这些图你看明白了吗?画的是什么动作?沙包是从哪只手上丢出去的?

④请幼儿学习基本动作。重点指导幼儿练习小崴、跳颠崴，提醒幼儿学习看动作图谱，并将图谱上的舞姿手位与脚下的步伐动律协调配合。

（3）完整表演。

①幼儿跟随着音乐完整学习舞蹈动作1～2遍。

②鼓励幼儿在最后一拍发挥自己的创意，设想结束造型并做出来。

③总结介绍云南花灯。

师：其实我们刚才跳的就是云南花灯中最具代表性的小崴和跳颠崴。这些是当地老百姓在生活中都会跳的舞蹈。让我们在丢沙包的游戏中一起感受它的魅力吧!

2. 关于汉族狮舞的传说

狮舞，又称“狮子舞”“舞狮”，是中国民间舞蹈之一，多在年节和喜庆活动中表演。狮子在中国人民心目中为瑞兽，象征着吉祥如意，从而在舞狮活动中寄托着民众消灾除害、求吉纳福的美好意愿。

狮舞的起源说法不一，有汉代起源说。相传汉章帝时，西域月氏国向朝廷进贡了一头金毛雄狮子。使者扬言，若有人能驯服此狮，便继续向汉朝进贡，否则便断绝邦交。在大月氏使者走后，汉章帝先后选了三人驯狮，均未成功。后来金毛雄狮子狂性发作，被宫人乱棒打死，宫人为逃避章帝降罪，就将狮皮剥下，由兄弟俩装扮成金毛雄狮子，一人逗引起舞，此举不但骗过了大月氏使臣，连汉章帝也信以为真。此事后来传出汉宫，老百姓认为舞狮子是为国争光、吉祥的象征，于是仿造狮子，表演狮子舞，舞狮从此流行。

也有北魏起源说。狮舞作为表演艺术，成形于一千五百年前的北魏时代，当时北部匈奴侵扰作乱。他们特制木雕狮头多具，用金丝麻缝成狮身，派善舞者到北魏进贡，意图在表演狮舞时行刺北魏帝，幸被忠臣识破，使他们知难而退。后因北魏帝喜爱狮舞，命令仿制，务使得以流传后世。到了唐朝，狮舞已发展为上百人集体表演的大型歌舞，还作为燕乐舞蹈在宫廷表演，称为“太平乐”，又叫“五方狮子

学习笔记

舞"，当时还流传到了日本。

不论哪种传说，我们都能从中窥探到中华民族的勤劳勇敢和对美好生活的向往。

任务拓展

1. 小崴动律的特点是________________。

2. 旁按手的要求是________________。

3. 自选一首儿歌，运用云南花灯动作元素，创编一个幼儿舞蹈，并为该舞蹈做一个幼儿舞蹈教学活动设计。

效果检测

学习内容	学习重点	学习难点	我的收获	反思计划

专题四

民族民间舞蹈（中）

本专题，我们将通过藏族舞蹈中最具典型的舞种“谐（弦子）”“堆谐（踢踏）”，来揭开藏族舞蹈的神秘色彩，还会在肩与臂的肢体语汇中感受游牧民族热情奔放、稳健有力的舞蹈风格，领略到博大深邃的草原文化。

学习目标

1. 能描述藏族、蒙古族舞蹈的风格特点和基本类型。

2. 能学习表演藏族、蒙古族舞蹈体态、动律、步伐和动作组合，并具有良好的舞蹈表现力。

3. 能将藏族、蒙古族民族舞蹈元素用于幼儿舞蹈表演，加强自身舞蹈动作的示范能力；能传承民族舞蹈文化，提升民族自豪感和认同感。

学习导航

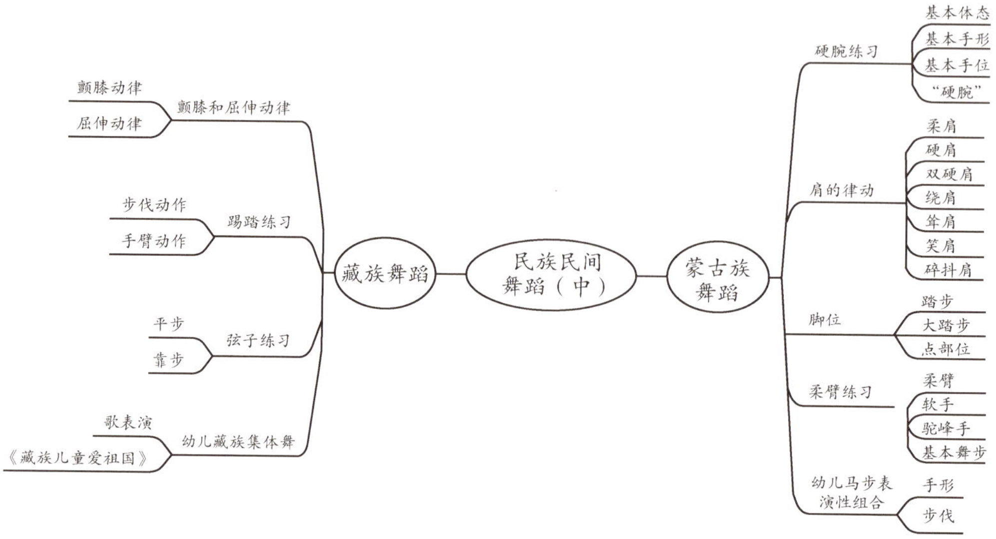

感知体验

请通过互联网搜索并欣赏两段经典舞蹈视频《翻身农奴把歌唱》《奔腾》，体验藏族、蒙古族舞蹈的韵律，感受两段舞蹈分别表达了什么样的主题。

1. 赏：舞蹈视频《翻身农奴把歌唱》《奔腾》分别给你带来怎样的感受？音乐风格有什么异同？

2. 学：自主体验学习舞蹈视频，你能学会吗？

3. 说：视频中展示了哪个民族的舞蹈，具有什么样的风格特色？

4. 画：请你画一画这两个民族的舞蹈服饰，看看它们有什么特别之处。

5. 搜：搜集与藏、蒙元素有关的幼儿民族舞蹈，你还知道哪些经典作品？

视频	体态造型	动律特色	音乐节奏	情绪情感	服装道具
视频 1					
视频 2					

任务 1

藏族舞蹈

任务描述

青藏高原，风景如画。藏族人民创造了灿烂的历史和文化。藏族歌舞也伴随着藏族的悠久历史，世代相传，历经数千年。藏族人汇聚云南、西藏等地，地域分布广，自然环境差异较大，生产劳动方式各有不同，因此，他们的歌舞艺术种类丰富、形式多样。常见的藏族舞蹈有弦子、锅庄、踢踏、热巴等，在教材中我们将学习优美舒展的“谐（弦子）”和欢快灵巧的“堆谐（踢踏）”。

虽然藏族舞语汇丰富多彩，但关节的屈伸和颤膝是藏族舞蹈最突出的标志。无论“堆谐”的快速灵活，还是“谐”的缓慢柔和，都离不开膝盖的颤动，膝关节的小、大、柔颤、硬颤是连接各种舞步的先决条件，通过膝盖的韧性、松弛、延伸的控制能力，可以掌握藏族民间舞的内在气质和风格特征，让我们在接下去的任务中逐步领略吧！

任务 1.1　颤膝和屈伸动律

任务实施

赏一赏

请通过互联网搜索并欣赏《康定情歌》《天浴》舞蹈视频，让我们一起跟随舞蹈走进康定，跟随一群提着裙子在湖畔起舞的藏族姑娘，感受藏族人对美好生活的热爱和向往。想一想，两支舞动律是否一样?各有什么特点?

1. 视频中两支舞蹈在舞姿方面各有什么特点?
2. 两支舞蹈在音乐上各有什么特色?

交流：……………………………………

……………………………………

……………………………………

……………………………………

图 4-1-1

“颤膝”和“屈伸”动律是藏族民间舞蹈的精华元素。两个动律是在坐懈胯基本体态的基础上，随着节奏纵向运动；从膝部动律练习入手，解决膝盖的韧性、松弛、延伸的控制能力，可以有效提升藏族民间舞的内在气质和把握风格特征。藏族舞蹈中的动律不但体现了藏族舞蹈的精髓，而且显示出了藏族悠久历史的深厚文化积淀，更是藏族舞蹈区别于其他民族舞蹈的重要标志。

1. 自然准备体态

正步位站立，双手于体旁自然下垂。如图 4-1-1 所示。

图 4-1-2

2. 坐懈胯体态

左脚丁字步，右脚重心，双膝微屈，双手掌扶胯，右肋松懈。如图 4-1-2所示。

3. 掌形

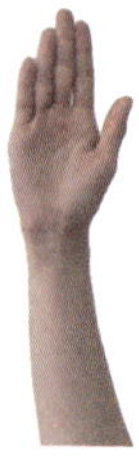

图 4-1-3

五指自然并拢张开，要有延伸感。如图 4-1-3 所示。

（1）双叉腰。

双手自然放于胯上，沉腕，指尖对着斜下方，双肘略向前。

（2）单臂袖。

叉腰单臂袖：右手体旁 90°曲臂，左叉腰。如图 4-1-4 所示。

平开单臂袖：右手体旁 90°曲臂，左手体旁自然平展，手心对下。如图 4-1-5 所示。

（3）斜上手：双臂斜上方延伸，手心对上。如图 4-1-6 所示。

（4）斜下手：双臂斜下方打开，手心对前。如图 4-1-7 所示。

图 4-1-4

图 4-1-5

图 4-1-6

图 4-1-7

温馨提示

动律强调膝盖的韧性、松弛、延伸的控制能力。

4. 基本脚位

（1）小八字：在正步位基础上，双脚尖自然打开。

（2）丁字步：在小八字基础上，左脚放于右脚弓前。

5. 基本动律

颤膝动律：双脚松弛、有弹性地连续小颤，重拍在下，一拍两颤。

屈伸动律：双膝长伸短屈，连绵不断，重拍向上。

6. 基本动作

碎踏：在颤膝基础上双脚交替踏地。

学习提示

“颤膝”和“屈伸”动律学习方法指导——对比分析

第一步：追根溯源，初感动律

藏族是多居住在青藏高原上历史悠久的古老民族。由于青藏高原缺氧，人们劳动的节奏不能过于急促；早晚温差大，人们多穿着宽大的长袍；由于高原道路崎岖，藏民喜欢穿软底、软帮的长靴以便行走；搬运物品或劳动时，一般不用肩挑，而是用背来负。正是这样的地理条件和生活劳作习性，造就了藏族舞蹈的基本体态和基本动律。

同时也受藏传佛教文化的影响，藏族舞蹈中也有所表现。

第二步：对比分析，感知风格

“颤膝”和“屈伸”都是以膝关节的颤动为各种舞步与连接的先决条件。“颤膝”属于小颤、硬颤，重拍向下，运动过程中脆而不僵，常见于踢踏中，呈现欢快、轻松自如的风格特点。

“屈伸”属于大颤、柔颤，充满了柔韧感，且重拍在上，产生向上延伸感，带动臂袖舒展，让人在动律中就能认识到弦子的优美、有韧性的舞蹈风格特点。

想一想

1. 你知道藏族舞蹈基本体态、动律形成的原因吗？

2. “颤膝”和“屈伸”在重拍和速度上有什么区别？

交流：

学习笔记

练一练

结合体态、手形，让我们在组合音乐中，进一步体验“颤膝”动

视频：藏族动律组合
春暖花开

律的魅力。

春暖花开

中板2/2拍 藏族民歌

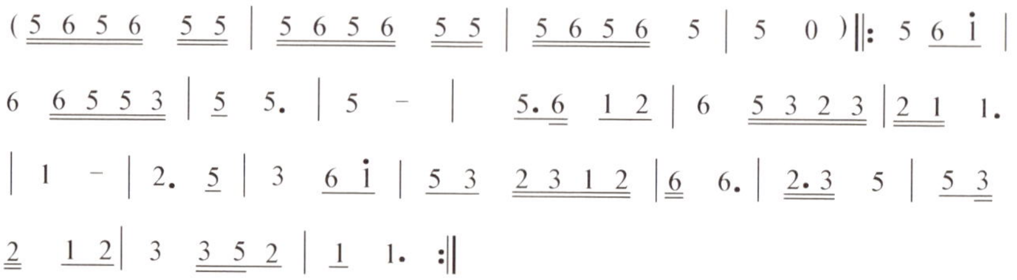

1. 练习目的

（1）理解藏族舞蹈的基本体态和动律特点。

（2）能自如地运用膝盖的关节。

（3）体验、感受藏族踢踏弱起的独特音乐风格。

2. 动作要求

前奏准备：［1—4］身体对 1 点方向，自然位。

第一段

［1—4］原地颤膝。

［5—8］原地颤膝，左手起 2 拍一次前后悠摆手。

［9—10］右脚重心吸腿踏。

［11—12］左脚重心吸腿踏。

［15—16］原地碎踏，双手 4 拍一次盖分手。

第二段重复第一段。

学习提示

1. 保持坐懈胯的体态。
2. 在组合中进一步体会颤膝动律和步伐的关系。

学习笔记

任务拓展

1. 请查找资料，了解藏族舞蹈的美在哪里。你是否认同这种美？并说说理由。

2. 请小组合作练习《春暖花开》组合，并拍视频上传至学习平台。

效果检测

学习内容	学习重点	学习难点	我的收获	反思计划

任务 1.2 踢踏练习

任务实施

赏一赏

请通过互联网搜索并欣赏舞蹈视频《库马拉》《恰地宫保》。《库马拉》《恰地宫保》是藏族舞蹈教学中最为典型的踢踏综合性组合，舞者可以通过跳、踢、跃、踩等动作，跳出有规律的音响效果，请你通过丰富的节奏性的音乐配合动作，感受藏族踢踏舞的热情、朴实、轻捷灵活。

1. 藏族踢踏的音乐有什么特点?
2. 你知道藏族踢踏的由来吗?

交流：

"堆谐"俗称"踢踏"，其舞蹈的风格韵味在于踢踏打点的方法，多在乐曲的重拍或前半拍时抬起，弱拍或者后半拍时踢踏打点，膝盖松弛并富有弹性，曲调为 4/4 拍、2/4 拍，可以合着节拍形成 5、7、9 等连续打点的不同步法。每种打点步法多在节奏的弱拍时抬起，从而形成独特的风格。

温馨提示

颤膝带动冈达，可连续、交替、原地或进退进行（后退时踏落成丁字步）。

1. 步伐动作

（1）冈达（抬踏）

①双脚冈达（双脚抬踏）：颤膝带动双脚前脚掌自然击地。

②单脚冈达（单脚抬踏）：要求同双脚冈达，单脚前脚掌自然击地，可交替进行。

③换脚冈达（换脚抬踏）：1—主力腿冈达，动力腿抬至主力腿脚踝处。如图 4-1-8 所示。

da—动力腿自然踏下，同时颤膝 1 次。

图 4-1-8

图 4-1-9

（2）抬踏步

右丁字步，垂手准备。前奏最后半拍 da：右膝微屈，右脚斜前 25°擦出，身体转向右斜前方。1－右脚冈达，右脚经上弧线自然勾回（如图 4-1-9 所示）。da－右脚踏落正步位、重心右移，体对前方。2－左脚左丁字步踏落，体对左斜前方。

（3）退踏步

1－右脚后撤步，脚掌着地，右手前左手后摆臂。

da－左脚原地踏步。2－右脚自然向前踏落，左手前右手后摆臂。

（4）嘀嗒步

左丁字步，垂手，右坐懈胯准备。1－右脚冈达，左脚同时微抬起，略屈膝。da－左脚踏落，双膝略伸直。

（5）第一基本步

1－2 左换脚冈达接原地碎踏 2 次，右前围腰悠摆手 1 次。

（6）第二基本步

1－2 右换脚冈达 1 次，向右横移碎踏 2 次，左前围腰悠摆手 1 次。3－左并脚踏地（双膝略存），右单臂袖。da－4 左起向左横移碎踏 3 次，双手自然落下。

（7）七下退踏步

在右丁字步，垂手准备。1－右换脚冈达后退，体前左外划手。2－3 左丁字步右换脚冈达 2 次，体前右外划手 1 次。4－右脚于右前丁字步踏落，左前后摆手。

温馨提示

退踏步时，右脚向后，向前踏落时重心始终在左脚，忌前后移动。

温馨提示

嘀嗒步的重心在主力腿，可配合盖分手。

2. 手臂动作

（1）晃手

双臂于体前由内向外经上弧线晃动，可在大、中、小位置上进行。

（2）盖手

双臂于体前由外向内经上弧线晃动，可在大、中、小位置上进行。

（3）翻盖手

一手经小晃手至体旁托手（翻），一手经小盖手至体旁按手（盖），双手同时进行。

（4）外划手

双手于体前依次向外画平圆，腰随动，眼看手。

学习笔记

（5）里划手

双手于头顶依次或同时向里画平圆，腰随动。

（6）悠手

经双垂背曲臂前悠，原路线自然下落悠至体后。可单、双进行。

（7）前后摆手

经双垂臂自然交替前后摆动。

（8）围腰悠摆手

双臂经体旁曲臂悠至围腰（一前一后），原路线摆回，可交替进行。

（9）盖分手

经双垂臂双手于体前交叉后，分至斜下手。

（10）“∞”字划手

双小臂于腹前由左向右、由右向左画“∞”字。

学习提示

踢踏步伐学习方法

在欢快而活泼的藏族踢踏音乐中，如何让脚底下的步伐踏出准确、有韵律的节奏是训练的难点。我们可以采用劳动号子的方式来帮助脚下踢踏打点节奏的准确。所有的踢踏步伐均由抬、踏两个动作组成，因此可以用“抬踏”这样的提示语念出相应步伐的节奏韵律。

例如，“抬踏步”，原本节奏为“×× × | ×× × | ……”，念成“抬踏 踏 | 抬踏 踏 | ……”；“七下退踏步”的节奏“×× ×× | ×× × | ……”，可以念成“抬踏 抬踏 | 抬踏 踏 | ……”。要注意的是当动力腿在随着提示词做“抬”时，主力腿同时要做冈达，且两条腿的动作都由颤膝来带动，切记不可主动。

想一想

1. 请从基本步伐中，找出相同节奏型的步伐。
2. 你知道这些踢踏步伐都可以与哪些手臂动作搭配吗？

交流：

视频：藏族踢踏组合库马拉

图 4-1-10

图 4-1-11

温馨提示

在做基本步伐时，注意身段的随动，切勿僵硬。

图 4-1-12

练一练

让我们跳一跳藏族踢踏经典组合《库马拉》，进一步领略藏族踢踏之美。

库马拉

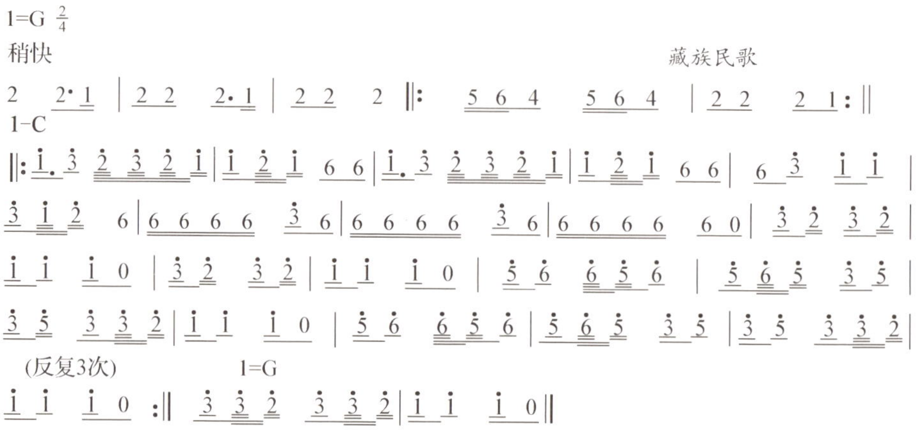

1. 练习目的

通过颤膝与步伐衔接的综合性训练，注意颤膝动律与体态的贯穿，以及准确掌握藏族踢踏舞蹈“踏”的节奏。

2. 动作要求

前奏准备：体对 1 点方向，左手前右手后摆位，右前踏步。如图 4-1-10 所示。

呼喊“啦嗦”。

[1] 右脚原地踏 2 下。

[2—3] 退踏步 2 次。

[4—5] 七下退踏步，踏死。

重复一次 [4—5]，七下退踏步，踏活。

第一段

[1—4] 第一基本步，左、右各 2 次。 如图 4-1-11 所示。

[5—6] 七下退踏步，踏活。

[7—8] 退踏步 2 次。

[9] 退踏步 1 次。

[10—13] 右脚起，二三步 2 次。

[14—17] 嘀嗒步 7 次，最后一步踏死。

[18—21] 重复 [14—17] 动作。

第二段

［1—4］左脚起第二基本步 2 次。如图 4-1-12 所示。

［5—21］重复第一段中的［5—21］动作。

第三段

左脚起重复第一段动作。

结尾

［1］碎踏步向前，双手斜下方打开升至斜上方。

［2］8 点方向上右脚踏步再向 2 点方向踏死，双手翻盖手。如图 4-1-13 所示。

图 4-1-13

学习提示

1. 保持坐懈胯的体态。

2. 在组合中进一步体会颤膝动律和步伐的关系。

学习笔记

艺术锦囊

藏族踢踏舞的由来

藏族踢踏舞在早期由流浪艺人背着木板，走到哪里就跳到哪里，因其细腻精湛、洒脱奔放的特点而广泛流行。

藏族踢踏舞又称“堆谐”，“堆”在藏语中指“上”或“高地”的意思。因此“堆谐”就是泛指雅鲁藏布江上游的昂仁、定日、拉孜、萨迦县以及阿里一带叫作“堆”地区的农村圈舞。

“堆谐”最早流传于雅鲁藏布江流域地势高耸的日喀则以西至阿里整个地区，后来逐渐盛行于拉萨。“堆谐”在西藏有着悠久的历史，研究表明，10 世纪时已有堆谐舞蹈存在，但是在当时社会生产很不发达的情况下，其舞蹈动作，节奏变化较为单一，在游牧文明和原始农耕文化的早期，人们劳动过后为了表达思想情感和满足娱乐需求，同时也不排除防寒取暖之需，当时各个村寨的男女老少聚集在一起，有的模仿劳动过程中的各种动作，有的模仿各种动物的姿态，集体起舞，人们在统一的节奏、统一的舞步中载歌载舞，在这种娱乐活动中表达着内心的情感，久而久之就形成了比较原始的、初级的集体圆圈舞。17 世纪中叶，五世达赖为加强统治，规定每年藏历六月底七月初在拉萨举行一年一度的雪顿节，后来发展成藏戏节，让各地藏剧团云集拉萨献演。在献演中有人表演了这种活泼热情的踢踏歌舞。由于艺人的传播和民间的相互交往，这种舞蹈流入拉萨后，立即为人们所喜爱，并得到广泛推广。

任务拓展

1. 外有美国民间风俗踢踏舞，内有中国藏族民间踢踏舞，请你说一说它们之间的区别。

2. 请完成藏族踢踏组合《库马拉》的练习，并拍摄上传至学习平台。

效果检测

学习内容	学习重点	学习难点	我的收获	反思计划

任务 1.3　弦子练习

任务实施

赏一赏

请通过互联网搜索并欣赏舞蹈视频《卓玛》。卓玛在藏语中是女神的意思，它也是藏族女孩所拥有的最美丽的名字。瞧！挥舞着圣洁的白袖，如同洁白的莲花绽放，藏族姑娘迈着婀娜缓慢的舞步，向我们缓缓走来……你能在卓玛的热情邀请中感受弦子的魅力吗？

1. 藏族弦子的舞姿有什么特点？
2. 藏族弦子的音乐风格有什么特色？

交流：

学习笔记

弦子的关键在屈伸动律，如果说踢踏的“颤”是碎的、硬的，弦子的就是长的、柔韧的，重拍相对踢踏在上，在动作语汇中，无论是单靠、双靠还是长靠均体现在膝部的韧性延伸，臂袖舒展、优美。

1. 平步

在屈伸基础上，全脚经自然位向前或向后移动向旁交替迈步。

2. 靠步

（1）单靠。

做法一：

da一重心左移，双膝松落，右脚自然抬起，左坐懈胯。

1—右脚向旁迈步（与肩同宽），双脚慢伸。

da—重心右移，左勾脚抬起 25°，双屈膝，右坐懈胯。

2—左勾脚下踩靠于右脚前，双膝慢伸，右坐懈胯。如图 4-1-14 所示。

图 4-1-14

做法二：脚下同做法一，结束时坐懈胯与动力腿一致。如图 4-1-15 所示。

图 4-1-15

做法三：（转体单靠）同做法一，随靠步左转体，转体单靠不强调坐。

（2）双靠。

①靠点靠。

da—同单靠。

2—右脚向右斜前方迈步，双膝慢伸，垂手。

da—重心右移，双屈膝，左脚自然抬起 25°。

3—左脚单靠，右手体斜前搭肩、左前悠手。如图 4-1-16 所示。

4—经屈伸左脚点于斜后方，左斜后悠手。如图 4-1-17 所示。

5—经屈伸左前单靠，左手经下弧线至头顶撩袖，目视右斜上方见。如图 4-1-18 所示。

②靠点靠短句。

1—4 做右靠点靠动作。

1—左脚向 6 点方向迈步，左手自然打开。

6—左转身对 5 点方向，右脚旁点，右平开单臂袖。

7—8 左转身对 1 点方向，右脚向 2 点方向上步单靠 1 次，双手右盖左撩至头顶撩袖。如图 4-1-19 所示。

图 4-1-16

图 4-1-17

图 4-1-18

图 4-1-19

图 4-1-20

图 4-1-21

（3）长靠

1－2 右起向旁平步（步伐略大）2 次，双手体前打开，右手划至斜上方后，再向体后落下。目视上方保持不变。

3－右脚向旁平步，收左肩腰，左回身。

4－左单靠，左手经下弧线至头顶袖，目视上方保持不变。如图 4-1-20 所示。

（4）拖靠

da－双膝松落。

1－右脚向右斜后方撤步，双膝慢伸，右手上弧线抛袖至体旁，眼随右手。

da－重心右移，双屈膝，左回身至左斜前方并前俯身。

2－双膝慢伸，左脚直膝拖回至左丁字步，右臂内旋，左提肘垂腕，眼随左手。如图 4-1-21 所示。

（5）三步一靠：平步 3 次，单靠 1 次，可向前，向旁，向后退。

学习提示

“屈伸”动律学习方法

第一步：溯源启迪

藏族人民在长期的生产生活中，膝盖承受着强大的负荷运动，使他们的膝盖耐力和韧性得到了锻炼，同时也需要双膝的不断屈伸来缓冲压力，这就形成了藏族舞蹈中膝盖运动的主动性，跳动过程中还会产生重心的移动，使得膝盖的主动带动了髋关节、上肢随动，才能呈现出松弛、自如、灵活的舞蹈状态。“头顶一碗酒，跳完不洒酒”是藏族舞者严格掌握以膝关节带动其他关节运动的舞蹈规律所带来的结果。

第二步：情景体验

为了能更真实地感受这种负重带来的膝盖动律，可以通过背一张椅子，或背一背同学等方法，感受身体在负重后，膝盖随之产生的运动轨迹和抵抗重量的内在感。

训练屈伸的过程可以从原地屈伸开始，到原地的移动重心，再深入行进屈伸，循序渐进，由简到难，层层递进，来提升膝部的柔韧性和掌握松弛延伸的控制能力。

想一想

1. 屈伸动律的要领是什么？

2. 弦子的靠步有什么特点？

交流：

学习笔记

练一练

在弦子组合中，进一步体验藏族舞蹈的粗犷豪放又不失女性柔美的独特风格气质。

翻身农奴把歌唱

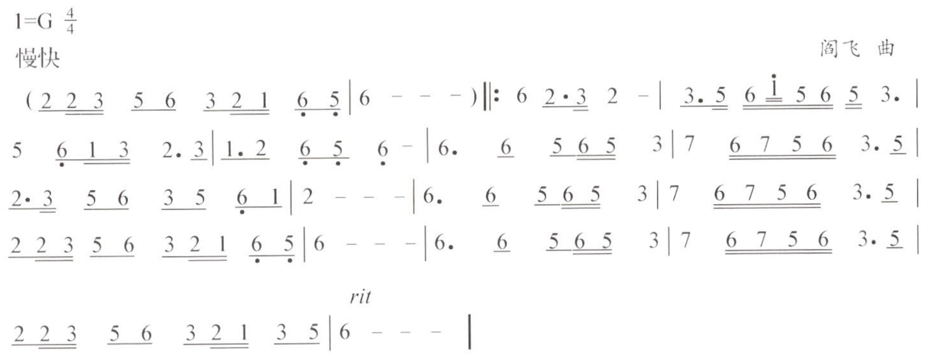

视频：弦子组合
翻身农奴把歌唱

1. 练习目的

感受弦子优美、有韧性的风格特点，锻炼膝盖韧性，掌握膝盖松弛延伸的控制能力。

2. 动作要求

准备：自然位。

前奏：［1］保持体态。［2］下推手经上弧线落右腰。da一双屈膝。

第一遍音乐

［3］原地屈伸 1 次。

［4］原地屈伸 2 次。da一重心左移，双屈膝。

学习笔记

[5] 右起转移重心屈伸 2 次。

[6] 右起转移重心屈伸 4 次。

[7—8] 右起平步向前 8 次，双手旁打开经上弧线落叉腰。

[9—10] 右起平步后退 6 次，右晃左膝盖至右叉腰单臂，保持 7—8 的舞姿，右起平步后退 4 次（重拍在下）。

[11—12] 右起平步向前 8 次，双手从体旁托至斜上手俯身，眼由斜下方看至斜上方。

[13] 右起平步后退 4 次，右晃左膝盖至右叉腰单臂袖。

[14] 保持舞姿，右起平步后退 8 次（重拍在下）。

第二遍音乐

[3] 右起转体单靠 2 次，右手落成叉腰，目视 2 点、8 点方向斜下方。

[4] 右起单靠（做法二）2 次，目视 2 点、8 点方向斜上方。

[5] 前 2 拍：右起转体单靠一次，双小臂斜下甩袖，目视 2 点方向斜下方。后 2 拍：左起转体单靠一次，双手经上弧线回至叉腰，目视 8 点方向斜下方。

[6] 反复 [4] 的动作。

[7] 右起拖靠 2 次。

[8] 右起长靠向 3 点方向 1 次。

[9—10] 做 [7—8] 反向动作。

[11—12] 右起靠点靠短句 1 次。

[13] 左起靠点靠 1 次。

[14] 右起平步 8 次（重拍在下），向右经半圆至 6 点方向，双手经下分手至斜上手（略后背）。

[15] 右起向 2 点方向三步一靠 1 次，双臂自然下垂，右拧身，目视 2 点方向斜上方，靠步时双晃手至左头顶撩袖，目视 2 点方向斜下方，右坐懈胯。

[16] 向 8 点方向做 [15] 反向动作。

[17] 右起三步一靠后退、体前八字划手 1 次，身体由俯至仰。

[18] 做 [17] 反向动作。

［19—21］反复［11—13］动作。

［22］前两拍：右起平步后腿 4 次，重拍在下。

［23］后两拍：右脚上步，左脚于前方自然勾搭，双抛袖行礼。

学习提示

1. 保持膝盖屈伸的主动性，把握身体舞姿的随动特点。

2. 在优美的音乐中，体会弦子肢体的舒展性。

学习笔记

艺术锦囊

谐（弦子）

“谐”是藏语对歌舞的泛称。不同藏区的方言还叫“叶”或“依”，现代汉语称“弦子”。一千多年来在有文字记载可考的藏族历史中，它是最普遍、最繁盛的艺术形式。敦煌莫高窟壁画的仪仗中，拂动长袖翩翩起舞的形象，记录了当时“谐”的舞姿。同时印证了汉藏文化交流历史之久远。“谐”由一名操弦乐器“必班”（藏式二弦琴）者边奏边舞为先导，众人和着琴声歌舞前进，所以俗称“弦子”。它是典型藏区的歌舞，曲调动听，歌词秀丽，舞蹈优美，富有高原河谷区农牧文化的特色。谐（弦子），在藏族地区普遍流传，因以四川甘孜地区巴塘的“谐”最为有名，所以人们多称此形式为“巴塘弦子”。

“谐”曲调丰富，表演多样，每个曲调都有标题内容和一组相应的舞蹈动作，“拖步”与“点步慢转”是常用的步伐，如《公公》《色拉青布拉》等，都很有特色。《公公》的歌词是互相问答，山鸡、孔雀、布谷鸟是怎样走的，并模拟其动态；步伐与舞姿是典型的“一顺边”的形象。《阿伯西》中，前面综合其他曲调与步伐，并有作揖等礼仪动作，最后是原地和着《阿伯西》的曲调表演动胯的动作，舞蹈充满生活情趣。

青海玉树称“谐”为“依”，而操安多方言的地区则称之为“叶”，舞蹈中，轻踏、甩舞长袖、扭胯、转动腰胸等为其特点，高潮时形成“日月同辉”的图案，也是其他地区所没有的。而同用青海安多方言的藏区，因妇女所着服饰衣袖更长，饰物较多，以及厚底皮靴的影响，舞蹈风格较为古朴。

学习笔记

任务拓展

1. 知识拓展

藏族舞蹈形式丰富多样，大致可分为民间舞、宫廷舞蹈、宗教舞蹈三大类，而我们所学的“弦子”和“踢踏”是民间舞中最常见的两类，除此之外，你还知道哪些藏族民间舞表演形式呢?它们又有什么风格特点呢?

2. 实践任务

练习弦子组合《翻身农奴把歌唱》，并拍摄视频上传至学习平台。

效果检测

学习内容	学习重点	学习难点	我的收获	反思计划

任务 1.4　幼儿藏族集体舞

任务实施

赏一赏

请通过互联网搜索并欣赏幼儿舞蹈视频《隆达梅朵》。请你为藏族的小朋友编排一个幼儿歌表演作品，献礼祖国母亲的生日。

1. 藏族舞蹈中哪些动作元素可以运用在幼儿歌舞中呢?
2. 选择什么样的题材适合幼儿表演?

交流：

歌表演

歌表演是幼儿最初始的舞蹈，就是在歌曲演唱中，根据歌词和音乐形象，配上简单形象的动作、姿态、表情，边唱边跳的表演形式。通过这种形式的表演，可以加深对歌词的理解，加强动作与音乐的协调配合，提高对舞蹈动作的记忆力、想象力和表现力，为学习舞蹈打好基础。

幼儿歌表演的特点

在幼儿掌握歌曲旋律和歌词，理解歌曲性质的基础上，用动作来帮助表达歌曲的内容和性质，低龄幼儿可以边唱边表演。

双臂礼：俗称“献哈达”，左腿重心微屈膝，右腿于右前勾脚点地，身体前俯，双扬手。如图 4-1-22 所示。

平踏步：双膝放松微屈，双脚交替全脚掌踏地。

图 4-1-22

学习提示

歌表演对幼儿的美育价值

歌表演是幼儿喜闻乐见的艺术形式，通过边唱边舞，载歌载舞来表情达意。

幼儿天性好动，思维有着直观具体的形象性特征，往往把握的是事物外部最明显的特征。儿童歌曲短小、通俗、形象、风趣，是儿童生活的写照，为儿童所熟悉理解。在教学中让孩子边唱边做，可以充分调动孩子的感觉器官（如听觉器官、视觉器官、动觉器官），自娱自乐，自我表达，既提高了孩子对歌曲的体验和感受，又通过肢体表现，使之对歌曲产生更进一步的理解。因此歌表演是最简单却最生动和感染力强的一种艺术形式，它符合幼儿的心理特征，有利于幼儿的身心健康发展。

幼儿的一举手、一投足、一抬头、一转身即可进行表达，歌表演集合音乐和舞蹈的长处，把学生的听觉、视觉、动感充分调动起来，把无形的声音同无声的形态动作结合起来，把抽象的音乐同具体的舞蹈结合起来，弥补了歌曲视觉上的不足和舞蹈听觉上的不足，从而塑造了比音乐或舞蹈更为完美的形象。

同时，在歌表演的教学中，让幼儿在求乐、求动、求美的边唱边做活动中，动之以情，感之以行，由情入意，由情导行，这种从内心到外表的结合，与德育过程的知→情→意→行相反，而是情→意→行→知，从中得到自我实现，懂得道理。

学习笔记

想一想

1. 什么是幼儿歌表演？

2. 幼儿歌表演的特点是什么？

交流：

练一练

请掌握幼儿歌表演组合《藏族儿童爱祖国》，并尝试教给幼儿，你向幼儿教师岗位又迈进了一步哦！

藏族儿童爱祖国

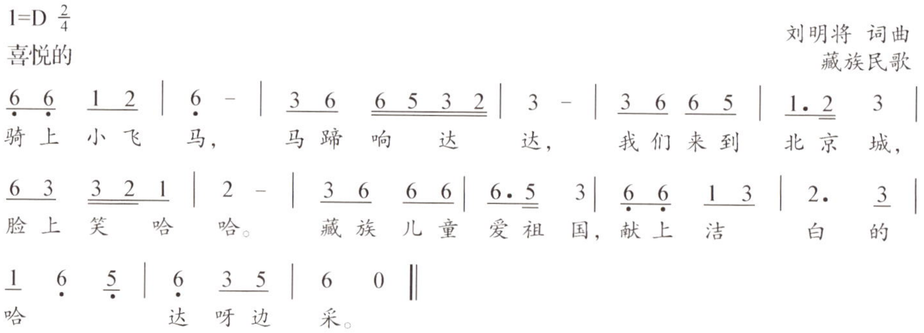

视频：藏族幼儿集体舞藏族儿童爱祖国

图 4-1-23

1. 练习目的

了解幼儿歌表演的形式，将所学的藏族舞蹈元素运用在幼儿教学需求中，学以致用。

2. 动作要求

前奏准备

舞台左侧站成一横排，四个人双手斜下 45°打开，相互拉手身朝 2 点方向，拧身前倾向 1 点。如图 4-1-23 所示。

第一段

［1—4］平踏步到舞台中间。

［5］退踏步，前后摆手。

［6—8］同前 2 拍动作。

温馨提示

可以拿一条丝巾，真实地体验献哈达形成的姿态。

［9—12］四个人拉手面向 1 点方向，平踏步向 7 点方向移动。

［13—15］四个人拉手面向 1 点方向，原地平踏步。

间奏：四个人拉手，平踏步逆时针方向转圈。

第二段

重复第一段［1—13］的动作。

［14—15］左脚向前勾脚，双手做献哈达动作。

学习提示

1. 歌词与表演动作之间的联系与配合。

2. 注意情绪情感的表达。

艺术锦囊

中班教学设计：《藏族儿童爱祖国》

活动设计意图

本活动之前，幼儿已经有许多歌表演的经验，能够边唱边进行舞蹈，具备了合作舞蹈的基础。本活动是中班歌表演。歌表演强调了幼儿的自主创编，结合了各种简单的肢体动作，包括平踏步、退踏步等。《藏族儿童爱祖国》旋律欢快跳跃，歌词简单，形象易于记忆，动作根据中班孩子的生理特征运用藏族踢踏元素。

活动目标

（1）初步学习根据歌词合拍地做出相应的动作。

（2）学习献哈达舞姿。

（3）感受藏族儿童对祖国的热爱之情。

活动准备

（1）幼儿经验准备：已初步学会歌曲《藏族儿童爱祖国》，能做各种简单的肢体表演动作。

（2）物质材料准备：《藏族儿童爱祖国》音乐。

活动过程

（1）回忆歌曲。

①复习歌曲《藏族儿童爱祖国》。

指导语：上次的活动中我们学习了一首爱国歌曲《藏族儿童爱祖国》，现在我们一起来复习！（启发幼儿在歌表演时有欢快、活泼感）

②鼓励幼儿大胆地进行表演，节奏要准确。

（2）根据歌词创编动作。

①启发幼儿大胆根据歌词创编动作，采用个别幼儿动作创编、集

学习笔记

学习笔记

体表演的活动形式。指导语：歌中藏族儿童是什么心情，怎样的步伐动作可以表达这种心情？除了可以献上最神圣洁白的哈达外，还可以做什么动作？（鼓励幼儿大胆积极地参与创编活动）

②小朋友自由结伴进行创编，教师个别辅导。指导语：现在你可以找你的好朋友一起商量一下，然后把你们编的歌表演舞蹈展示给大家看。

（3）完整表演。

①请小朋友独自或结伴上台，大胆表演，表扬创编积极的幼儿。指导语：哪一组创编好了？愿意出来表演给大家看呢？

②歌表演《藏族儿童爱祖国》，大家一起进行表演。指导语：我们一起来把编好的动作表演一下吧！（提示幼儿找好适当的位置进行表演，动作要优美、大方）

（4）课堂小结。

①快乐大联唱，将各组幼儿的创编进行整合，集体完成表演。指导语：每个小组编的舞蹈都好看，我们把它变成一个大舞蹈表演吧！

②两两合作表演。指导语：找一个好朋友和他面对面表演吧！

③延伸活动。可以让幼儿继续进行创编，鼓励幼儿创作出更多的表演动作。

任务 2

蒙古族舞蹈

任务描述

蒙古族长期的游牧、狩猎生活形成了豪放不羁的民族性格和彪健强悍的体魄，其舞蹈风格刚柔相济。草原上“天似穹庐”的空间感和受佛教等宗教的影响，形成了舞蹈挺拔端庄的体态和“圆”形态的动作韵律。蒙古族舞蹈以腕、肩、臂的线条、趟拖的步伐体现出“圆”的韵律美，从躯干至指尖，是一个整体弧线。手臂不同力度的运用，既可表现大雁展翅，也可模拟雄鹰翱翔，是蒙古族舞蹈风格形成的另一要素。身体的各种拧转、横摆、点顿、画圆都渗透了蒙古族人的神态气度，它与步法结合，渗透气息的运用，以自如的呼吸控制膝盖的力度和幅度，从而表现出蒙古族舞蹈特有的豪迈、洒脱、沉稳之感。

蒙古族女性舞蹈讲究端庄典雅，具有韧性。通过系统学习，让我们一起探究蒙古族舞蹈的风格特点吧！

任务2.1 硬腕练习

任务实施

赏一赏

请通过互联网搜索并欣赏舞蹈视频《心中的祝福》。激昂的情绪，多变的舞姿，头顶碗而舞，充分展现蒙古族舞蹈的技艺、智慧和丰富灵活与多变的特点。舞者要具备过硬的舞艺和高超的顶技，将艺与技完美和谐地结合与呈现。

1. 作品《心中的祝福》表达了怎样的情感？
2. 蒙古族舞蹈具有什么样的风格特点？

交流：

硬腕是蒙古族舞蹈当中一种常见的手臂舞蹈动作。要求从腕部发力带动手掌的变化，发力的过程充满了力量的美感。可以在不同手位上完成提压动作，其中包括两手交替提压和同时提压两种。

学习笔记

通过控制手腕的力量变化来形成动作的顿挫感，并控制好手腕动作的韵律。这种动作在舞蹈表演当中一般被用作模仿草原上的飞禽，体现蒙古族人民对草原的热爱，以及看到草原上飞禽飞过天空的那种欢快愉悦的心情，手腕的动作变化可以将其传递出来。

1. 基本体态

身体对2点方向，右踏步，双叉腰，提胯、立腰、挺背；上身略左扭，中心偏后微靠状，目视8点远方。如图4-2-1所示。

2. 基本手形

（1）平掌：四指并拢，虎口自然打开，五指自然平伸，掌心放松。如图4-2-2所示。

（2）空握拳：五指握成拳头，中间空心。如图4-2-3所示。

（3）拇指冲：在空握拳基础上伸直拇指。如图4-2-4所示。

学习笔记

图 4-2-1

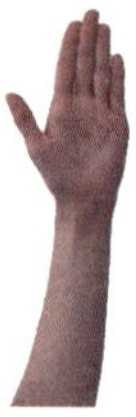
图 4-2-2

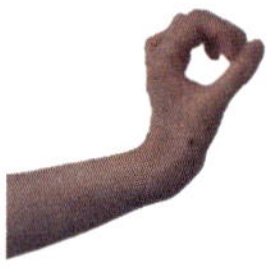
图 4-2-3

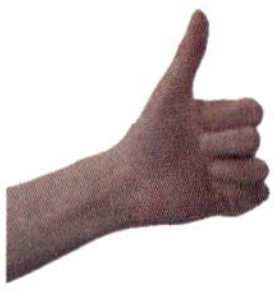
图 4-2-4

3. 基本手位

（1）叉腰：双手空握拳，大拇指张开，四指第一关节插于胯骨处，手腕自然下压。

（2）胯前按手：双手在胯前按手，指尖相对，呈圆弧形。

（3）后背端手：双手在体后端托手，指尖相对，呈圆弧形。如图 4-2-5 所示。

（4）斜下手

①体前斜下手：双手于体前斜下平伸，与肩同宽。如图 4-2-6 所示。

②体前侧斜下手：双手于体前侧斜下平伸。如图 4-2-7 所示。

图 4-2-5

图 4-2-6

图 4-2-7

（5）胸前按手：双手在胸前按手，指尖相对，呈圆弧形。如图 4-2-8 所示。

（6）平开手：双手向体旁平伸，手臂略呈圆弧形。如图 4-2-9 所示。

（7）斜上手：双手向体侧斜上平伸。如图 4-2-10 所示。

（8）肩前折臂：双折臂至肩前，双肘与肩平，自然按掌。

（9）点肩折臂：双折臂与肩平，中指点肩。如图 4-2-11 所示。

（10）胸前交叉：双手胸前交叉，手背相对。如图 4-2-12 所示。

图 4-2-8

图 4-2-9

图 4-2-10

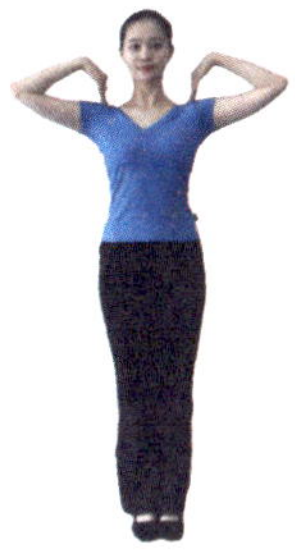
图 4-2-11

图 4-2-12

4.“硬腕”

（1）双提压腕：在同一音乐节奏里，手心朝下或朝上。在双手上、下的同时，提压手腕。1 拍 1 次，或者 1 拍 2 次。

（2）交替提压腕：在同一音乐节奏里，双手手心朝下或朝上。一手提腕（重拍在上），另一手压腕（重拍在下），每 1 拍提压 1 次。

（3）手心相对提压腕：双手手心朝里或朝外，在相同的节奏里，双手可以同时，也可相互交替地提压手腕。1 拍 1 次，或者 2 拍 1 次。

温馨提示

“硬腕”由腕发力做提压，动作形态巧、脆，音乐欢快活泼，一定要做到呈现“脆而不僵”的生动感。

学习提示

“硬腕”的学习

一、“硬腕”风格要领

硬腕是蒙古族民间舞蹈中运用最多、最普遍的手部动作之一，通过腕关节弹性提、压活动构成一种清脆、轻巧的风格特征。

做腕部动作时忌手指主动，应配合好步伐的运用。

二、“硬腕”学习步骤

1. 硬腕开范儿（单手—双手—交替）。
2. 硬腕配合手位、脚位练习。
3. 硬腕配合步伐练习（垫步、平步）。
4. 形成组合。
5. 使腕部动作灵活、轻巧，小关节得到训练。

学习笔记

想一想

1. 硬腕动作的发力点在哪里？
2. 是不是在任何手位上都可以做硬腕动作？

交流：

视频：硬碗组合 白翠花

练一练

结合体态、手形等元素，让我们在组合音乐中，进一步体验硬腕的魅力。

白翠花

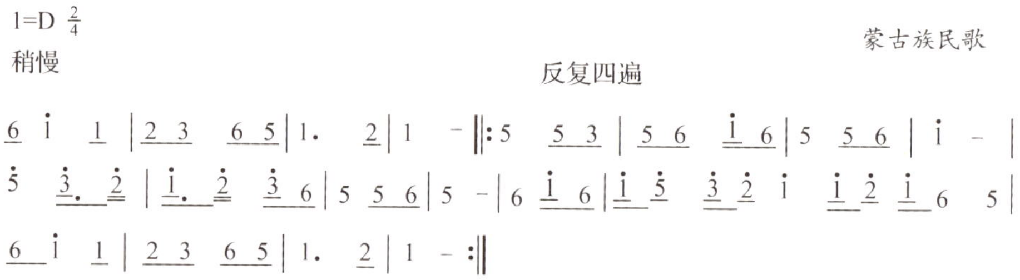

1. 练习目的

（1）训练手腕关节的灵活和轻巧。

（2）在简单的动作中，通过力度、幅度的变化及脚下的配合，使上、下身协调配合，灵活统一。

2. 动作要求

前奏准备：[1—4] 于台左侧体对 3 点方向双手斜上手位。

第一遍

[1—3] 右脚起平步 6 步，双手斜上手位交替硬腕。

[4] 前 1 拍，右脚往 4 点方向上步，右手对 4 点方向斜上提腕，左手右肩前压腕；后 1 拍，左转身，左手提腕至左胯前，右手经左肩前压腕至右胯前。

[5—8] 前 1 拍，右脚上步成前踏步，往 7 点方向横垫步，双手

学习笔记

于胯前交替硬腕。

[8] 后 1 拍，左脚重心，抬右脚左转 1 圈，左手提腕，右手压腕。

[9—10] 右脚起平步行进，双手斜上手位交替硬腕。

[11—12] 左脚在前，右脚在后，立、压半脚掌 2 次，双手斜上手位硬腕 2 次。

[13] 右脚向 8 点方向上步成踏步，右手斜上，左手在右肩前，体对 8 点方向，面对 2 点方向，硬腕 1 次。

[14] 右脚往 6 点方向撤步，双手对 8 点方向做 [4] 后 1 拍的反向动作。

[15] 左转身，体对 6 点方向，面对 8 点方向，右脚上至前点步位顺势走蹉步，右手斜上左手右肩前，硬腕。

[16] 做 [15] 的反向动作。

第二遍

[1—2] 左转身，右脚往旁打开成八字位，体对 1 点方向，双手于胯前压手位，右起交替硬腕 4 次。

[3—4] 撤右脚成后踏步，双手胸前交替硬腕 4 次。

[5—6] 右脚往旁打开成八字位，双手体前手位交替硬腕 4 次。

[7—8] 撤右脚成后踏步，双手斜下手位交替硬腕 4 次。

[9—10] 左转身右脚对 8 点方向上步成八字位，体对 6 点方向，面对 8 点方向，双手平手位交替硬腕；第 4 拍左手提腕至斜上手位，右手压腕至右胯旁，左转身成右后踏步，体对 1 点方向。

[11—12] 右手斜上，左手平手，双手交替硬腕。

[13] 重心后移成左脚前点，左手头左侧提腕，右手右肩前压腕。

[14] 重心前移成右后踏步，右手眉前提腕，左手胯前压腕。

[15] 右脚对 3 点方向上步，左脚跟上至正步位屈膝步，双手于胸前右侧，右手压腕，左手提腕。

[16] 左脚往 7 点方向撤步，右脚后撤成右后踏步，手臂做 [5—6] 的反向动作，最后半拍（da）重心移至右脚。

第三遍

[1—8] 双脚踮起，上左脚平步左转身走一圈成体对 1 点方向，

学习笔记

双手斜上手位，交替硬腕。

[9—10]动作同上，往1点方向流动。

[11]左脚上至交叉位双脚起，双手斜上右晃手双提腕。

[12]静止。

[13—14]原地碎步左转成体对5点方向。

[15—16]左脚起对5点方向上3步，第3步时左转身对1点方向，右脚后点步位；双手经头上交叉硬腕至平手位提腕。

第四遍

[1—2]右脚向旁打开至八字位点移重心，平手位硬腕。

[3]右脚往8点方向上步成左后踏步，双手胸前手位做八字绕圆交替硬腕。

[4]右脚往4点方向上步，右拧身对2点方向，右手对4点方向斜上提腕，左手右肩前压腕，目视4点方向；最后一拍左转身对8点方向。

[5—6]右脚往8点方向上步成左后踏步，右手叉腰，左手对8点方向斜下硬腕：第4拍左脚向7点方向上步为重心，左手斜上手提腕，面对3点方向。

[7—8]右脚起右转身经3点方向平步走一小圈成体对1点方向，手位不变，硬腕。

[9—12]重复[1—4]动作。

[13—14]重复[5—6]动作。

[15—16]右转身，对3点方向平步下场，动作同[7—8]。

学习提示

1. 感受硬腕组合以手腕动作的灵活变化来表情达意的特征。

2. 在硬腕动作中，如何协调好下肢。

艺术锦囊

1. 博大深邃的草原文化

草原文化的历史悠久、内涵深邃，它包含着渔猎、狩猎、畜牧以及骑射等古文化的遗存。

游牧民族喜爱翱翔于蓝天的雄鹰和驰骋在草原上的骏马，于是，就把民族的感情、性格和来自大草原的气势，都融汇于鹰和马的舞蹈形象上。游牧民族也很喜爱大雁和天鹅，这是因为当两种候鸟飞离草原时，预示着冬天即将到来，让牧民做好越冬的准备；它们飞回草原

学习笔记

时，又带来江南的温暖和新绿的春天。因此，草原文化型民间舞蹈中，男子舞蹈经常出现雁高飞的舞姿；而女舞者，则常模拟天鹅的形象。天鹅，它既象征女性的温柔、洁美，又能体现出牧民妇女向往美好未来的“鸿鹄之志”。作为擅长狩猎的民族的舞蹈，除上述形态之外，还常出现熊、虎、鹿等形象。这些民间舞蹈的风格特征和艺术形象的塑造，都源自数千年来草原文化对游牧民族的孕育与陶冶，是牧民们在继承古文化基础上的创造与升华。

2. 舞蹈名家——贾作光

贾作光（1923—2017），生于辽宁沈阳，满族。著名舞蹈表演艺术家、编导艺术家，中国现代民族民间舞的奠基人，北京舞蹈学院创建人，有“东方舞神”之誉。

先生所创作的《牧马舞》《雁舞》《马刀舞》《哈库麦》《春》《鄂尔多斯》《盅碗舞》《挤奶员舞》《彩虹》《喜悦》《任重道远》《鸿雁高飞》等舞蹈作品，是他一直坚持深入生活，向民间学习“积学储宝、酌理富才”的艺术集萃。其中，舞蹈创作中的硬肩、柔肩、绕肩、耸肩和碎肩等典型动作，更是先生借鉴草原牧民骑马、摔跤、射箭、挤奶等生活素材，经过艺术加工、提炼而成。这些奇珍异宝，最终归集为中国民族民间蒙古族舞基础教学的珍贵珠玑。

由此可见，蒙古族舞蹈的创作灵感来自牧区的生活。我们通过细致入微的生活观察不难发现，骑马时人的身体起伏节奏与马的运动节奏总是协调一致的。在辽阔无垠的草原上纵横，牧马人肩部态势的松紧快慢，准确地反映了草原骏马勇往直前的精神与性格。同时，人与马之间的情感互动和交流，昭示着蒙古族人民既有温顺谦恭的一面，又有顽强抗争的一面。

任务拓展

1. 请寻找有关描写蒙古族人的故事或文学作品。
2. 请小组合作练习硬腕组合，并拍视频上传至学习平台。

效果检测

学习内容	学习重点	学习难点	我的收获	反思计划

任务 2.2　肩的律动

任务实施

赏一赏

请通过互联网搜索并欣赏蒙古舞蹈视频《吉祥》。蒙古包中少女翩翩起舞，运用蒙古族肩的律动、柔臂、软手等动作语汇传达着吉祥的信息，祝福祖国繁荣昌盛，祝福人民吉祥安康……

你能通过动作语汇感受到来自蒙古族的祝福问候吗？

1. 作品描绘了怎样的画面？
2. 音乐有着怎样的特点？

交流：

温馨提示

肩的律动要做到"脆而不僵，棱棱有方，连绵不绝，柔中见刚"。

蒙古族属于游牧民族，他们的生活中一刻也离不开马，因而在蒙古族舞蹈中，马的形象不是外形的模拟，而是把马的特征和牧人对它的深切感情融汇到舞蹈造型上，通过肩部动作和上身的动态展示出来。例如，用双肩强弱鲜明的震颤、在平面上绕圆来表现骏马的奔驰；用双肩细碎的抖动来表现平稳、均匀的走马，从肩的律动看到牧民的审美情趣和展现的风韵。

1. 肩的律动

（1）柔肩：双肩前后交错，延绵柔铺，动作过程经下线上提。如图 4-2-13 所示。

（2）硬肩：双肩前后交错，铿锵有力。

（3）双硬肩：同硬肩，动作幅度一小一大，小带弹性，大带停顿。

（4）绕肩：肩膀上、后、下、前绕立圆，可单、双交替进行。

（5）耸肩：肩头上下耸动，重拍在上。如图 4-2-14 所示。

（6）笑肩：同耸肩，幅度略小，重拍在下。

（7）碎抖肩：肩胛骨快速抖动。

图 4-2-13

2. 脚位

（1）踏步：在八字位的基础上，一脚在另一脚后用半脚掌踏地。如图 4-2-15 所示。

（2）大踏步：在踏步基础上，双脚加大距离，前腿半蹲，后腿伸直。如图 4-2-16 所示。

（3）点部位：在八字位基础上，一脚在另一脚前，用脚尖点地。如图 4-2-17 所示。

温馨提示

大踏步是踏步的延伸；点步位两脚之间的距离可大可小。

图 4-2-14

图 4-2-15

图 4-2-16

图 4-2-17

学习提示

肩的律动学习

一、肩的律动风格

肩的律动是蒙古族舞蹈重要的组成部分，因此除了掌握每个肩的律动动作之外，还要准确掌握各个肩部动作的风格要领，间接传承蒙古族舞蹈文化。

硬肩过程忌肩部动作的粘连，腰部随意扭动，做到脆而不僵，各个分明；柔肩的上身是有幅度适中的摆动，单双肘不能松懈，做到连绵不断的柔韧感；耸肩时肩胛骨要收放自如、张弛有度，切忌僵硬、呼吸不畅，要表现出蒙古族人幽默、诙谐的性格；在流畅的笑肩中宣泄出热情、奔放的情绪；绕肩同柔肩要有连贯性；碎肩时的肩胛骨和肱骨要有节奏地快速抖动，同时胸背部呈现积极、向上、乐观、豁达的动作质感。

丰富多变的肩部动作，无不展现出蒙古族人含蓄、沉稳的个性和整个民族刚毅、淳朴的性格特征与乐观的精神。

二、肩的律动学习方法——对比分析

以“硬肩—柔肩”元素动作作为学习的核心内容，通过硬肩与柔肩动作对比，从动作形态中，发现元素动作的相同点与不同点。以此类推出“耸肩—笑肩”“柔肩—绕肩”“硬肩—碎肩”这种两两互搭元素动作中的异同，从而在已知的知识上构建新知，达到深度学习的目的。

学习笔记

想一想

1. 肩的律动“四句箴言”是什么？
2. 不同肩的律动其各自的动作特点是什么？

交流：

练一练

让我们跳一跳肩的律动组合，进一步感受肩部丰富的语汇。

森吉德玛

1=D $\frac{2}{4}$

中板

蒙古族民歌

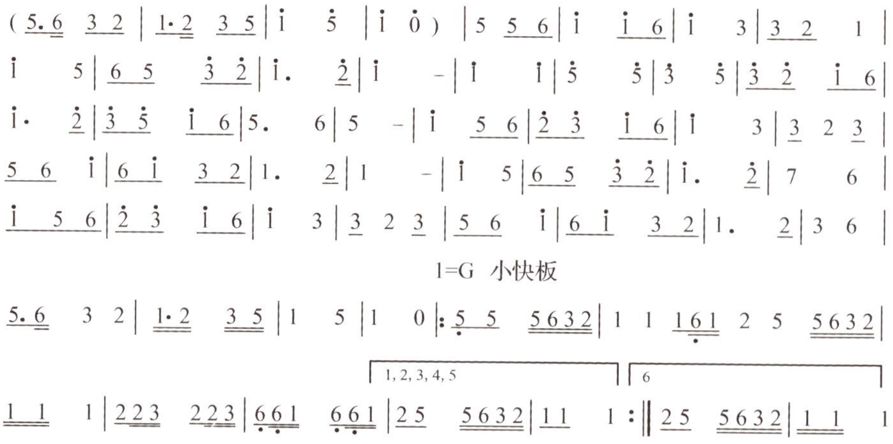

1. 练习目的

解决肩部僵硬问题，使之灵活、松弛，提高身体局部支配能力；通过步伐与肩的配合，提高上下肢体的协调能力。

2. 动作要求

前奏准备：［1－4］面对 5 点方向，左脚重心，右脚后踏步位，后端手。

［1－2］重心后移成左前点步位，双手做后铲手经平手位至斜上手位，身体后靠。

［3－4］对 6 点方向上左脚成右踏步，双手经头上扣手至体前位，身体前俯；最后半拍身体立起转对 5 点方向，双手至斜上手位。

［5－6］重心后移至右脚，出左肩柔肩，双手斜上手位提压腕 1 次。

［7］左脚撤步，出右肩柔肩，双手斜上手位提压腕 1 次。

［8］前 1 拍，右脚上步，出左肩柔肩，手动作同上；后 1 拍，重心移至左脚，出右肩，同时右手叉腰，左手斜上握拳，身体前倾。

［9－10］退右脚，出左肩柔肩，左手慢落至叉腰手。

［11－12］退左脚，出右肩柔肩。

［13］右横移蹲，出左肩柔肩。

［14］左脚后踏，出右肩柔肩。

［15－16］右转身对 1 点方向重复［13－14］动作。

［17］前 1 拍，右脚对 8 点方向上步，出左肩；后 1 拍，左脚直腿划向 7 点方向旁点地，出右肩。

［18］前 1 拍，重心移至右脚，出左肩；后 1 拍，左脚对 2 点方向上步，出右肩。

［19］前 1 拍，右脚踏地，肩不动；后 1 拍，重心移至右脚，前吸左腿，出左硬肩，目视 8 点方向。

［20］前 1 拍，落左脚成右踏步，出右肩；后 1 拍，重心移回至右脚成左脚前点步位，出左肩，身体微含。

［21－24］做［17－20］的反面动作；最后一拍双手至平手位，手心向上。

［25］前 1 拍，右脚对 8 点方向上步，出左肩，同时提右腕、压

温馨提示

组合中要随时保持蒙古族舞基本体态，在步伐与肩的配合中，防止肩律动得僵硬或随意。

学习笔记

学习笔记

左腕；后 1 拍，左脚直腿划向 7 点方向旁点地，出右肩，同时提左腕、压右腕。

[26] 前 1 拍，重心移至右脚，出左肩，同时提右腕、压左腕。

[26 后 1 拍—27] 左脚对 2 点方向上步，做 [25—26 前 1 拍] 的反向动作。

[28] 前 1 拍，右脚对 1 点方向上步，出左肩，双手胸前平端手。后 1 拍，左脚后踏一步，出右肩，双手叉腰，身体拧对 8 点方向。

[29—32] 右脚起平步右转 1 圈，最后一拍体对 3 点方向。

[33—34] 前 1 拍，右脚起平步 3 步，双手至胸前位柔肩提压腕。

[34] 后 1 拍，右转身对 7 点方向。

[35—36] 前 1 拍，右脚起平步 3 步，双手至胯前压手位柔肩。

[36] 后 1 拍，右转身对 5 点方向。

[37—38] 前 1 拍，右脚起平步 3 步，双手至斜上手位柔肩。

[38] 后 1 拍，双脚踮起，双手提腕至头上方；最后半拍（da）右转身，双手落至胯前手，体对 1 点方向。

[39] 碎步向前跑，双手经胯前铲至斜上手。

[40] 前 1 拍，双脚踮起，双手平开手位摊掌。

学习提示

1. 在组合中肩与手腕和手肘之间的配合，整体动作要灵活。

2. 特别要注意肩的律动与下肢的协调配合。

艺术锦囊

1. 蒙古族舞蹈的风格特点

蒙古族长期的游牧、狩猎生活形成了豪放不羁的民族性格和健硕强悍的体魄，舞蹈的风格也于粗犷中带着细腻，柔韧中显出力度。草原上“天似穹庐”的空间感和受佛教等宗教的影响，形成了舞蹈挺拔端庄的体态和“圆”形态的动作韵律。蒙古族人因长期骑马限制了腿的活动而肩部松弛，故肩部能够发展出异常丰富的动作。蒙古包内场地狭小，舞步不能充分施展，上肢表现力得到了充分的展现。中华人民共和国成立后，贾作光等舞蹈家收集、整理了蒙古族民间舞，编创了许多舞蹈新作，直接影响了蒙古族舞蹈的发展。蒙古族舞蹈经过多年的教学表演实践，以根植民间的自娱性、宗教性舞蹈为基础，结合

学习笔记

舞台作品形成了系统的教材，并弥补了下肢的不足，丰富了躯干和上肢的姿态，使身体收放自如。

2. 蒙古族舞蹈配乐中常使用的乐器

勤劳的草原人弹奏着本民族特有的乐器来表达美好的草原生活，美妙的蒙古族舞蹈自然离不开这些富有特色的蒙古族乐器伴奏，让我们一起来认识它们吧。

①四胡（如图 4-2-18 所示），拉弦乐器，又名四股子、四弦或提琴。

蒙古族称之为呼兀尔，源于古代奚琴。其声音优美、醇厚、悠扬。

在旧社会，四胡是民间艺人用以倾诉牧民苦难生活、恶人的剥削和压迫，向往美好生活，歌颂英雄史诗的手段。

②雅托克（如图 4-2-19 所示），即蒙古筝，音色粗犷、洪亮。蒙古筝与通常的古筝在构造和技法上基本相同，只是流行于内蒙古的古筝所奏的乐曲均为蒙古族民歌和器乐曲。雅托克分十二根弦和十根弦两种，多用来为民歌伴奏。

图 4-2-18

③火不思（如图 4-2-20 所示），弹拨乐器，音响圆润，音色柔和。形似饭勺，琴杆较长，共鸣箱较小，由于音箱包有皮膜，因而音色富有浓厚的草原风味。

图 4-2-19

④胡笳（如图 4-2-21 所示），蒙古族边棱气鸣乐器，发音柔和、浑厚，音色圆润、深沉。民间又称潮尔、冒顿潮尔。可用于独奏、器乐合奏或乐队伴奏，是富有浓郁民族色彩的吹奏乐器。

⑤胡琴（如图 4-2-22 所示），音色柔和浑厚。琴的一种，是中国古代北方、西北方少数民族所用乐器的统称，近代才作为胡琴类拉弦乐器的专称。古称胡尔。

图 4-2-20

⑥马头琴（如图 4-2-23 所示），声音圆润，低回婉转，音量较弱，是一种两弦的弦乐器。有梯形的琴身和雕刻成马头形状的琴柄，琴身木制，长约一米，有两根弦，共鸣箱呈梯形。马头琴是蒙古族的代表性乐器，不但在中国和世界乐器家族中占有一席之地，也是民间艺人和牧民们喜欢的乐器，马头琴所演奏的乐曲具有深沉粗犷、激昂

学习笔记

的特点，体现了蒙古族人的生产、生活和草原风格。

图 4-2-21

图 4-2-22

图 4-2-23

任务拓展

1. 你知道为什么蒙古族舞蹈的步伐幅度都很小吗？

2. 请完成蒙古族舞肩的律动综合练习组合，并拍摄上传至学习平台。

效果检测

学习内容	学习重点	学习难点	我的收获	反思计划

任务 2.3 柔臂练习

任务实施

赏一赏

请通过互联网搜索并欣赏舞蹈视频《额尔古纳河》。晨光微曦，长调悠扬，薄雾氤氲中，额尔古纳河在天地间铺开一幅长轴画卷；雾散云敛，蜿蜒的河水、游弋的天鹅、辽阔的草原以及那跃动的人群隐隐浮现……你从哪些动作元素中可以感受到作品所要呈现的额尔古纳河从安若明镜、水波荡漾的自然状态凝练成浪漫、唯美的舞蹈形象，以及彰显出刚柔相济的审美特征，体现出人与自然的和谐共生画面。

1. 透过动作分析和形态剖解，感受蒙古族女子端庄的举止，俊秀的面容。
2. 柔臂表达着怎样的情感和意境？

交流：

蒙古族舞蹈在肩部动作的基础上，为了表现内心的情意与美感，全部投入到身体的律动和会“说话”的手臂上。它们模拟海浪波涛和河水细流，模拟展翅飞翔的雄鹰，形成了民族舞风格的要素之一。

温馨提示

柔臂要肩臂松弛，做到由肩、臂、肘、腕至指尖的无限圆形延伸。

1. 柔臂

柔臂由肘部带动肩、胸背、小臂、腕部及手指关节，有韵律地收缩和延伸，致肩关节的屈伸、外展、内收，形成连绵不断、柔中有刚的动作质感。如图 4-2-24 所示。

2. 软手

以肘带腕延伸到指尖，呈连绵不断的小波浪运动。

温馨提示

动作干脆有力，棱角突出，静止点明显。

3. 驼峰手

准备：踏步，手三位，“五指屏”，双臂平直，手心朝下，面向1点。

1—肘向下，腕向上迅速弯曲，将双手沿水平线向里拉约 10cm，双臂

温馨提示

指尖随着软手运动时，不要向手心弯曲。

温馨提示

所有步伐在小八字位、双叉腰舞姿上准备。

呈“驼峰形”。

2—肘、腕向相反方向弯曲。如图 4-2-25 所示。

图 4-2-24

图 4-2-25

4. 基本舞步

（1）跟步：一脚向前上步，另一脚迅速跟至踏步。

（2）踏点步：在踏步上，双脚前后或后前交替踏点，可原地或流动进行。

（3）平步：双脚经踏步平行移动。

（4）趟步：同平步，步伐略大。

（5）垫步：在踏步的基础上，迈、垫、迈。

（6）点移步：动力腿旁迈（脚掌点地），重心快速点出、移回。

学习提示

“柔臂”的学习方法

1. 手臂的意境

意境是指抒情性作品中所呈现的那种情景交融、虚实相生的形象系统，以及其诱发和开拓的审美想象空间。

在柔臂动作的训练中，要强化骨骼与肌肉情感的把控能力。柔臂动作产生于艺术家们对草原生态的自然描摹，致使手臂里的情感蕴含了蒙古族女性对鸿雁、对骏马的生命期许以及对辽阔草原无怨无悔的挚爱。虽然如此，但在柔臂的教学中仍然有着十分具体规范的要求。

2. 情与景汇，意与像通

在柔臂动作中，要有意识地去营造“意境”，融合柔臂本体唯美的线条和所要表达的生动舞蹈形象，产生理解后的情感以及某种观念、信仰，从而达到“情与景汇，意与像通”，让舞蹈语汇充满文化的烙印和概念。

学习步骤先从单一软手、柔臂（单手—双手—交替），再到移动重心，配合平步练习，最后由短句形成组合。

想一想

1. 请尝试一下把柔臂加上软手，感受两者之间的关联。
2. 如何通过柔臂体现意境表达？

交流：

学习笔记

练一练

在柔臂组合中，进一步体验感受柔臂的“情与景汇，意与像通”之美。

视频：柔臂组合
金色大雁

金色大雁

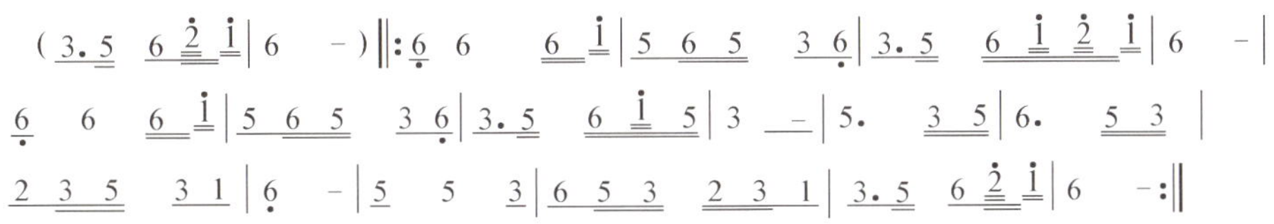

1. 练习目的

通过柔臂训练，提高身体局部支配能力和表现力，以及感受蒙古族舞蹈稳重、粗犷中带着细腻的风格特点。

2. 动作要求

前奏准备：［1－2］体对 1 点方向，自然位。

第一遍音乐

［1－4］右脚往 6 点方向后撤成左前点步位，面对 2 点方向，右手胸前手位软手柔臂。如图 4-2-26 所示。

图 4-2-26

［5－8］左脚往 4 点方向后撤成右前点步位，左手胸前手位软手柔臂。

［9－12］左脚往 2 点方向上步成大踏步，双手胸前交叉手位对 8 点方向做软手 4 次，从胸前打开至平手位。如图 4-2-27 所示。

图 4-2-27

［13－16］做［9－12］的反向动作。

学习提示

1. 要注意怎样的音乐适合用来训练柔臂组合。

2. 做软手和柔臂时，把握好肩、臂、背部的发力点。

学习笔记

第二遍音乐

[1—4]左转身对5点方向，右腿跪下，双手经胸前交叉手位做软手打开至平手位。

[5—8]抖手曲臂横移，右、左各一次。

[9—12]手心向上做软手柔臂4次，慢立起；最后半拍（da）右转身对1点方向。

[13—16]右脚前点步右转身一圈，左手斜上手位，右手斜下手位，做软手柔臂。

艺术锦囊

1. 作品鉴赏《嘎鲁》——意与像通

2003年第七届桃李杯获奖作品《嘎鲁》，编导刘沙。这部作品很好地诠释了蒙古舞中的手臂对情调和意境的表达。编导运用手臂的美感，拟人化地营造出大雁羽飞的唯美意境。腕与手臂动作的创作，不仅塑造出了鸿雁的艺术形象，浓墨重彩出意蕴深远的草原“调”，而且以大雁羽飞的形象塑造隐喻了蒙古族女性圆润、淳厚的情感境界。

无论这种味道是表述身体的时空运动，抑或表现唯美意念，当大雁的头、嘴、颈等动作呼之欲出时，演员灵动的腕部、俊逸的手臂，便都会将许多“意”的主观范畴，延伸到“境”的客观范围。

相对于傣族女性感悟自然、爱水敬佛、温婉沉静的民族特性，蒙古草原的地理环境和气候条件，塑造了蒙古族女性实在、热情、坚韧、大度的性格。她们认为水是纯洁的神灵，甚至忌讳在河流中洗手或沐浴。至此，手臂的“意境”，围绕着蒙古族女性的主观意念，发出汹涌澎湃的生命感叹。虽然，一些真实的生活感受丰富了蒙古舞手臂动作的表现力以及力度、速度和气息均衡程度，但是，这部源自心理和身体活动的舞蹈剧目，更是以匠心独运的手臂意象传递着蒙古族女性身体与心灵之间的韵律和味道。

2. 作品鉴赏《顶碗舞》——无处不圆

草原上“天似穹庐”的空间感和受佛教等宗教的影响，形成了舞蹈挺拔端庄的体态和“圆”形态的动作韵律。臂的线条体现出“圆”的美感，胸、躯干至指尖，是一个整体弧线。这点在作品《顶碗舞》

中完美呈现。

作品取材于蒙古传统舞蹈《盅碗舞》，在此基础上加工整理变化而来。《顶碗舞》的成功之处在于对空间布局合理流畅的运用，其调度炫亮之处又在于“圆”线条的始终贯穿。

学习笔记

作品在第一段开始的四横排，利用服装的大圆裙摆和头顶的圆碗，形成空间上与碗的“圆”呼应，整个舞台呈现一幅祥和的画面，在队形的变化前总要原地自转成为作品的又一动机，为调度中“圆”的运用埋下伏笔，这一段的精彩之处体现在从 4 点到 8 点的斜线平步走场，瞬间一派望不到边际的辽阔画面映入眼帘，在观众还翘首期盼时又巧妙地将队形变成四横排，从整个舞台来看像一个大的平行四边形，接着又是两个顺势、逆势运动的圆路线穿插再回到四横排，这一组调度变化虽多，但清新自然，让人目不暇接却不眼花缭乱。第二段是舞蹈的高潮部分，也是作品的精彩之处，两个重叠大圆的逆势走向，引出独舞的平转，再引出群舞的原地跪转，连续的圆运动引出作品的闪光舞段——长时间的碎抖肩，作品一改前面舞蹈中的跪地板腰和短节拍的碎抖肩，从 S 形变化为 Z 形走步，对行穿插，最后首尾呼应回到四横排后结束在“圆”上，领舞从开场的台前区变为“圆”中心，既体现前后呼应，又画龙点睛，成功地诠释了中国的“圆”文化，真正做到文舞合一的境界。

任务拓展

1. 除了用柔臂模仿大雁外，你还知道蒙古族舞蹈会用柔臂模仿哪些动物吗?为什么会去模仿这些动物呢?

2. 请你尝试运用手臂的意境表现形式，来模仿蒙古族人喜爱的动物形象，然后创编 8 个 8 拍的小组合，配上符合创作意境的音乐。

效果检测

学习内容	学习重点	学习难点	我的收获	反思计划

任务 2.4　幼儿马步表演性组合

任务实施

赏一赏

请通过互联网搜索并欣赏舞蹈视频《飞鬃马》。蒙古族舞蹈在一挥手、一扬鞭、一跳跃之间洋溢着蒙古人的淳朴、热情、勇敢、粗犷的豪放英武气质。你能找出舞蹈中哪些动作与马有关吗？

1. 这支舞反映了怎么样的草原生活情景？

2. 这支舞带给你怎样的情绪和情感体验？

交流：

1. 手形

（1）单勒马：正步，重心放在右脚，左脚掌点地，左叉腰，右手空握拳，体侧前曲臂压腕。如图 4-2-28 所示。

（2）双勒马：略屈膝，双手空握拳，于体前呈圆形（左外右里）曲臂勒马，上身前俯。如图 4-2-29 所示。

（3）甩鞭：略屈膝，右手勒马，左手空握拳、食指延伸经下弧线甩鞭至斜后上方，手臂内旋，上身前俯。

（4）持鞭手：左手勒马，右手空握拳、食指延伸经斜上弧线至斜上扬鞭，上身后仰。如图 4-2-30 所示。

图 4-2-28

图 4-2-29

图 4-2-30

学习笔记

温馨提示

铃铛马步同儿童舞的铃铛步；踏点马步同幼儿舞步的踏点步。

学习笔记

2. 步伐

（1）铃铛马步：双手勒马式预备。

1－左脚始立半脚尖向右横蹿两步。

2－前半拍左脚踏地屈膝的同时，右脚向右旁踢出。身体向左倾。准备做反面双手一拍勒马1次。交替进行。

（2）跑马步：前半拍右脚向正前方蹿跳一大步，后半拍左脚继续向前上步，紧接着右脚再上一小步，从后脚赶前脚，身体前倾，双手勒马交替进行。

（3）跳吸马步：（高抬腿马步）主力腿蹬地跳起，同时动力腿正吸腿，两腿交替进行，左手勒马，右手叉腰。

（4）踏点马步：正步，右手叉腰，左手勒马。前半拍左脚全脚掌着地，右腿屈脚掌离地。后半拍右脚前脚掌着地，直膝重心上提，左脚离地，连续进行。

（5）进退马步：也称跺马步。以右脚为例。

1－前半拍右脚向前，用前脚掌点地，同时左腿向上提膝，脚掌离地，后半拍左脚掌落地，右脚掌离地。

2－前半拍右脚后撤，脚掌着地，同时左腿提膝脚掌离地；后半拍左脚掌落地右脚再重复做。

（6）摇兰马步。

准备：两小腿交叉，右脚在前呈倒八字步位，半脚尖，单手勒马面向1点。

右脚跟着地，左脚随着翻动呈脚背贴地，脚掌翻上，接着左脚往回翻，全脚掌着地，右脚也随着翻动呈脚背贴地脚掌翻上，反复连续揉动。如图4-2-31所示。

（7）立掌步：双脚在正步位上交替绷脚，脚尖点地，身体微向叉腰手一侧靠，似骑在马背上。如图4-2-32所示。

温馨提示

动作时重心在两脚中心，双手放松，身向8、2点打开，也可以做成双点进退马步。

温馨提示

外脚始终不离地，双腿保持半蹲，身体向下压稳，胯随重心左右摆动。

图 4-2-31

图 4-2-32

学习提示

幼儿模仿的训练价值

一、模仿是幼儿舞蹈学习的基础

幼儿对新鲜事物好奇心强，当幼儿对某一样事物感兴趣时，就会去学，幼儿学习的形式就是模仿，所以幼儿最喜欢模仿了。

我们可以通过模仿动作的练习，引发幼儿对生活、自然界、艺术的热爱之情。

二、引导下的模仿，带来思维开拓

幼儿认知发育还不完全，即使想模仿，有时也不知所措。教师要重视对幼儿模仿时的引导，有意识地教会孩子可以模仿什么，怎么模仿，并要不厌其烦地给幼儿纠正。经过自主和教师引导的训练，幼儿就能逐步地从外部动作学习向内部思考过渡，从无意识模仿到有思考有想法的模仿。

学习笔记

想一想

1. 什么是幼儿律动表演？
2. 舞姿中模拟了马的哪些动作？

交流：

练一练

分组合作表演《小骑手》，并尝试运用角色扮演，同伴之间相互教授，提升自己的教学能力。

小骑手

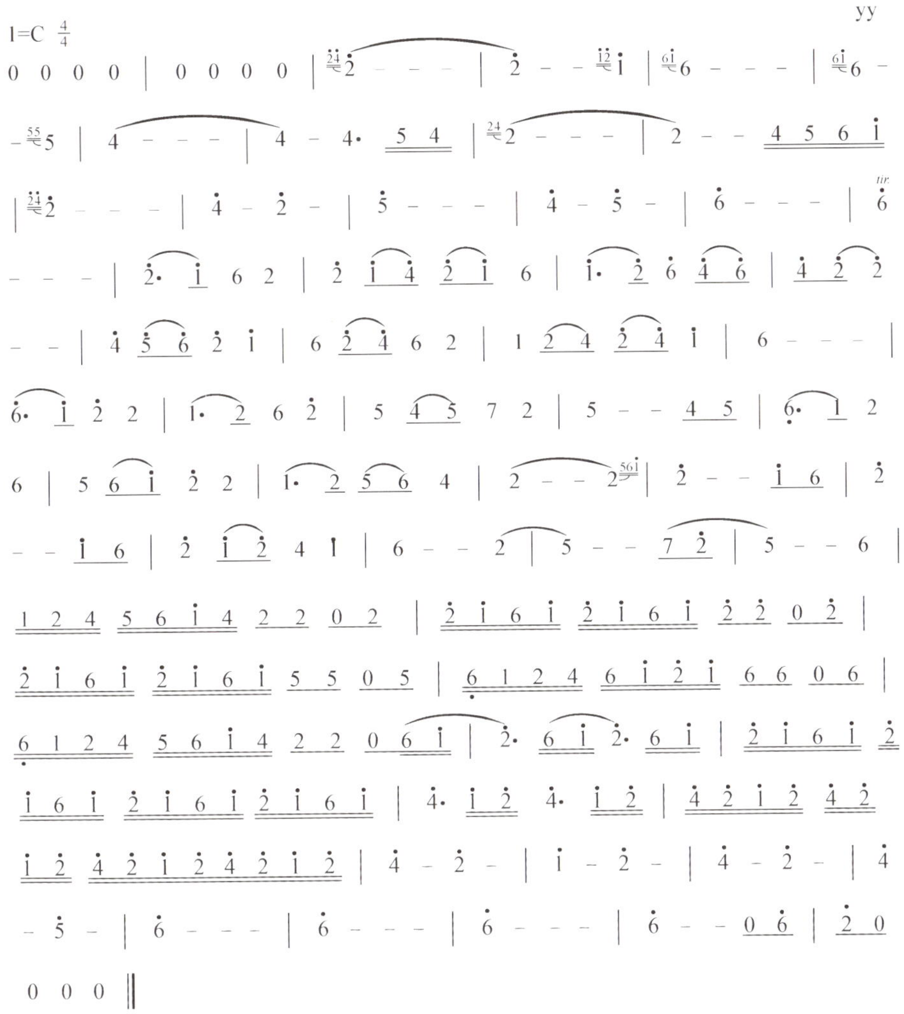

视频：儿童蒙古族舞蹈 小骑手

学习笔记

1. 练习目的

训练学生脚下动作的灵活和敏捷，初步了解和掌握蒙古族舞蹈的基本动作，表演着重让孩子们寻找打马扬鞭、驰骋草原的感觉。

2. 动作要求

前奏准备

［1—2］体对 3 点，正步，双勒马手。如图 4-2-33 所示。

第一段

［1—2］保持舞姿，依次对 2 点正步位半蹲。如图 4-2-34 所示。

［3—4］脚位不变，每拍一人，依次左手扬鞭。如图 4-2-35 所示。

［5—6］每拍一人依次正步位半蹲，身前俯，左手甩鞭。

［7—8］体对 1 点，左脚上步成踏步位半蹲，双勒马手，上身前

学习笔记

俯。如图 4-2-36 所示。

图 4-2-33

图 4-2-34

图 4-2-35

图 4-2-36

[9—10] 左、右压肩各 2 次。

[11—12] 左、右压肩各 4 次。

[13—14] 踮脚碎步成三角队形，双围手成勒马手。

[15] 右脚上步，跟左脚于正步位脚尖点地，右勒马手，左手叉腰。

[16] 保持舞姿，屈伸一次。

[17] 再屈伸一次。

[18] 右起倒换步 4 步。

[19—20] 重复 [15—16] 的动作。

[21] 重复 [16] 的动作。

[22] 体对 1 点，蹭退步，双勒马手。

[23—26] 重复 [15—18] 的动作。

[27—30] 体对 1 点，右起进退步 4 次，双手前平伸由右至左平画圆。

[31] 体对 2 点，正步半蹲，右勒马手，左手甩鞭，身直立。

[32] 左手扬鞭，双腿直立。

[33] 左手叉腰，左、右各做一次踩掌步。

[34] 体对 8 点做反向动作。

[35—38] 做 [31—34] 反向动作。

[39] 体对 8 点，向 6 点撤左脚成正步半蹲，右勒马手，左手叉腰。如图 4-2-37 所示。

图 4-2-37

[40] 右起原地踏步 4 步。

学习笔记

［41—42］做［39—40］反向动作。

［43—46］重复［39—42］的动作。

［47］前 2 拍，体对 1 点，原地踮脚碎步，双手上分手至头上方；后 2 拍，腿屈膝，右直腿绷脚旁点地，双手旁落。

［48］脚做［47］的反面动作，双手原路线返回至双勒马手。

［49—50］重复［47—48］的动作。

结尾

［51—52］体对 2 点，正步位左脚前踢跳 4 次，双勒马手提压腕，目视 1 点。

［53—54］面对圆心双勒马手踮脚碎步跑成圈。

［55］—结束左勒马手，右手扬鞭，第一人带领众人依次下场。

想一想

1. 这支舞模拟了哪些骑马的动作、形态？
2. 这支舞表达了怎样的情感？

交流：……

艺术锦囊

大班模仿教学设计：《摘果子》

活动设计意图

本活动之前，幼儿已经有了许多律动表演的经验，能够手脚协调地做一些简单的舞蹈动作，幼儿具备了一定律动基础。

本活动是中班的律动《摘果子》表演，律动以模仿劳动动作进行表演，律动中主要有踵趾小跑步和手腕转动等动作，同时需要幼儿能手脚协调地变化方向进行表演。《摘果子》曲调简洁明快，动作简单重复，大班幼儿比较容易接受。

学习笔记

活动目标

（1）完整学习舞蹈，尝试手脚协调、合拍地表演摘果子的动作。

（2）理解舞蹈动作的含义，初步学习变化方向做摘果子的动作。

（3）体验舞蹈带来的快乐。

活动准备

（1）幼儿经验准备：幼儿已经学会转手腕，能够表现脚尖点地和勾脚点地。

（2）物质材料准备：《摘果子》音乐，果园场景布置（大果树若干，果树上粘贴许多果子）。

活动过程

（1）交流导入。

①谈话引出内容，引发幼儿兴趣。

指导语：今天老师决定带你们去一片美丽的果园，果园里结满了果实，你们猜猜都有哪些水果丰收了?（幼儿自由回答）

②幼儿听音乐自由摘果子。

指导语：果园里的叔叔、阿姨想请我们帮忙一起去摘果子，我们抱好篓子出发吧!

（2）学习动作。

①教师示范动作：踵趾小跑步。

指导语：果园可大了，我们要跑起来才可以多摘一些果子。

②幼儿学习踵趾小跑步。要求能够合拍地做动作，手脚配合比较和谐。 指导语：我们一起来试一试吧!

③教师示范摘果子动作。

指导语：摘果子时要小心，看果园里的叔叔阿姨是怎么摘的!

④幼儿学习摘果子的动作（手腕转动，眼手配合一致）。指导语：那你们就来学一学果园里的叔叔阿姨摘果子的动作吧!

（3）完整表演。

①完整欣赏舞蹈，巩固对音乐旋律的认识。

指导语：小朋友们背着篓子来到果园，摘果子，放在背篓里，篓子装满了，他们很高兴。

②教师示范动作，幼儿跟着学习。注意踵趾小跑步及摘果子的动

学习笔记

作。指导语:我们听着音乐一起去摘果子吧!

(4)快乐创编。

①启发幼儿创编不同方向的摘果子的动作。教师反馈幼儿的动作并集体复习。指导语:摘果子除了可以这样摘外，你们觉得还可以怎么摘呢?

②启发幼儿用适当的表情表现快乐的心情。指导语:看见这么多的果子我好开心呀，你们呢?

③幼儿跟着音乐完整练习。教师在动作转换时注意提醒幼儿。指导语:果园里还有那么多果子，我们赶紧把它们摘下来!

(5)延伸活动。

可以把《摘果子》创编成双人舞，让内圈幼儿扮演果树，外圈幼儿表演摘果子。

专题五

民族民间舞蹈（下）

我们已经学习了民族民间舞蹈上篇、中篇，感受了红红火火的秧歌、云南花灯舞、雪域高原的藏族舞、大草原的蒙古族舞，这些都给我们留下了美好、深刻的印象。从这个专题开始，我们将开启民族民间舞蹈最后一部分的学习，从这里出发，我们将一起穿越美丽的丝绸之路，感受西部的神秘之光；伴着葫芦丝的悠悠乐音，走进美丽的雨竹林婀娜起舞……

学习目标

1. 能理解维吾尔族、傣族民间舞蹈的风格特点和基本类型。

2. 能学习表演维吾尔族、傣族民间舞体态、动律和动作组合，并具有良好的舞蹈表现力。

3. 能将民族舞蹈元素运用于幼儿舞蹈表演，积累舞蹈素材，加强自身舞蹈示范能力；传承民族舞蹈文化，增进民族自豪感。

学习导航

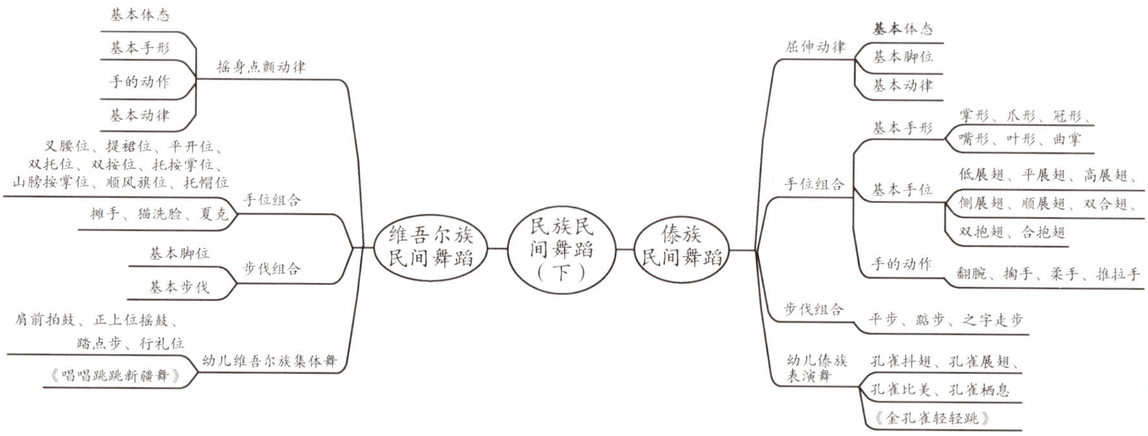

感知体验

请通过互联网搜索并欣赏《花儿为什么这样红》《卲多丽》两段经典舞蹈视频，体验舞蹈美的韵律，两段舞蹈分别营造了怎样的意境，运用了什么道具？

1. 赏：舞蹈视频《花儿为什么这样红》《卲多丽》分别给你怎样的感觉？表现了什么主题？
2. 学：自主体验学习舞蹈视频，你能学会吗？
3. 说：这是什么民族的舞蹈？具有什么样的风格特色？
4. 画：和我们之前学习过的民族舞蹈服饰有什么区别？
5. 搜：搜集幼儿民族舞蹈，你还知道哪些经典作品？

视频	体态造型	动律特色	音乐节奏	情绪情感	服装道具
视频 1					
视频 2					

任务1

维吾尔族民间舞蹈

任务描述

我国新疆维吾尔族聚居区，幅员辽阔，地处“古丝绸之路”要塞，是中原文化、阿拉伯文化、西域本土文化的汇合点，歌舞艺术绚丽多彩，素有“歌舞之乡”的美誉。

维吾尔族舞蹈热情奔放、诙谐幽默、稳重细腻，极具特色。它如一朵娇艳的玫瑰，热情似火，绽放在祖国民族艺术的大花园里，是中国民族民间舞蹈艺术中的瑰宝，在民间歌舞艺术中占有重要地位。

“昂首、挺胸、立腰、拔背”是维吾尔族舞蹈的基本体态和舞姿造型；膝部连续性小而快、富有弹性的颤动和变换动作前瞬间的“微颤”，是维吾尔族舞蹈的基本动律，使舞蹈动作衔接自然、柔和优美；维吾尔族舞蹈的技巧也很有特色，在舞蹈高潮处快速旋转，或骤然静止或戛然下腰，使舞蹈别具一格、精彩纷呈；移颈、撼头、挑眉、绕腕等丰富的动作技巧与眼神表情的配合，使舞蹈具有丰富的表现力和感染力，反映不同人物的情感和性格。

维吾尔族音乐是形成舞蹈风格的重要因素之一。维吾尔族舞蹈音乐多以弹拨乐器伴奏，如热瓦甫、都塔尔等，多采用附点、弱起节奏、切分音等，给人轻快、活泼、动感、跳跃的韵律感。

维吾尔族舞蹈内容丰富，形式多样，有自娱性舞蹈、风俗性舞蹈、表演性舞蹈三类。其中以赛乃姆、多郎舞最为著名。

赛乃姆，一种广泛流传于天山南北的自娱性舞蹈。赛乃姆在维语中有“美好、女神、偶像”等含义，是维吾尔族人民在节日庆祝、婚礼庆典等欢庆场合，男女老少自由结对、即兴发挥的歌舞形式。

多朗舞，一种历史悠久、表演形式完整的自娱性舞蹈，主要流传在塔里木盆地叶尔羌河畔，因这一带居住的是刀郎人，因此也称“刀郎舞”。古代刀郎人以狩猎为生，舞蹈表现了人们围猎后的喜悦过程。该舞蹈从慢板发展成竞技性的旋转，最后在高潮中结束。

此外，维吾尔族还有盘子舞、手鼓舞等使用道具的特色舞蹈。

维吾尔族民间舞蹈是舞蹈学习中的必修课。学习维吾尔族民间舞蹈，不仅需要了解其风格特色，而且要完成四个小任务，让我们一起赏一赏、学一学、练一练吧！

任务 1.1　摇身点颤动律

任务实施

赏一赏

请欣赏舞蹈视频《小花帽》，体验舞者独特的气质和韵律。想一想，舞蹈动律有什么特点？

1. 维吾尔族民间舞蹈的舞姿有什么特点？
2. 维吾尔族民间舞蹈的音乐有什么特色？

交流：

视频：小花帽

学习笔记

1. 基本体态

正步位，昂首挺胸，立腰拔背，下巴略抬。如图 5-1-1 所示。

2. 基本手形

（1）女：“花形手”，立腕，在兰花指的基础上，手指自然松弛，中指、拇指靠近，宛若一朵含苞待放的花。如图 5-1-2 所示。

（2）男：掌形手，大拇指张开，四指并拢伸直。如图 5-1-3 所示。

图 5-1-1

图 5-1-2

图 5-1-3

温馨提示

发力点聚焦在手腕，注意以“腕”带手。

3. 手的动作

（1）指。

搭指：手心相对，向上向下互搭中指，交替翻动。如图 5-1-4 所示。

响指：大拇指与中指相捻，发出清脆响声。如图 5-1-5 所示。

弹指：用指跟的力量带动指尖向上弹。

（2）腕。

绕腕：由里向外转腕，手腕手指同绕。

柔腕：手腕带动指尖做小波浪。

推腕：双手腕同向推出，一手顶腕，一手压腕。如图 5-1-6所示。

图 5-1-4

图 5-1-5

图 5-1-6

温馨提示

“摇身动律”强调“微颤动而不窜，挺拔而不僵”。

4. 基本动律

（1）摇身点颤动律：连续性的微颤以及动作变换前的瞬间颤动，自然柔和，富有韵律感。

“摇身动律”是在“昂首、挺胸、立腰、拔背”基本体态的基础上，随着节奏，鼻尖带动头部、上身，进行匀速的横向颤动。

“点颤动律”是指主力腿带动胯部及上身，富有弹性、内含韧劲地轻微颤动。

（2）移颈动律：双肩下沉，颈部向左、右小幅度而有节奏感地横移，随鼓点变化而变化。

温馨提示

移“颈”动律时，保持身体、肩部的稳定。

学习提示

“摇身点颤”动律的学习方法——三步递进法

第一步：溯源启迪

马背上的轻快“颠簸”：维吾尔族人民最早生活在环境较为艰苦的草原，以游牧生活方式为主，他们的生活非常艰苦，但他们以乐观开朗的个性战胜艰辛的生活。这种生活中的“颠簸”反映在舞蹈动态上，就形成了轻快的“微颤”动律。

摇辫子的轻快“摆动”：维吾尔族人以长发梳辫为美，微颤时长发轻轻摇动的感觉，旋转时长辫快速飞舞的姿态，体现了维吾尔族人民热情奔放的民族性格和对美好生活的追求与向往。

第二步：探究动律

“脚掌的韧性点动—膝关节的轻微颤动—身体的自然晃动”三个动点的和谐统一，是维吾尔族舞蹈风格特色的核心要素。

第三步：韵律体验

摇身点颤不仅仅是单纯的膝部动作，更是内在的节奏韵律，因此要注意体会内在的呼吸，以情带舞。

想一想

1. 维吾尔族舞蹈基本动律形成的原因是什么？
2. “摇身点颤”动律练习时有三个关键动点，你知道是哪三个吗？

交流：

学习笔记

练一练

结合体态、手形等元素，让我们在组合音乐中，进一步感受“摇身点颤”动律的魅力。

小花帽

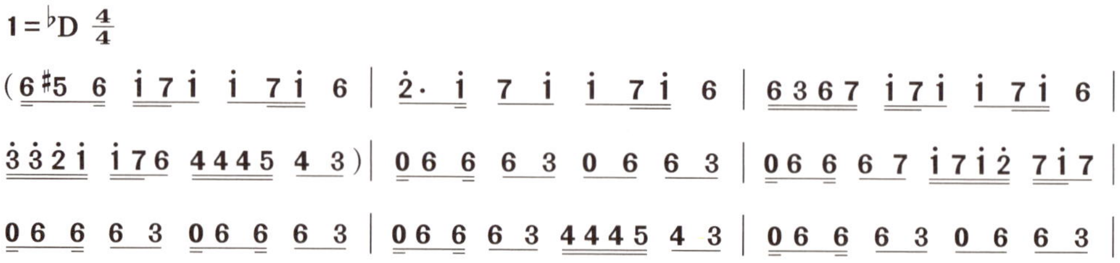

学习笔记

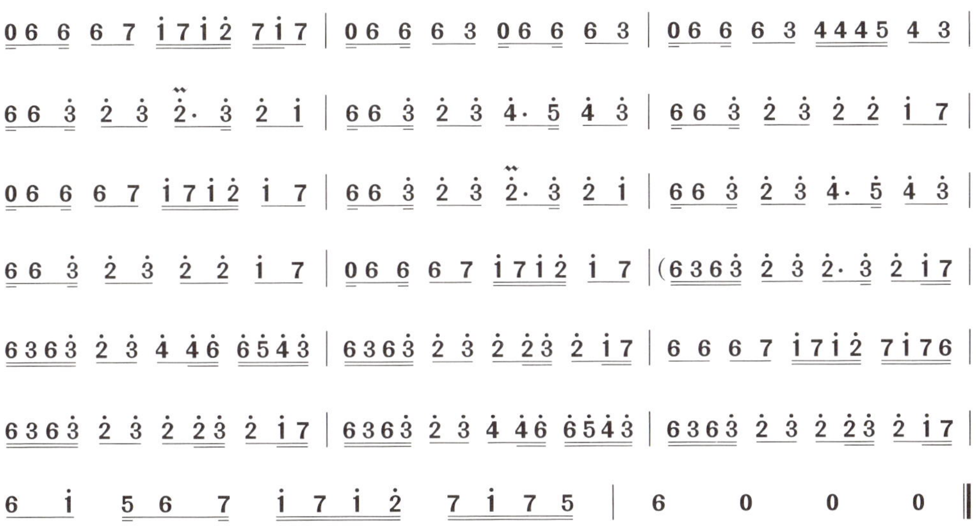

1. 练习目的

（1）理解维吾尔族舞蹈基本体态和动律特点。

（2）能较好地表演维吾尔族摇身点颤动律组合。

（3）体验、感受维吾尔族舞蹈和音乐的美。

2. 动作要求

前奏准备

［1—2］1、2 小节小八字位面朝 1 点，叉腰位准备。

［3］右手起行礼。

［4］左踏步蹲，左手按掌，右手掏手翻腕托下巴，屈臂架肘，身体前倾。如图 5-1-8 所示。

第一段

［1—2］前 4 拍，右踏步蹲，双手胸前摊手，后 4 拍，左脚前点位，双手成提裙位；［2］左脚上步，重复相同动作，舞姿不变，摇身点颤 2 次，4 拍一次。如图 5-1-9 所示。

［3—4］脚下动律同［1—2］向后退，双托位。如图 5-1-10 所示。

［5—6］动作同［1—2］摇身点颤 2 次，2 拍一次。

［7—8］动作同［3—4］摇身点颤 2 次，2 拍一次。

学习笔记

第二段

［9—10］［9］脚下动律同［1］左脚旁点地，左手猫洗脸至平开位，左旁腰，眼看 7 点方向。如图 5-1-11、图 5-1-12 所示。

［11—12］小节，动作同上，单手猫洗脸 2 次。

第三段

［13—16］脚下动律同［9—12］，双手脸前交叉，后成双托位。如图 5-1-13 所示。

［17—18］前 4 拍，左脚跺地，左手撩至 2 点，眼看 1 点。

［19—20］后 4 拍，左手胸前按掌，右脚前点位，向右转 1 圈。如图 5-1-14 所示。

［21—22］身体朝 8 点，眼看 2 点，动律 2 次。如图 5-1-15所示。

［23—24］动作同［21—22］，方向相反。

［25］左踏步蹲，左手按掌，右手托下巴微抬，面朝 1 点结束。

图 5-1-8

图 5-1-9

图 5-1-10

图 5-1-11

图 5-1-12

图 5-1-13

图 5-1-14

图 5-1-15

学习提示

1. 保持体态的挺拔、高傲，展现新疆小姑娘的韵味。

2. 在组合中进一步体会“摇身点颤”动律和音乐的美。

学习笔记

艺术锦囊

1. 舞蹈与生活

舞蹈源于生活却高于生活，维吾尔族舞蹈与其他民族民间舞蹈一样都来源于生活，蕴藏着丰富而深厚的民族文化内涵。

（1）维吾尔族舞蹈具有多重文化的印迹。

维吾尔族舞蹈继承了古代鄂尔浑河流域和天山回鹘族的乐舞传统，又吸收了古西域乐舞的精华，在特殊经济生活和宗教文化的影响下，经过长期的发展演变，形成了具有多重文化的印迹，并有开放性与兼容性特点的舞蹈艺术。

（2）维吾尔族舞蹈反映了乐观的民族精神。

维吾尔族人民乐观开朗，充满激情。生活中，他们遇到开心的事，就会情不自禁地载歌载舞、摇头移颈。这些生活动态自然而然凝练为舞蹈基本动律和基本动作。遇到困难和艰险，他们会用坚毅的态度、勤劳的双手与恶劣生活环境做斗争。如多郎舞从召集狩猎，到寻找猎物，再到追赶搏斗、胜利狂欢，舞蹈语言中体现了他们的生活动态和坚毅的个性。

维吾尔族舞蹈是生活化语言的艺术提炼，是维吾尔族人民劳动智慧的结晶。欢乐的节日上、劳动的闲暇中，维吾尔族人民总会载歌载舞，抒发情感，在歌舞中表达自己的审美与追求。因此，我们称维吾尔族是能歌善舞的民族，舞蹈风格美，源远流长，举世闻名。

2. 舞蹈名家

康巴尔汗·艾买提（1922—1994），杰出的舞蹈家和教育家。出生于新疆维吾尔自治区一个民间歌舞艺人家庭。康巴尔汗自幼受维吾尔族歌舞艺术的熏陶，是现代维吾尔族舞蹈的集大成者。“昂首、挺胸、立腰、拔背”这一基本体态就是康巴尔汗逐步规范形成的。她将在苏联学习到的芭蕾舞训练方法和本民族舞蹈特点相结合，整理完善形成了特色舞蹈教学体系。她使维吾尔族舞蹈有了中西合璧的含蓄美和外向美。她还将自然传衍的民间舞蹈加工成精美的舞台艺术，如《盘子舞》《林帕黛》等舞蹈成名于世。

任务拓展

1. 维吾尔族舞蹈的基本体态是________________。
2. 摇身点颤动律要做到________________。
3. 请小组合作练习《花儿》组合，并拍视频上传至学习平台。

效果检测

学习内容	学习重点	学习难点	我的收获	反思计划

任务 1.2　手位组合

任务实施

赏一赏

美丽的葡萄园，果实累累，一串串晶莹剔透的葡萄散发出诱人的芳香，味道、颜色各不相同，有甜的、酸的、紫的、绿的，请通过互联网搜索并欣赏舞蹈视频《摘葡萄》。

1. 这段舞蹈视频讲了什么故事？
2. 舞蹈演员运用了什么元素来表现？

交流：________________

温馨提示

练习基本手位时，注意“昂首、挺胸、立腰、拔背”的基本体态。

1. 基本手位

（1）叉腰位：虎口打开，四指并拢伸直，用虎口压在腰间，位置稍向前，两肘略向前。如图 5-1-16 所示。

（2）提裙位：双手体侧斜下位。如图 5-1-17 所示。

（3）平开位：双手两侧与肩平。如图 5-1-18 所示。

（4）双托位：双手正上位，手心向上。

（5）双按位：双手胸前交叉成双按位。如图 5-1-19 所示。

（6）托按掌位：左手按掌，右手托掌，成托按掌位。如图 5-1-20 所示。

（7）山膀按掌位：左手按掌，右手山膀，成山膀按掌位。如图 5-1-21 所示。

（8）顺风旗位：左手体侧平开位，右手正上位。如图 5-1-22 所示。

（9）托帽位：左手至于耳侧托帽式，右手斜上位。如图 5-1-23 所示。

图 5-1-16

图 5-1-17

图 5-1-18

图 5-1-19

图 5-1-20

图 5-1-21

图 5-1-22

图 5-1-23

温馨提示

练习手位时，注意结合绕腕。

学习笔记

学习笔记

2. 手臂动作

（1）摊手：双手手心朝上，胸前交叉后平开向外两侧打开。如图 5-1-24 所示。

（2）猫洗脸：十指交叉，从左至右绕立脸波浪环动。如图 5-1-25 所示。

（3）夏克：拧身下胸腰，一只手胸前立腕，另手托掌。如图 5-1-26 所示。

图 5-1-24

图 5-1-25

图 5-1-26

学习提示

1. 手位学习小窍门——动手必动腕

手形、手腕、手位三位一体，构成维吾尔族舞蹈特殊的表现手段。腕的训练，能使手位衔接更自然、优美、灵动，更具有维吾尔族舞蹈的风格性和审美性。手腕是手位动作的情感纽带。例如，“绕腕”——快、圆，“柔婉”——小、曲，“推腕”——准、同等，使手位舞姿更富有感染力和韵味。

2. 手位学习方法——儿歌记忆法

双手斜下提裙手；
双手正上双托手；
双手交叉双按手；
双手打开平开手；
一上一下托按手；
一前一后托帽手；
一正一旁顺风旗；
虎口一压叉腰手。

运用朗朗上口的儿歌记录手位动作，读一读、做一做、练一练，易学易记，一起来试一试、玩一玩、赛一赛吧。

想一想

1. 你还有更适合幼儿学习手位的方法吗？
2. 你能画出维吾尔族舞蹈9个手位的舞谱吗？

交流：

学习笔记

练一练

将手位学习应用于组合表演中，让我们一起感受维吾尔族动感的音乐，表现维吾尔族小姑娘灵动的舞姿吧！

维吾尔族小姑娘

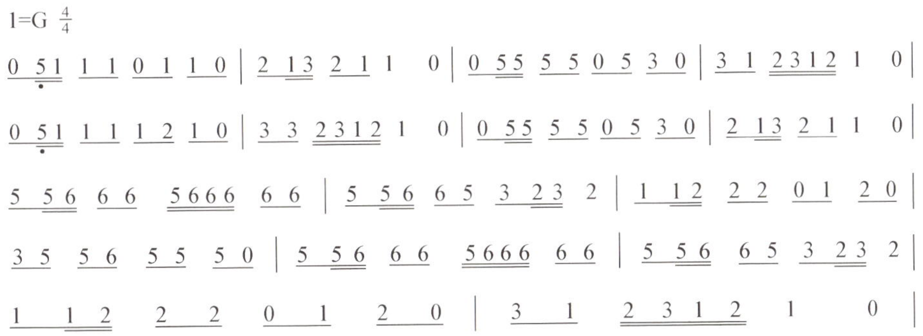

视频：维吾尔族舞蹈手位组合维吾尔族小姑娘

1. 练习目的

（1）知道维吾尔族舞蹈9个手位动作的名称和要求。

（2）能结合体态、动律较好地表演手位组合。

（3）体会眉眼、呼吸与手位动作配合的微妙情感变化。

2. 动作要求

前奏准备：［1—2］自然位站姿，双脚小八字打开，双手自然于身体两侧准备。

图 5-1-27

学习笔记

第一遍音乐

[1—2] 保持站姿不动，右手单敬礼式。如图 5-1-27 所示。

[3] 双手经过翻压腕到提裙位。

[4] 双手经过翻压腕到平开位。

[5] 双手经过翻压腕到双托位。

[6] 双手交叉下落到按掌。

[7—8] 左脚上步，右脚旁点地，双手经过翻压腕到提裙手，摇身点颤 4 次。

[9—10] 右脚上步，左脚旁点地，双手经过翻压腕到平开手，摇身点颤 4 次。

[11—12] 左脚上步，右脚旁点地，双手经过翻压腕到双托手，摇身点颤 4 次。

[13—14] 右脚上步，左脚旁点地，双手下落胸前按掌，摇身点颤 4 次。

[15—16] 左脚后退，右脚前点地，双手经过翻压腕左手胸前，右手三位，横向移颈。

第二遍音乐

[1—2] 右脚上步，左脚旁点地，双手下落胸前按掌位，摇身点颤 4 次。

[3—4] 左脚后退，右脚旁点地，双手经过翻压腕到托帽位，摇身点颤 4 次。

[5—6] 同 [1—2] 动作。

[7—8] 移动重心到左脚，右脚点地，双手经过胸前摊手到左边下颌，[8] 重复 [7] 动作，方向相反。

[9—10] 左脚后退，右脚前点地，双手经过穿手到头顶相叠，双手经过绕腕到平开手。如图 5-1-28 所示。

[11—12] 左膝半跪，双手做猫洗脸 2 快 4 慢 2 次。

[13—14] 拍右手左点肩经过绕腕向右穿出，[14] 重复 [13] 动作，方向相反。如图 5-1-29、图 5-1-30 所示。

[15—16] 右手前摊手，经过向里绕腕，曲臂架肘托下巴造型结束。如图 5-1-31 所示。

图 5-1-28

图 5-1-29

图 5-1-30

图 5-1-31

学习提示

1. 体会手位与动律之间的关系。

2. 眉眼与手位动作的和谐呼应。

艺术锦囊

1. 手鼓舞

手鼓舞，是以手鼓为伴奏的即兴舞蹈，后来逐渐发展成为技艺高超的舞蹈形式，流行于新疆各地。手鼓是维吾尔族古老的乐器之一。鼓框用桑木制作，呈扁圆形，单面蒙以羊皮、小马皮或驴皮，鼓框内侧缀有 30 余枚小铁环。手鼓舞多为女子独舞，只用一只手鼓伴奏，舞者能随鼓点的变化舞出不同的姿态。动作细腻，舞姿优美，眉眼传情，鼓点与舞蹈语言紧密结合，表演时充分运用各种旋转与腰部技巧，在手鼓自由应变的鼓声中塑造各种舞蹈形象。手鼓舞的内容大多表现劳动、生活中的欢乐情绪。

2. 经典鉴赏：独舞《摘葡萄》

1959 年在奥地利维也纳举行的第七届世界青年与学生和平友谊联欢节上，女子维吾尔族独舞《摘葡萄》，荣获舞蹈比赛金质奖章。《摘葡萄》原为阿吉热合曼编导的 5 人舞，后改编成独舞。

舞蹈表现了一位维吾尔族姑娘来到美丽的葡萄园，“赏—摘—闻—品”葡萄的喜悦场景，抒发了辛勤劳动后获得丰收，无比激动的心情。作品创新之处在于编导不是对劳动过程进行简单模拟，而是着眼于对人物思想感情的描绘，舞蹈中运用快速连续旋转等技巧，表现人物的情绪和心态。舞蹈中手鼓的鼓点伴奏也非常有特色，始终与舞蹈动作和谐统一，手鼓音乐快，舞蹈速度也快，手鼓音乐慢，舞蹈速度也慢，有时相反处理。手鼓音乐和舞蹈动作融汇一体，淋漓尽致地展现了姑娘在葡萄园中，一边劳动一边吃葡萄的情景和喜悦的心情。手鼓的伴奏，烘托了气氛，增加了舞蹈的艺术感染力。

学习笔记

学习笔记

任务拓展

1. 维吾尔族舞蹈的基本手位有________________________。
2. 手鼓舞的特点是________________________。
3. 小组合作，练习手位组合。
4. 运用已学的手位动作，模拟 4 个摘葡萄的动作。

效果检测

学习内容	学习重点	学习难点	我的收获	反思计划

任务 1.3　步伐组合

任务实施

赏一赏

请通过互联网搜索并欣赏舞蹈视频《哈密姑娘》，注意音乐节奏与舞蹈步伐的顿挫特点。

1. 这段舞蹈视频中有哪些元素我们学过？
2. 视频中舞蹈演员的舞步有什么特色？

交流：

节奏是舞步的灵魂，维吾尔族舞蹈舞步强调弱拍强处理的节奏特点。舞步练习，脚上走的不仅是动作，而且是节奏；舞姿转换，手上变化的不仅仅是手位，更是旋律。

“三步一抬”是维吾尔族舞蹈步伐中最经典、最有特色的舞步之一，也是最具有代表性的常用步伐。“三步一抬”学习要领：在垫步换脚动作的基础上，小腿向后快速踢，平稳中产生一瞬间的顿踢动感，身体协调、灵活、自如。动作时，把旋律的时值灌满。绕腕与抬脚有一定时间顿挫，要衔接自然，顿挫有秩。

1. 基本脚位

（1）正步位：双脚并拢站立，脚尖朝1点。如图5-1-32所示。

（2）八字位：在正步位基础上，双脚尖向2、8点打开。如图5-1-33所示。

（3）踏步位：左脚外开为主力腿，右脚后撤点地，膝关节贴住。如图5-1-34所示。

（4）点步位：在八字位基础上，左脚主力腿不动，右脚尖朝1点，脚尖点地。如图5-1-35所示。

> 温馨提示
> 自由步注意不要同手同脚哦！

> 温馨提示
> 横垫步移动时，注意不要像踏点步般上下颤动，重心在一条平行线上。

图5-1-32　图5-1-33　图5-1-34　图5-1-35　图5-1-36　图5-1-37

2. 基本步伐

（1）自由步：双脚并立，自然向前行进，双手斜下位随动，身体自然协调。如图5-1-36所示。

（2）横垫步：右腿脚跟及脚外缘碾步横走，左脚掌踏地同向平稳移动，保持身体重心平稳，一拍一步。如图5-1-37所示。

（3）进退步：正步或踏步位准备，右脚向前、后踏一步，左脚前脚掌原地踮步，重心保持在中间，平稳挺拔。

（4）一步一点：主力腿踏步蹲，动力腿向旁点出。

（5）三步一抬：右脚起向8点走三步，第四步左脚掌挠地小腿后踢，身体转向2点，后左脚朝2点，动作相同，方向相反。

（6）后退步：在微颤的基础上，双脚踏步向后退。

（7）踩横移步：右脚踏步，左脚跨一大步，后右脚前之字踏地。

> 温馨提示
> “三步一抬”注意动作前三步一拍一步，第四拍前半拍停滞，后半拍快速抬脚，起脚快而有力，有裙子飘扬的感觉。

学习提示

“三步一抬”学习方法——“四字”提示法

挺——“三步一抬”时，始终保持立腰、拔背体态特点。

弹——“三步一抬”时，主力腿膝盖要贯穿弹性颤动。

停——“三步一抬”时，第四拍要有一瞬间踢抬停顿。

动——“三步一抬”时，突出音乐“多附点”节奏型。

领悟“四字”策略提示法，三步一抬学习还可结合口令，先击掌唱出节奏，“咚嗒嗒—咚嗒—咚嗒嗒—咚嗒；踏—点—踏蹲—抬”，用简易的口令指挥步伐，做到协调自如。

想一想

1. 请你唱一唱“三步一抬”的节奏。
2. 你还有更好的方法快速学会“三步一抬”舞步吗？

交流：

学习笔记

练一练

体会“三步一抬”在舞蹈中的运用，注意眼神、表情，加强舞蹈表现力。

哈密姑娘

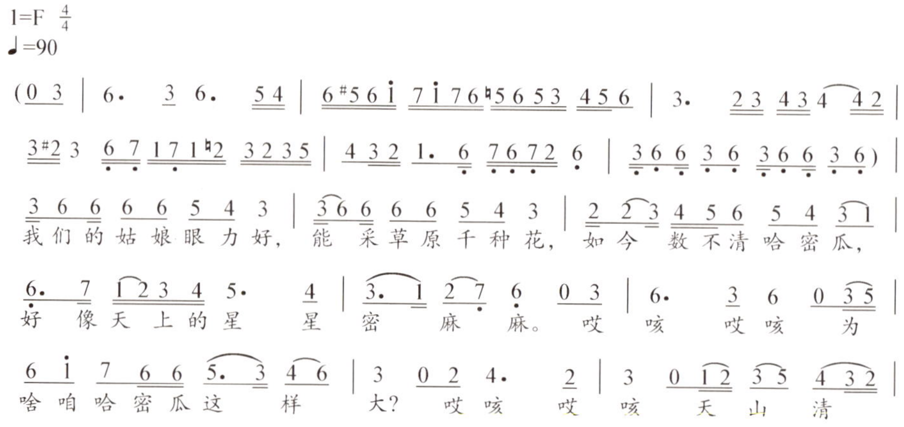

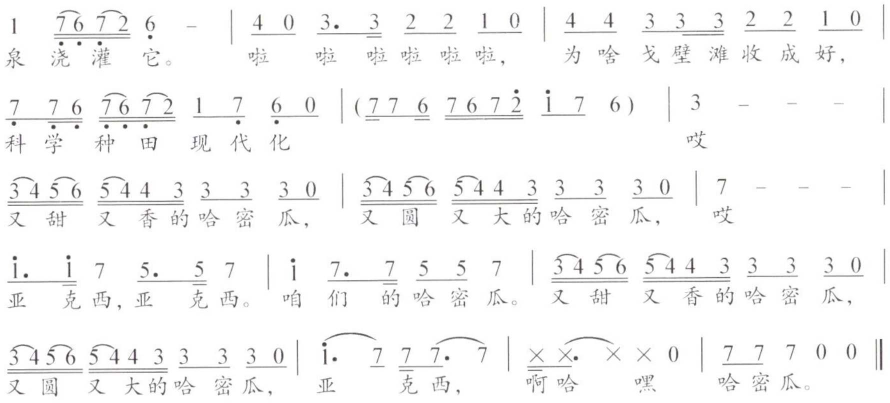

学习笔记

1. 练习目的

（1）明确“三步一抬”基本舞步动作要领。

（2）通过步伐训练，提高脚下舞步的灵活性和控制力。

（3）进一步加强体态、动律的训练。

2. 动作要求

前奏准备：[1—7] 自然位站立，双脚小八字打开，双手自然放于身体两侧。

第一段

[1] 右起半脚碎步 8 次，左单托帽。

[2] 前 2 拍右脚正步位踏步，右击掌，后 2 拍，右脚正步位踏步，右击掌，右后踏步位，左单托帽。

[3—4] 重复 [1—2] 动作。

[5] 重复 [1] 的动作。

[6] 身体转向 1 点，双手胸前交叉，右起半脚碎步 8 次。

[7] 右脚前点，身体前俯，双手斜下位摊手，后接右脚旁点，右单托帽。

[8] 接右脚旁点，右单托帽，保持舞姿不变，点颤 2 次；

[9] 重复同 [6] 小节动作；

[10] 小节右脚前点，身体前俯，双手斜下位摊手，后接右脚旁点，右单托帽，保持舞姿不变，点颤 2 次；

[11] 右脚正步位踏步，左击掌成右单移颈舞姿。

[12] 保持舞姿，右起移颈 8 次，同时慢蹲，最后 1 拍转身对 3 点。如图 5-1-38 所示。

图 5-1-38

[13—14] 重复 [11—12] 动作，方向相反。

[15] 脚下碎步右转 2 圈，右顺风旗转停至 8 点方向。

图 5-1-39

第二段

［16］右起三步一抬，左起三步一抬各 1 次。

［17］右脚 8 点方向前点，双手胸前掏手，身体微含，右单托帽，右脚旁点，保持舞姿，点颤 2 次。

［18—20］重复［15—17］动作，方向相反。

第三段

［21］右起原地踏步 2 次，体对 7 点，目视 1 点，左顺风旗位摊手，双手绕腕左手不变，右手胸前位，同时左转 1 圈。

［22］重复［21］动作。

［23］双手胸前交叉至平摊位，脚下碎步向 1 点跑，最后 1 拍回身向 7 点，右手点左肩，左手后背手。

［24］第 1 拍右吸跳落至左膝跪地，双手打开至平摊位，后左手右点肩，右后背手，低头含胸。

［25］胸前掏手，身体不变，右单托帽，同时右脚打开旁点，左膝保持跪地。如图 5-1-39 所示。

学习提示

1. 摊手、绕腕动作，摊出要慢，绕要快，运动路线要圆。

2. “三步一抬”速度稍快要跟上，步伐和动律要紧密配合音乐节奏。

学习笔记

艺术锦囊

1. 维吾尔族舞蹈节奏的审美特点

舞蹈节奏亦称舞律，它以舞蹈力度强弱、速度快慢、幅度大小等形成舞蹈特定的形式美。节奏是舞蹈重要的组成部分，赋予了维吾尔族舞蹈独特的风格和韵律美，也是维吾尔族舞蹈训练的重要因素之一。维吾尔族舞蹈在音乐中多采用切分附点节奏和在弱拍处给以强势的处理。如舞蹈动作中腕的“绕”、头的“挑”、“三步一抬”的“踢”等，都是在节奏的弱拍时做的，强化了舞蹈的民族风韵和特点。这些节奏动律特点与装饰性动作、呼吸、情感结合，形成了特定的舞蹈风格。

2. 经典鉴赏:《盘子舞》

《盘子舞》是维吾尔族表演性道具舞蹈，表现了维吾尔族人民在节日欢宴时的喜悦心情。1957 年在第六届世界青年与学生和平友谊联欢节上获民间舞比赛银质奖章。舞蹈共分三段：第一段为风趣、活泼的男女五人舞；第二段是优美、稳健的女子集体盘子舞和男女混合的群舞；第三段在五彩缤纷的舞裙飞旋和乐声、歌声、碟声、鼓声、铁环声交响共振的欢快中戛然而止。该舞集维吾尔族民间“盘子舞”“手鼓舞”“铁环舞”为一体，用北疆的麦西热甫舞曲伴奏，节奏欢快，气氛热烈，生活气息浓郁，民族色彩丰富，深受广大群众喜爱。

任务拓展

1. “三步一抬”的动作要领是＿＿＿＿＿＿＿＿＿＿＿＿＿＿＿＿。
2. 盘子舞的特点是＿＿＿＿＿＿＿＿＿＿＿＿＿＿＿＿＿＿＿。
3. 小组合作，练习《哈密姑娘》组合。

效果检测

学习内容	学习重点	学习难点	我的收获	反思计划

任务 1.4　幼儿维吾尔族集体舞

任务实施

赏一赏

请通过互联网搜索并欣赏舞蹈视频《旋》，观察这个舞蹈视频是谁表演的，舞蹈的表演形式有什么特点？

1. 幼儿维吾尔族集体舞有什么特点？
2. 舞蹈表演的形式是怎样的？

交流：……………………………………………………………………

……………………………………………………………………

……………………………………………………………………

……………………………………………………………………

幼儿集体舞是指全体幼儿共同参与的，在音乐的伴奏下，有队形变化并有人际交流的一种舞蹈形式。它有规定的队形要求，并有指定的位置，统一的动作，也有与同伴动作合作的部分动作。幼儿集体舞是幼儿园舞蹈教学中较难的一种组织形式。集体舞中幼儿要感受理解乐曲，还要学会记忆动作、掌握动作、表演动作，并要注意队形与同伴间的协调合作等。幼儿集体舞能培养幼儿的集体荣誉感和文明礼貌习惯，促进幼儿身心全面发展。

幼儿维吾尔族集体舞，就是将集体舞表演形式和维吾尔族的基本元素相融合，在轻快的维吾尔族音乐伴奏下集体表演的舞蹈。

肩前拍鼓：踏步半蹲，双肩平，体态挺拔，用铃鼓正面拍打左肩、右肩。如图 5-1-40 所示。

正上位摇鼓：踏步，单手直臂，正上位摇铃鼓。如图 5-1-41 所示。

踏点步：第 1 拍，右脚掌落地，双腿屈膝，左脚离地，第 2 拍，左脚半脚掌踮，重心上移，前后腿交替，重心相对平稳。

行礼位：女孩双手行礼，男孩单手行礼（如图 5-1-42 所示）。

温馨提示

踏步半蹲，保持后背的挺拔，正上位摇鼓，手臂要伸直。

温馨提示

踏点步注意重心上下起伏的平稳，不要有颠簸状。

图 5-1-40

图 5-1-41

图 5-1-42

学习提示

维吾尔族舞蹈对幼儿的美育价值

苏霍姆林斯基认为，美是道德纯洁、精神丰富和体魄健康的强大源泉。《3—6 岁儿童学习与发展指南》指出，每个幼儿心里都有一颗美的种子。舞蹈，以生动、活泼、形象、直观的美，给予幼儿美的熏陶和体验。

维吾尔族音乐充满动感的附点节奏、切分音，让音乐充满了动感朝气和民族韵味。经常聆听这样富有特色和生动的音乐，能潜移默化地培养幼儿的节奏感、律动感，让其体验感受舞蹈和音乐的美，由此，有助于培养幼儿积极向上、开朗乐观的个性心理和良好的艺术素养。

维吾尔族舞蹈语汇丰富多彩，通过“拍手、绕腕、移颈”舞蹈动作的学习，促进幼儿身体动作协调性和表现力。在舞蹈表演与合作中，满足幼儿情感的表达，集体舞蹈活动进一步提升幼儿审美表现和审美自信与美育素养。

维吾尔族舞蹈服饰、道具别具一格，拍一拍，舞一舞，能拓展幼儿艺术视野，使幼儿感受到民族舞蹈的美。

美学教育是提高人的思想品质、陶冶道德情操、净化心灵的重要教育方式。舞蹈能陶冶幼儿情操，激发幼儿对音乐、舞蹈的兴趣，养成良好、乐观的性格，是幼儿园实施美育的重要途径。

想一想

1. 维吾尔族幼儿舞蹈与成人舞蹈的区别是什么？
2. 幼儿集体舞的特点是什么？

交流：

学习笔记

练一练

请准备好铃鼓，让我们一起唱一唱、跳一跳，学跳幼儿维吾尔族集体舞，你准备好了吗？

唱唱跳跳新疆舞

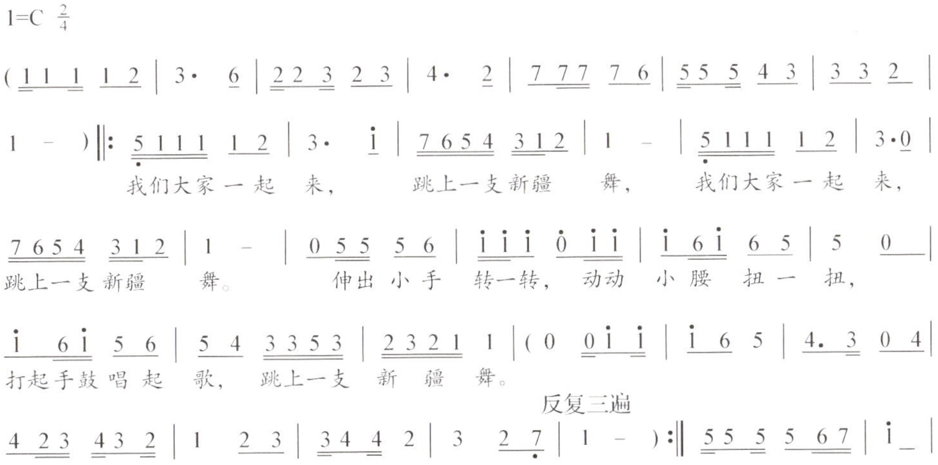

视频：幼儿维吾尔族集体舞
唱唱跳跳新疆舞

1. 练习目的

（1）初步了解幼儿集体舞的形式。

学习笔记

（2）能互相协作，表演幼儿维吾尔族集体舞。

（3）强化职业意识，提高示范表演能力。

2. 动作要求

前奏准备：［1—8］方形队列，男、女各一竖排，面朝1点，正步位站立，右手持铃鼓，双背手，2拍1次，左右摆头4次，最后2小节，低头行礼。

第一遍音乐

［1—2］前2拍，面朝1点，右脚上步成踏步位半蹲，左手叉腰，右手持铃鼓拍打左、右肩1次；后2拍，舞姿不变，踏步直立，右手正上位抖动铃鼓，下巴稍抬，身姿挺拔。如图5-1-43、图5-1-44所示。

［3—4］动作重复［1—2］。男、女同。

［5—6］动作重复［1—2］。男、女同。

［7—8］（女）右脚进退步1次，成踏步蹲，右手持铃鼓，掏手翻腕，成按掌托腮位，第8小节，舞姿不变，左右横向移颈4次；（男）动作重复［1—2］。如图5-1-45所示。

图 5-1-43

图 5-1-44

图 5-1-45

［9—10］（女）踏点步，左、右手依次8点、2点水平摊掌，后翻腕胸前位，2拍1次；（男）正步位，手臂动作和女孩一样。如图5-1-46所示。

［11—12］［13］左脚旁点位，同时，双手双托位，眼看2点上方，舞姿不变，摇身点颤2次；（男）胸前位、正上位拍鼓各2次，眼看女孩。

［14］（女、男）左脚踢抬踩脚，身体拧向 2 点，双手右耳侧击掌，后成右高左低托按掌位，眼看 1 点。如图 5-1-47 所示。

［15］［14—15］（女）第 1 拍保持舞姿，第 2 拍舞姿不变，移颈；（男）踏步蹲，肩前拍鼓。如图 5-1-48 所示。

图 5-1-46

图 5-1-47

图 5-1-48

间奏

［16—23］男生保持踏步蹲肩前拍鼓，女生正上位搭指，围舞伴逆时针绕一圈。如图 5-1-49 所示。

第二遍音乐

重复第一遍音乐动作。

间奏

动作女生蹲，双按位、顺风旗位拍打铃鼓，男生 2 步 1 踩，围女生顺时针绕一圈。

第三遍音乐

［1—2］（男、女同）第 1、2 拍八字半蹲，双手旁平位，第 3、4 拍，撤左脚成踏步位半蹲，胸前双按位。

［3—4］（男、女同）重复［1—2］小节动作。

［5—6］（男、女同）重复第一遍动作。

［7—15］两人同做夏克动作。

［16—23］两人拉手转圈一周，对视。

［24—25］男孩踏步蹲，女孩托帽位造型结束。如图 5-1-50 所示。

学习笔记

图 5-1-49

图 5-1-50

学习提示

1. 情绪投入，节奏合拍。

2. 间奏时注意两人动作、队形的配合。

学习笔记

艺术锦囊

大班教学设计:《唱唱跳跳新疆舞》

活动设计意图

《我们的大中国》主题教学活动之后，我发现班级幼儿在了解了各少数民族风俗后，对少数民族的舞蹈尤为感兴趣。幼儿对新疆维吾尔族舞蹈特别关注。因此在艺术活动欣赏环节中我对维吾尔族舞蹈做了详细的介绍。通过给幼儿观看维吾尔族舞的相关视频，使幼儿对维吾尔族舞蹈有了更深入的了解。与此同时，我还设计了《唱唱跳跳新疆舞》集体舞学习活动。

活动目标

（1）让幼儿感受维吾尔族音乐的特点及舞蹈风格。

（2）鼓励幼儿积极参与模仿、创编，体验集体舞蹈的快乐。

（3）初步学会欣赏维吾尔族舞蹈。

活动准备

维吾尔族舞曲音乐、舞蹈视频录像、PPT 课件、小铃鼓若干个。

活动过程

（1）律动音乐引入。

①让幼儿跟随维吾尔族舞曲的音乐边唱边跳，自由地进入活动教室。

②教师进行动作讲解，引入活动主题。

师：小朋友们，刚刚我们在进入活动室的时候你们发现老师都做了什么动作?你们知道这是哪个少数民族的舞蹈动作吗?它们又都代表

学习笔记

着什么意思呢?(教师示范做几个脱帽、移颈的动作)

(2)观看维吾尔族舞蹈视频，初步学习维吾尔族舞的基本动作。

师：小朋友们，今天老师还带来了一段维吾尔族舞蹈的视频，我们一起来看看他们都做了哪些漂亮的动作，跟着他们学一学、跳一跳吧!

①幼儿欣赏舞蹈视频，感受维吾尔族舞的独特风格。(例如，在维吾尔族舞中，许多动作都和他们的实际生活息息相关——摘葡萄、放盆子、运葡萄回家等一系列活动)

②让幼儿边听音乐边感受维吾尔族舞曲音乐的节奏特点。

师：刚才这个音乐的节奏是怎么样的?表达了一种什么心情?我们可以用哪些动作来表示?

教师边讲解边示范动作，让小朋友们一起学习新疆舞基本动作。(前后点步、踮步、托帽、摇头、移颈、翻腕等)

③教师分小节、分段进行动作示范讲解，幼儿模仿学习。

一是让幼儿跟随着维吾尔族舞蹈音乐分小节进行学习，教师巡回指导。

二是教师让幼儿跟随着分解动作进行模仿、练习。

三是教师对幼儿进行队形安排，并进行第一次合作表演。

四是幼儿进行集体表演，教师巡回指导。

(3)完整的集体舞表演。

师：刚才我们已经学了这么多漂亮的维吾尔族舞蹈动作，而且也知道了自己的站位，现在就让我们再来跟随着这个好听的音乐一起来表演一遍吧。

师：这一次老师再提高一点难度，老师不表演，请小朋友们一边听音乐，一边与同伴合作表演。我们来试试看。

(4)结束活动。

教师和幼儿一起做自己喜欢的维吾尔族舞蹈动作，边跳边出活动教室。

任务 2

傣族民间舞蹈

任务描述

彩云之南，孔雀之乡，那里江河纵横，绿树繁荫，蕴藏着得天独厚的美丽。傣族舞蹈那婀娜多姿的三道弯造型，凝聚了傣乡山川秀美、人文毓秀的独特光彩。傣族主要聚居在我国云南省西双版纳傣族自治州、德宏傣族景颇族自治州以及临沧耿马、普弭孟连两个自治县，那里依山傍水、四季如春。秀美的山水赋予了傣族舞蹈别具一格的南方色彩。

“三道弯”是傣族舞蹈的典型特征，它使舞姿呈逆方向 S 形，体现了东方韵味的雕塑美。双腿半蹲，重拍向下，小腿踢抬有力的屈伸动律，是傣族舞蹈的基本动律，使舞姿具有一种内在的含蓄稳健的力量美。亚热带气候、农耕文化、信仰小乘佛教，紧身上衣和长筒裙等服饰特点，赋予了傣族舞蹈刚柔并济、含蓄矫健的线条美和风格韵味。

“孔雀”“大象”“水”是傣族舞蹈中经常表现的形象。人们喜爱孔雀，把孔雀视为“圣鸟”，是美丽吉祥和幸福的象征；人们喜爱大象，把大象视为“神兽”，是劳动战争中的重要“助手”；人们喜爱水，把水视为“宁静、纯洁”的象征，傣族泼水节便是水文化特色。因此，“孔雀舞”“象脚鼓舞”“戛光舞”“鱼舞”“蜡条舞”等，都是傣族具有代表性、典型性的舞蹈形式。

孔雀舞。孔雀舞最早由男性表演，模拟孔雀的动态，如照影、饮水、展翅飞翔舞姿等。头戴塔形头盔和菩萨面具，身上系着竹片和绸带制作成的孔雀模型，表现孔雀林间散步、开屏等。后有女性表演，内容更加丰富，并成为舞台艺术。

象脚鼓舞。象脚鼓外形像象脚，音色别致，鼓点丰富。舞者身挎象脚鼓，将舞蹈动作和鼓点融合在一起。象脚鼓舞有大、中、小鼓舞，集体舞等形式，动作平稳，跳跃较少，双膝在半蹲状态弯曲中屈伸、动作，重拍向下，以屈伸带动身体颤动和左右轻摆；脚多为后踢，踢起时快而有力，落地时轻而稳。

今天，让我们一起走进美丽的傣乡，赏一赏、学一学、想一想、练一练婀娜多姿的“三道弯”，学跳美丽的傣族舞吧！

任务 2.1　屈伸动律

任务实施

赏一赏

请通过互联网搜索并欣赏经典舞蹈视频《雀之灵》。舞蹈给你怎样的感觉，舞蹈的美体现在什么地方？

1. 傣族舞蹈和维吾尔族舞蹈动律有什么区别？
2. 傣族舞蹈的体态造型有怎样的特点？

交流：

学习笔记

如果说“三道弯”是傣族舞蹈最典型最具特色的造型美，那么“屈伸动律”就是傣族舞蹈舒缓祥和、典雅稳健、含蓄美的学习关键，是傣族舞蹈学习的核心。它连续不断始终贯穿在动作之间，具有内在韧性，是傣族舞蹈生命力的体现。

傣族“屈伸动律”是指膝关节舒缓的柔美屈伸，形成自下而上的动力，并通过屈伸传送到胯部、腰部以及身体各部位，形成静态、动态的“三道弯”韵律。

“屈伸动律”练习时，下肢保持半蹲，重拍向下，膝关节柔和地起伏屈伸，并协调上身进行左右前后摆动；同时，脚部快速有力地向后踢抬，随之轻轻落地，干净利落，轻缓稳健，节奏连绵不断，就像水，温和而灵秀。

1. 基本体态

（1）躯干三道弯：胸、胯、膝三关节同时弯曲。如图 5-2-1 所示。

（2）手臂三道弯：肩、肘、腕三关节同时弯曲。如图 5-2-2 所示。

（3）腿部三道弯：胯、膝、脚三关节同时弯曲。如图 5-2-3 所示。

图 5-2-1

图 5-2-2

图 5-2-3

温馨提示

前、旁点位注意重心稳定，动力腿与主力腿间距适宜。

2. 基本脚位

（1）前点位：主力腿屈膝半蹲，动力腿朝 1 点上步屈膝半蹲。如图 5-2-4 所示。

（2）旁点位：主力腿屈膝半蹲，动力腿旁点丁字位，立半脚掌。如图 5-2-5 所示。

（3）侧后位：主力腿屈膝半蹲，动力腿侧后位点地，膝关节内靠。如图 5-2-6 所示。

温馨提示

快踢慢落，动律起伏时，上身不要前俯后仰。下肢向后勾踢步力量与胯部、腰部、头部动作之间形成静态、动态三道弯，注意节奏起伏均匀、动律协调优美。

图 5-2-4

图 5-2-5

图 5-2-6

3. 基本动律

腿部保持半蹲的基础上，重拍向下，双膝做屈伸动律，屈伸时带动身体颤动和左右轻摆，同时，小腿后踢，踢时快而有力，落脚时稳而轻巧，全脚掌平稳着地。

学习提示

“屈伸动律”的学习方法——三步递进法

第一步：溯源启迪

筒裙的摆动

傣族人民生活在风光秀丽的亚热带地区，炎热的气候，决定了傣族姑娘身着紧身上衣，穿筒裙的服饰特色。筒裙的设计限制了劳动、生活以及民间舞蹈步伐的幅度，因而傣族舞蹈基本动律以慢蹲快起的屈伸为特色，没有太大的起伏，舞步显得非常典雅优美。

水波的连绵

傣族人民喜欢水，他们居住在河谷坪坝的临水地区，心态如水般安恬、温静，被称为“水一样的民族”。水的清纯和水波轻柔地流淌，都化为他们安详、舒缓、连绵不断、均匀的舞蹈动律，反映了他们对劳动生活的态度，对环境审美的情趣。

第二步：双腿屈伸

双腿正步位准备，单一练习膝关节上下柔和地屈伸，重拍向下，发力点在小腹，气息上下贯通，刚柔并济。可以变化速度、节奏练习，以加强身体屈伸的柔韧，感受内含柔中带刚的韵律体会。

第三步：移动体验

保持正步位半蹲舞姿，重拍向下，在 2/4 拍连绵不断的均匀节奏中，膝部的屈伸带动身体上下颤动和左右轻摆，横摆动律要求胯部带动下弧线成三道弯姿态，先正步位交替练习，再前后移动和转换方向练习，注意上下肢与身体动作的协调。

想一想

1. 傣族舞蹈体态“三道弯”的要求是什么？
2. 傣族舞蹈体态动律的成因是什么？

交流：..

....

....

....

练一练

通过《傣韵悠悠》组合练习，进一步体会身体韵律的协调性。练习时，注意不要与藏族舞蹈的颤膝动律以及汉族民间舞东北秧歌后踢步动律相混淆；向后勾踢步力量与胯部、腰部、头部动作之间注意“起伏均匀、动律协调”。

傣韵悠悠

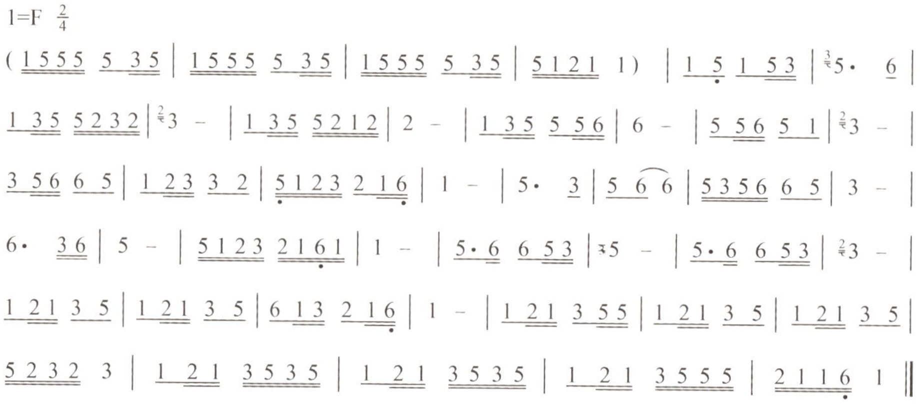

视频：傣族舞动律组合 傣韵悠悠

学习笔记

1. 练习目的

（1）理解傣族舞蹈“三道弯”体态以及屈伸动律的要求。

（2）体验屈伸动律与后踢步重起稳落之间的要领。

（3）感受傣族音乐与动作的和谐之美。

2. 动作要求

前奏准备：［1—4］正步位站姿，第 3 小节，上手两侧由斜下位经旁平位再到斜上位托掌，再盖章至体前斜下位。

［1—4］准备位舞姿，屈伸动律 2 次。如图 5-2-7 所示。

［5—8］动作同上，重复一次。

［9—10］舞姿不变，2 拍 1 次屈伸，4 次。

［11—12］动作同上，重复一次。

［13—14］舞姿不变，2 拍 1 次，后踢步屈伸动律。

［15—18］屈伸动律配合身体三道弯体态，左右横摆，2 慢 4 快。如图 5-2-8 所示。

［19—22］动作同上，重复一次。

［23－26］朝 2 点方向后踢步 6 次，双手托掌，最后 2 拍成右旁点位身体三道弯，保持舞姿，屈伸动律 1 次。如图 5-2-9 所示。

［27－30］动作同上，重复一次，往后退。

［31－34］后踢步拧身顺时针自转 1 周。如图 5-2-10 所示。

［35－38］动作同上，反转 1 周，最后体前斜下位按掌结束。

图 5-2-7

图 5-2-8

图 5-2-9

图 5-2-10

学习提示

1. 屈伸动律要体会呼吸与内在的韧劲。

2. 体态三道弯注意动作的规范、协调。

学习笔记

艺术锦囊

知识拓展

1. 舞蹈与生活

傣族是古老的民族，傣族民间舞源自生活，与自然环境、地理气候、生活习惯与传统文化息息相关。

（1）“天人合一”的思想。

傣族人民信仰小乘佛教，这种宗教信仰影响着人们的劳动生活。他们有原始崇拜、万物有灵的观念，也有农耕文化“天人合一”的思想。他们对大自然都非常亲切，孔雀舞、鱼舞、象脚鼓舞、蜡条舞等，都体现了这种人与自然的和谐。傣族人民平和、善良，人与人交往也充满了和谐与融洽，这也折射反映在了民间舞蹈中，形成了舒缓、温和的舞蹈动律。

（2）劳动生活的印记。

亚热带气候和地理环境使傣族人民特别喜爱水，“泼水节”是傣族的新年，寓意驱除疾病灾难，迎接幸福与吉祥。傣族舞蹈体态造型的“三道弯”“一顺边”则源自高原地区人民的劳动生活，他们担水、

学习笔记

挑谷、扬场等劳动时的步态、形体和动态，形成了傣族特有的舞蹈造型。

傣族舞蹈充分体现了农耕文化印记下恬静安逸、灵秀多彩的民族性格和气质。

2. 舞蹈名家

刀美兰（1944—　），傣名蝶提娜，著名舞蹈家。出生于西双版纳傣族自治州景洪市，自幼深受傣族传统舞蹈的熏陶。小时候，幼小的刀美兰就常常被佛寺里丰富多彩的美丽壁画吸引，她常常独自一人呆立在壁画前，一面看，一面想，一面模仿壁画中各种栩栩如生的姿态。傣族织锦大象、孔雀、佛塔等各种各样的绣图，也让她爱不释手。她的表演淳朴自然、委婉细腻，舞姿轻柔。她成功地在《召树屯与楠木诺娜》剧中创造了孔雀公主形象，这不仅开创了女子孔雀舞的先河，而且对表演形式做了革新，去掉了面具，显出了“公主”美丽的真容，享誉全国，被誉为“傣家的金孔雀”。

任务拓展

1. 身体“三道弯”的要求是____________________。
2. 傣族基本动律要做到____________________。
3. 练习基本动律组合，体会其动律特点。

效果检测

学习内容	学习重点	学习难点	我的收获	反思计划

任务 2.2　手位组合

任务实施

赏一赏

请通过互联网搜索并欣赏经典舞蹈视频《彩云之南》，谈谈舞蹈作品带给你的感受。

1. 傣族舞蹈手形有什么特点？

2. 傣族舞蹈的体态造型给人一种怎样的美？

交流：

学习笔记

傣族舞蹈的手形、手位千姿百态，非常富有特色，主要模拟孔雀开屏、嬉水照影的一举一动提炼、美化而成。手臂三道弯要求肩、肘、腕三关节同时弯曲，同时结合手形，使动作栩栩如生。“傣族手位”是孔雀的语汇的再现。

“傣族手位”的学习难点在于“手眼配合，传情达意”。“手臂三道弯”的学习难点在不同的高、中、低空间姿态的准确性，眼与手位动作的配合；手位动作与身体、下肢屈伸动律、三道弯体态配合的协调性。注意气息的应用。

1. 基本手形

（1）掌形：四指并拢，虎口张开，拇指稍向内，手指与手掌用力伸展，手指向上翘。如图 5-2-11 所示。

（2）爪形：食指与拇指相对，形成一个“爪”字形，其余三指伸直，手形仿若孔雀爪状。如图 5-2-12 所示。

（3）冠形：食指与拇指相对，指尖相靠，形成环状，其余三指像扇形张开，手形好像孔雀头，伸直的三指仿若孔雀的羽冠。如图 5-2-13 所示。

温馨提示

做爪形与冠形时，其他三指必须尽量伸直上翘。

学习笔记

（4）嘴形：在冠形张开三指的基础上，食指与拇指成尖尖的嘴形。如图 5-2-14 所示。

（5）叶形：拇指伸直与食指相靠，其余四指成扇形，使手掌外沿向上翘，仿若椰子树叶状。如图 5-2-15 所示。

（6）曲掌：四指并拢稍屈，拇指伸直，虎口张开，成掌心向上，仿若曲掌状。如图 5-2-16 所示。

图 5-2-11

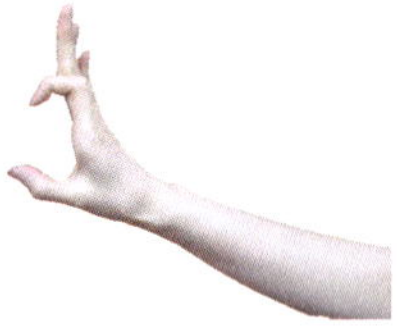
图 5-2-12

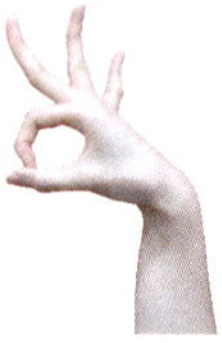
图 5-2-13

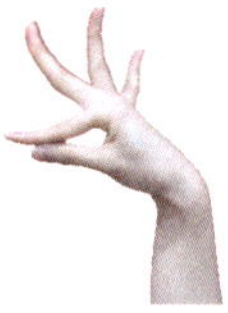
图 5-2-14

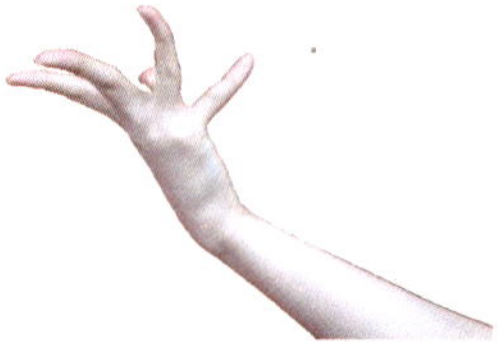
图 5-2-15

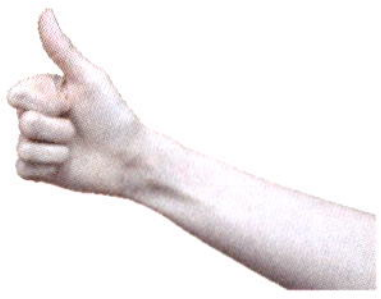
图 5-2-16

2. 基本手位

（1）低展翅：一手在体侧屈肘，手臂弯曲，立掌，另一手在左胯骨旁曲肘弯臂，掌心向下，手腕向下按。有单低展翅、双低展翅。低展翅有立掌和横掌两种手形。如图 5-2-17 所示。

（2）平展翅：双臂侧平举，稍弯臂，立掌，手心向外，有单平展翅、双平展翅。如图 5-2-18 所示。

（3）高展翅：一手在斜上方屈肘弯臂，托掌，另一手在右胯旁屈肘弯臂，掌心向下，手指对胯前。如图 5-2-19 所示。

温馨提示

手背不要拱起来。

图 5-2-17

图 5-2-18

图 5-2-19

图 5-2-20

（4）侧展翅：右手按掌位立掌，左手山膀位立掌，也可提腕。如图 5-2-20所示。

（5）顺展翅：双臂在顺风旗位，一臂在头顶做托掌，另一臂在山膀位立掌，也可提腕。如图 5-2-21 所示。

（6）双合翅：双手托掌位上提腕，腕相对。如图 5-2-22 所示。

（7）双抱翅：双臂屈肘弯臂交叉于胸前，立掌，掌心相对。如图 5-2-23 所示。

（8）合抱翅：一臂上举屈肘，另一臂屈肘于胸前，提腕式。如图 5-2-24 所示。

温馨提示

准备一块白幕，通过投影，玩一玩影子游戏，使舞蹈动作更栩栩如生哦！

学习笔记

图 5-2-21

图 5-2-22

图 5-2-23

图 5-2-24

3. 手的动作

（1）翻腕：先曲掌，由里往外转腕成立掌，再由外向里翻腕成曲掌。或先立掌，由外向里翻腕成曲掌，再由里往外转腕成立掌。

（2）掏手：由里向外双手掏出，也可交替做。

（3）柔手：双手自腕关节有韧性地提起，并逐关节呈波浪形向指尖推进。

（4）推拉手：一双手同时向外曲掌推出，立掌拉回。

学习提示

“傣族手位”的学习方法——三步递进法

第一步：影像模拟体验法

运用白幕影像，光束投影产生的剪影效果，通过趣味性游戏学习，模拟孔雀造型，准确提炼，体验傣族手形、手位，使动作学习更形象和直观。

第二步：镜子互助指导法

两人相对，互相检查手位动作是否规范，发现问题、解决问题，互助指导，共同进步。

第三步：集体渐进练习法

从单一到手、腿、身体的配合，从口令到音乐的配合，注意眼与手的配合，节奏的抑扬顿挫。

学习笔记

想一想

1. 说说傣族民间舞手位形成的原因。
2. 试用铅笔画两幅傣族民间舞造型图。

交流：

视频：傣族手位组合 月光

练一练

静谧、柔美的月光下，体会手位动作与身体起伏律动以及静态、动态三道弯。

月光

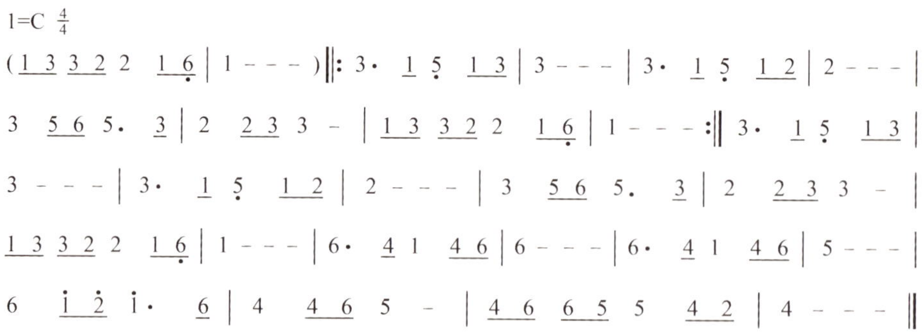

1. 练习目的

（1）明确手臂“三道弯”的动作要求。

（2）掌握手位动作与体态“三道弯”的配合。

（3）感受傣族音乐与动作的和谐之美。

学习笔记

2. 动作要求

前奏准备：[1—2] 正步位跪坐。双手掌形手，曲臂于体侧，手心向下，面朝 1 点准备，第 2 拍双手合掌，行礼。

第一遍音乐

[1—2] 坐姿不变，前 4 拍曲掌，后 4 拍，翻腕出左胯成身体三道弯造型，翻腕成右单平展翅，身体起伏一次。如图 5-2-25 所示。

[3—4] 动作相同，方向相反。

[5—6] 前 4 拍曲掌，翻腕右高左低高展翅托掌，身体起伏一次。如图 5-2-26 所示。

[7—8] 动作同 [5—6]，方向相反。

第二遍重复

[1—2] 前 4 拍和第一遍音乐相同，后 4 拍，右高左低成顺展翅，屈伸动律 1 次。如图 5-2-27 所示。

[3—4] 动作同上，方向相反。

[5—6] 曲掌翻腕成双合翅，跪立。

[7—8] 前 4 拍，双手曲掌翻腕成双合翅，后 4 拍，双掏手，展胸腰，动律起伏 1 次。如图 5-2-28 所示。

第三遍音乐

[9—10] 双手指尖相对上下拨动，如月光银辉洒下，顺展翅 1 次，动律起伏 2 次。如图 5-2-29 所示。

[11—12] 重复 [9—10] 动作，方向相反。

[13—14] 右腿起成正步位屈膝，双手耳旁拨动指尖。

[15—16] 旁丁字点步，侧展翅，提腕手。

[17—18] 右脚起交替向 3 点方向走 2 步，身体呈流动的三道弯，双手朝 2 点斜下位、斜上位曲掌翻腕 2 次。如图 5-2-30 所示。

[19—20] 重复 [17—18] 动作，方向相反。

[21—22] 勾踢步，右高展翅，原地自转一周。

[23—25] 左脚屈，右脚斜后位靠步，成右手托掌，左手按掌，仰头看月光，仿若月光照抚在身上。如图 5-2-31 所示。

学习提示

1. 手位动作衔接自然、连贯。

2. 组合练习时体会静止的三道弯和流动的三道弯。

图 5-2-25

图 5-2-26

图 5-2-27

图 5-2-28

图 5-2-29

图 5-2-30

图 5-2-31

学习笔记

艺术锦囊

1. 舞蹈名家

杨丽萍，云南大理人，白族，自幼酷爱舞蹈。从小受到少数民族舞蹈艺术的熏陶，表现出良好的舞蹈天赋。杨丽萍最爱孔雀舞。她热爱大自然的一切，一切有生命的、无生命的，在舞蹈家眼里都是可爱的。她把对大自然的爱都凝聚在她的舞蹈创作中。代表作有《雀之灵》《雨丝》《火》《两棵树》等，还有《云南印象》《藏谜》《十面埋伏》等舞剧。

2. 经典鉴赏:《雀之灵》

《雀之灵》是杨丽萍创作的经典作品。1986 年，在第二届全国舞蹈比赛中，获编导、表演一等奖。作品描绘了一只晶莹洁白的白孔雀，在晨曦中漫步溪水边，“照影、梳理、寻觅、戏水、飞舞、展翅”等情景，通过孔雀形态的模拟，展现了一曲生命的颂歌。该作品的特点在于不仅仅是单一传统孔雀舞的模拟，杨丽萍在傣族民间舞蹈基本的动律基础上，创造性地继承与发展，注入现代意识，充分运用细腻的指、手、腕、臂的动作和肩、胸、腰各关节的伸缩与延展，使舞姿更具有意向和生动的张力，由此，表现了生命的复苏和对生命的无限深情。同时，该作品引发观众的情感共鸣，显露了用舞蹈表现祈盼和平、幸福、吉祥的心声。作品构思巧妙，富有节奏感和画面感，使舞蹈具有强烈的艺术张力。

学习笔记

任务拓展

1. 傣族手形有________________。
2. 傣族手臂三道弯要求________________。
3. 试用线条画出傣族手位图。

效果检测

学习内容	学习重点	学习难点	我的收获	反思计划

任务 2.3 步伐组合

任务实施

赏一赏

傣族对水有着深厚的感情，泼水节是他们的重要节日。请通过互联网搜索并欣赏舞蹈《打水的姑娘》，感受傣族姑娘典雅柔美的气质。

1. 这段舞蹈视频情绪是怎样的？
2. 作品表现了怎样的舞蹈形象？

交流：________________

____

____

____

“平步”是傣族舞蹈步伐学习的敲门砖，也是舞蹈学习的核心关键步伐，掌握了平步的规律，能更好地体验傣族舞蹈舒缓、祥和、具有内在韧劲的动律。

温馨提示

后踢步要快起轻落。双膝有韧劲地屈伸，弱拍直膝的同时，左脚快速向后踢起，强拍时左脚落。

温馨提示

踮步行进动作要平稳、轻盈，与手的动作配合要自然、协调。

“平步”要求：沉—踢—摆—稳。沉，重拍向下；踢，勾踢有力；摆，左右摆胯；稳，落脚稳定。“平步”练习做到沉稳含蓄。

“平步”学习难点在于“上下配合，动律协调”，身体起伏、屈伸动律的贯穿协调；上下肢勾勒的动态、静态三道弯体态的协调；重心的平衡与节奏的控制。

1. 基本步伐

（1）平步：正步准备，双手叉腰，双膝有韧性地一步一屈伸，左右交替向前、向后走。胯随重心的移动而左右摆动，向后踢腿时要快而有力，落脚要轻而稳。

（2）踮步：右脚全脚落地，左脚前脚掌点地，用踮地的脚推动右脚向前迈步，可双脚交替进行，保持均匀而柔和的屈伸动作。

（3）之字走步：右脚屈伸，迈落在右脚前一脚距离成之字位慢压屈膝，重心移至前。

学习提示

“平步”学习方法——三步递进法

第一步：单一体验法

配合手的动作，进行单一舞蹈步伐的训练，体会动作要领，强化动作的协调和规范性。

第二步：短句练习法

重点把握上肢与下肢舞步的配合协调，强化体验动态的三道弯。

第三步：组合练习法

从单一到短句，再从短句练习到组合练习，体会音乐情绪，综合提升身体协调和表现能力。

想一想

1. 傣族后踢步与汉族后踢步的区别是什么？

2. 体态动律和步伐之间有什么关系？

交流：

练一练

《打水的姑娘》是一个表演性组合，组合中包含了傣族舞步、体态、手位以及情景表演，能提高我们的表演能力，一起来体验吧！

打水的姑娘

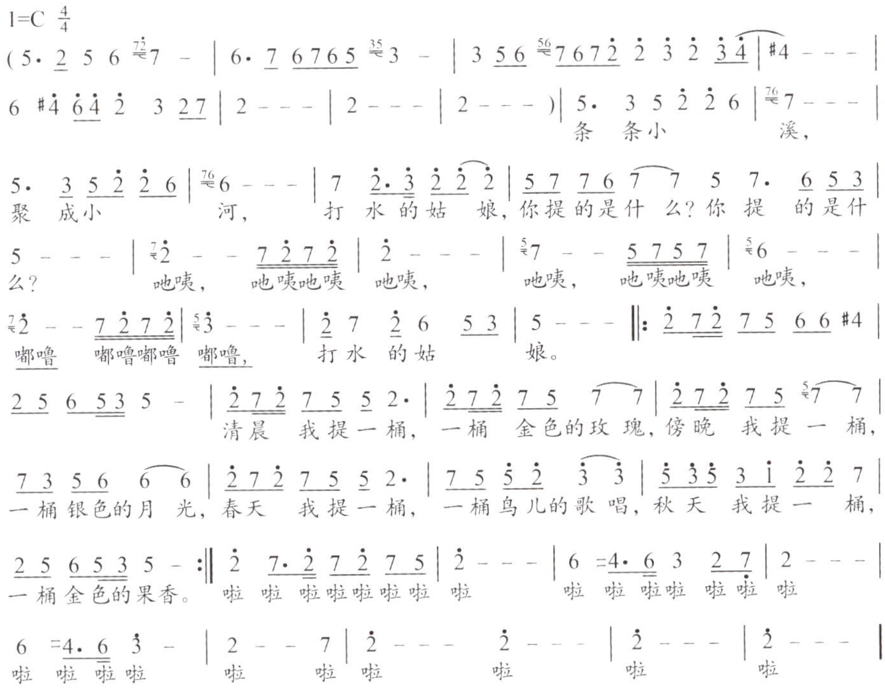

1. 练习目的

（1）进一步深入体会傣族舞蹈的风格特点。

（2）通过平步、靠步和手位动作的协调，提高身体表现力。

（3）体验人物的情绪情感，感受傣族舞蹈的韵律美。

2. 动作要求

前奏准备：［1—8］3 点方位场外准备，体对 5 点，提裙位圆场步出场至舞台中间，左脚靠步，提裙手胯右靠，身体微左倾。

第一段音乐

［1—2］第 1 小节，双手胯旁提压腕 1 次，左脚向 3 点方向半蹲迈步，左臂旁平位微曲，掌形指尖上翘，右臂曲臂别于头后，视 4 点，同时右脚并步至踏步位，体对 6 点，左腿直立；第 2 小节，保持姿态，颤膝 4 次。如图 5-2-32 所示。

图 5-2-32

学习笔记

［3—4］双手胯旁提压腕 1 次，右脚向 7 点方位半蹲迈步，转体对 3 点，胯旁勾手，身体前俯，展胸抬头，视 3 点。如图 5-2-33 所示。

图 5-2-33

［5—8］转体对 1 点，重复［1—4］动作。

［9—10］体对 1 点，左起勾踢步 4 次，双臂下位随身体前后摆动。

［11—12］左单抱翅，同时右脚靠步，颤膝 4 次。

［13—16］动作重复［9—12］，方向相反。

间奏

［17—18］体对 1 点，双撩手经左转体至 5 点，双手掌形，指尖朝上打开至旁平位，小臂微曲，同时脚下半脚碎步，跑至 5 点。

第二段音乐

［19—20］转体至 1 点方位，右脚勾抬步 4 次。

［21］体对 2 点方向斜下，身体前俯，左手经下弧线追鱼手至 2 点斜下位，同时右脚起跳向 3 点方向平脚碎跑。

图 5-2-34

［22］左手掌形经 3 点方向撩手翻腕至单按手位，右手掌形翻至托手位，头右倾，同时左脚向 3 点方向踏步半蹲，颤膝 3 次。如图 5-2-34 所示。

［23—24］动作重复［19—20］，方向相反。

［25］动作重复［21］，方向相反。

［26］体对 2 点向 8 点方向留旁腰，头左倾，视 8 点，右单展翅，同时右脚向 4 点方向迈步至左靠步，颤膝 3 次。

［27—28］向 5 点跑，后转身至 1 点。

［29—30］右勾抬步 2 次，左勾抬步 2 次。如图 5-2-35 所示。

图 5-2-35

［31—32］双手掌形，指尖朝上打开至旁平位，小臂微曲，同时脚下半脚碎步，经左转身跑至 5 点方向。

［33—35］左手胯旁掌形按手，右手掌形旁平位托手，小臂微曲，右侧旁腰，仰头视正上位，左脚主力腿微曲，右脚旁点步旋转。

［36］1 点落至体对 7 点，双手掌形，右臂前平位小臂弯曲上

翘，左臂拉至胯旁压腕，双膝半蹲，左脚半脚掌点地。

艺术锦囊

鱼舞

傣族称鱼舞为“嘎巴”，表现鱼儿在水中自由自在畅游的形态，舞蹈轻盈活泼，舞者学着鱼儿划水、摆鳍，充分体现了体态三道弯的柔美。鱼舞一般为独舞，舞者身上套鱼形服饰起舞。鱼舞比其他傣族民间舞更为柔和、细腻，灵巧而活泼，主要表现在起伏、柔和的屈膝半脚掌碎步动作上，小跳敏捷活泼，时而表现鱼儿在水中漫游，时而表现鱼儿戏水或与急流搏斗，常采用全脚或半脚掌屈膝碎步行走或小跳等跳跃性动作，形象生动逼真。

学习提示

1. 舞姿准确，形象生动，表现傣族女孩柔美活泼的性格。

2. 快板动作要灵巧富有节奏感，空中姿态有瞬间停顿造型。

任务拓展

1. 傣族舞蹈步伐最大的特点是________________。

2. 傣族腿部三道弯要求________________。

3. 小组合作，表演傣族群舞《打水的姑娘》。

效果检测

学习内容	学习重点	学习难点	我的收获	反思计划

任务 2.4　幼儿傣族表演舞

任务实施

赏一赏

六一儿童节快到了，实验幼儿园大一班的老师和小朋友们想让你们帮助编一个傣族幼儿表演舞，你们能帮助他们吗？

1. 幼儿园老师和小朋友给我们布置了什么任务？

2. 你们有什么计划，打算怎么做？

交流：____

____

____

____

温馨提示

注意双腿屈膝，身体前倾时，后背不要驼背。

温馨提示

孔雀尖尖嘴形对着自己，仰头，手臂三道弯。

温馨提示

可以启发幼儿自由创造孔雀栖息的舞姿。

幼儿表演舞，幼儿表演性舞蹈题材广泛、内容丰富，是幼儿通过动作和表情，来充分表达舞蹈作品主题、内容和情感的舞蹈。幼儿表演舞反映幼儿生活和审美情趣，深受幼儿喜爱。它一般由主题、结构、情节、角色、舞台调度、舞美设计和舞蹈服饰组成，有一定的艺术性和可欣赏性。幼儿表演舞有利于激发幼儿欣赏、参与舞蹈活动的兴趣与爱好，有一定的思想教育和情感培养的作用。

幼儿傣族表演舞是指具有傣族民间舞风格特色的幼儿舞蹈，舞蹈音乐、动作元素、人物形象以及服饰道具都具有傣家风味与特色。

1. 孔雀抖翅：身体前倾，两臂夹于体侧，嘴形手，指尖抖动，仿若孔雀抖动羽翅。如图 5-2-36 所示。

2. 孔雀展翅：旁点位，高展翅，尖尖的嘴形手朝自己的脸，仰头展胸。如图 5-2-37 所示。

3. 孔雀比美：左腿屈膝，右脚旁点位勾脚，脚后跟点地，可左右交替。如图 5-2-38、图 5-2-39 所示。

4. 孔雀栖息：右脚跪坐，左脚膝关节着地，绷脚抬小腿，双手嘴形手正上位，仰头看手。如图 5-2-40 所示。

图 5-2-36

图 5-2-37

图 5-2-38

图 5-2-39

图 5-2-40

学习提示

民族舞蹈元素在幼儿艺术教育中的作用

舞蹈是幼儿艺术领域的重要组成部分，在五大领域整合和融合中，具有独特的作用。《幼儿园教育课程标准》指出："要立足于我国民族、民间艺术的学习，尤其要充分利用不同区域的文化资源，同时初步接触不同地区、民族的艺术视野。"

只有民族的才是世界的，课程具有文化传承功能。在幼儿园艺术教育中融入丰富的民族舞蹈元素。如"泼水节"独具民族特色的主题活动中，听傣族"孔雀公主"的故事，看展示的傣家风光视频，学傣族三道弯体态，跳傣族基本舞步，穿傣族特色民族服饰，认识象角鼓等乐器，让幼儿感受傣族节日喜庆的气氛，激发幼儿学习参与的兴趣与艺术潜能。同时，让幼儿了解民族风土人情、风俗生活。由此，开启幼儿从小了解民族艺术文化特色的一扇窗，开阔幼儿艺术视野，丰富幼儿民族文化知识，提高幼儿艺术审美能力，培养幼儿爱祖国、爱家乡的情感，促进幼儿身心全面和谐发展。

想一想

1. 傣族幼儿表演有什么特色？
2. 尝试编 4 个适合幼儿的孔雀舞姿。

交流：

视频：傣族幼儿表演舞 金孔雀轻轻跳

学习笔记

练一练

分组合作表演舞蹈《金孔雀轻轻跳》，教给幼儿，争做优秀的小老师，一起行动吧！

金孔雀轻轻跳

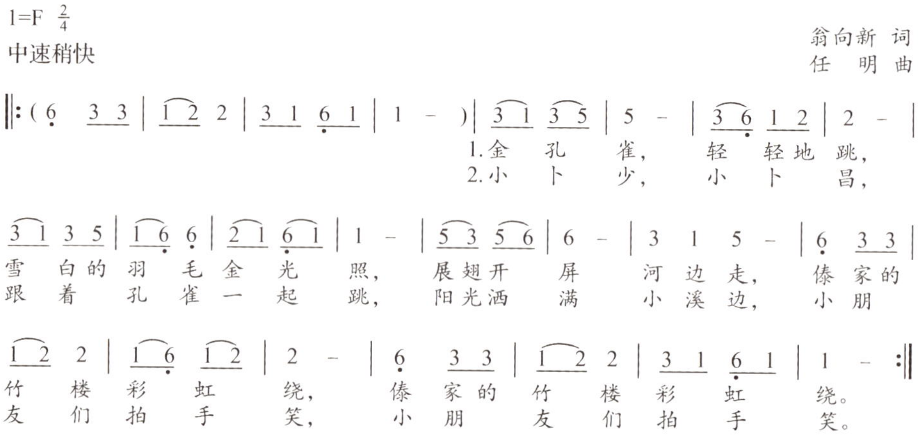

1. 练习目的

（1）理解幼儿傣族表演舞的特点。

（2）能较好地表演幼儿傣族舞蹈。

（3）知幼儿、爱幼儿，提升职业素养。

2. 动作要求

前奏准备：［1—4］不同舞姿孔雀造型准备。如图 5-2-41 所示。

最后 4 拍“孔雀抖翅”飞成三角形队形。

第一遍音乐

［1—2］“孔雀展翅”舞姿，左右各 1 次。

［3—4］双手体侧提腕，展翅飞上下，小跳靠步左右各 2 次，头随动，模拟孔雀跳。如图 5-2-42 所示。

［5—6］平步 8 步，双臂从低展翅至高展翅抖动羽毛，三角形变成二横排队形。

［7—8］小碎步，自右向左原地飞转 1 圈。

［9—10］小碎步 3、7 点移动，前后两排方向交错，同时双手由低展翅至双合翅仿若孔雀飞的姿态，3、4 拍右腿主力腿微屈膝，左腿勾抬，双手落至低展翅，看 2 点上方。

学习笔记

［11－12］重复［9－10］动作，方向相反。

［13－14］前 2 拍，平步右转圈，高展翅，成一斜排。

［15－16］第［15］小节，成“孔雀比美”舞姿。

［17－18］平步左转圈，高展翅。

［19－20］密集二横排于舞台中间，第一排跪坐，第二排跪立，成“孔雀栖息”舞姿。如图 5-2-43 所示。

间奏：［1－4］队形动作不变，上下起伏 1 次，最后 2 拍，成“孔雀栖息”舞姿。

图 5-2-41

图 5-2-42

图 5-2-43

第二遍音乐

［1－2］男孩从 7 点方向出场，和女孩呼应招手，后吸腿跳单平展翅。

［3－4］男孩成“孔雀比美”舞姿，女孩飞成竖排。

［5－8］女孩单、双数分别向 3、7 点打开成勾脚点地，双手平展翅抖翅，外高内低，眼睛互相看。如图 5-2-44、图 5-2-45 所示。

［9－12］男孩从女孩两竖排中间由 5 点跑至 1 点前，女孩舞姿队形不变，抖动羽翅。

图 5-2-44

图 5-2-45

图 5-2-46

［13－16］男、女孩原地位同时做“孔雀比美”舞姿，共 4 次。

［17—20］男孩带队，女孩鱼咬尾跑 S 形队列，最后，千姿百态的“金孔雀”造型结束。如图 5-2-46 所示。

3.《金孔雀轻轻跳》队形（如图 5-2-47 所示）

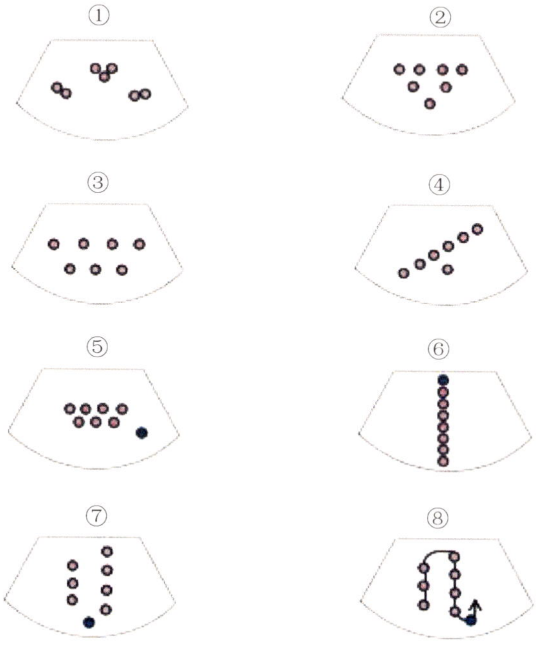

图 5-2-47

学习提示

1. 动作表演要夸张、拟人，仿若一群可爱的小孔雀。

2. 注意队形的调度中动作的协调与配合。

学习笔记

艺术锦囊

大班教学设计：《金孔雀轻轻跳》

活动设计意图

《大中国》主题教学活动之后，我发现班级幼儿在了解了各少数民族生活习性后，对少数民族的舞蹈尤为感兴趣。幼儿们发现云南不但有漂亮的傣族姑娘，而且有美丽的花孔雀。悠扬的葫芦丝曲调，皎洁的白月光，轻轻跳动的金孔雀，给孩子们带来一种视觉上的享受。由此我设计了这个《金孔雀轻轻跳》的傣族舞蹈表演，带领孩子们走进美丽且神秘的西双版纳。

活动目标

（1）感受傣族音乐，了解傣族舞蹈的风格，让幼儿喜爱民族舞蹈。

（2）熟悉旋律，学习傣族舞蹈的基本动作（弹簧步、基本手位、三道弯等舞蹈体态等）。

学习笔记

(3)尝试根据音乐表现孔雀的各种形态，感受小孔雀的优雅和美丽。

活动准备

PPT 课件、孔雀的胸饰、小竹林场景布置、孔雀裙一套。

活动过程

(1)出示课件，直接引题。

师：小朋友你们看这是什么?(孔雀裙)是不是很漂亮?今天老师就要带着大家来到一个有美丽的金孔雀的地方。(傣族舞蹈音乐响起)

(2)教师示范，幼儿学习舞蹈动作。

①我们来到了什么地方?(西双版纳)是啊，漂亮好客的傣族姑娘们穿着漂亮的孔雀裙来迎接我们啦。傣族姑娘们穿的这个服装看起来像什么呢？小朋友，你们知道为什么她们喜欢这样的裙子吗?

师：傣族姑娘的心中有个美好的愿望，希望和金孔雀一样漂亮并一起做游戏，所以她们穿上美丽的孔雀裙，等待着孔雀们的到来。

②学习《金孔雀轻轻跳》舞蹈的基本动作。看，小孔雀真的来了。你猜猜，它们会做些什么事情呢?(喝水、梳理羽毛……)请你也来做一只漂亮的小孔雀，学学它的动作。

③欣赏舞蹈视频课件。老师把刚才小朋友们的这些动作编成了好看的孔雀舞，我们一起来欣赏一下。

④教师分小节讲解舞蹈动作。

师：小朋友们，你们看都有哪些动作?演员们又都是怎么表演的呢?你们也来学一学，跳一跳。

⑤幼儿跟随着音乐完整学习舞蹈动作。

⑥幼儿进行集体表演，教师巡回进行个别指导。

师：小朋友们真能干，老师仿佛看到了一只只漂亮的金孔雀在竹林中跳舞、散步、嬉戏。就让我们和美丽的孔雀一起尽情舞蹈吧!

任务拓展

1. 幼儿舞蹈基本舞步有____________________。

2. 踮步的要求是____________________。

3. 小组合作，准备道具服饰，表演《金孔雀轻轻跳》，并上传视频。

效果检测

学习内容	学习重点	学习难点	我的收获	反思计划

专题六 舞蹈剧目赏析与实践

我们已经学习了民族民间舞蹈，感受了不同地域舞蹈的风格特征及其独特的韵味，这些都给我们留下了美好、深刻的印象。从现在开始，我们将开启舞蹈剧目赏析与实践的学习。从这里出发，我们将一起通过舞蹈作品中的人物形象与舞美道具、舞蹈动作与舞蹈节奏，来感受人们丰富的内心世界、情感以及欣赏无限绚丽多彩的世界风景。

学习目标

1. 能够欣赏与表述不同类别舞蹈的风格特点并具备基本舞蹈鉴赏常识。

2. 能够知道音乐、人物形象、表情、队形、服饰、灯光在舞蹈作品中的作用。

3. 加强舞蹈文化知识学习，培养欣赏舞蹈的能力。

4. 在剧目实践中，通过自学能够达到基本的学习目标。

5. 提升舞蹈审美能力，积累舞蹈语汇、素材，能够将不同的舞蹈元素运用于幼儿舞蹈表演中。

学习导航

- 舞蹈剧目赏析与实践
  - 舞蹈剧目赏析
    - 古典舞赏析
      - 爱莲说
      - 醉鼓
      - 桃夭
      - 纸扇书生
    - 经典芭蕾赏析
      - 天鹅湖
      - 白毛女
    - 现当代舞赏析
      - 八女投江
      - 看齐 看齐
    - 幼儿舞蹈赏析
      - 毛毛虫
      - 边走边唱
      - 箱子里的梦
  - 舞蹈剧目实践
    - 集体舞汇报表演参考剧目
      - 遇见你
      - 向前跑
      - 风酥雨忆
    - 中高职一体化考核剧目
      - 古典舞
        - 罗敷行
        - 雁南飞
        - 孔乙己
        - 济公
      - 民间舞
        - 天边
        - 小火苗
        - 月之花语
      - 当代舞
        - 中国芭比
        - 一条红领巾
        - 小当家

感知体验

1. 赏：通过互联网搜索并欣赏 10 个不同类型舞蹈的视频。
2. 想：这些舞蹈作品有哪些艺术表现形式?记录学习收获。
3. 练：学习舞蹈剧目，加强舞蹈技能。
4. 搜：你还知道哪些经典作品?

视频	舞蹈类型	体态造型	音乐节奏	情绪情感	服装道具	灯光特点
视频 1						
视频 2						
视频 3						
视频 4						
视频 5						
视频 6						
视频 7						
视频 8						
视频 9						
视频 10						

任务 1

舞蹈剧目赏析

任务描述

舞蹈是人类感情最集中、最激动的表现形式；它与其他艺术形式相比，除了具备艺术的共性外，还具备自身的特性，因此它是一门独立的艺术学科。

舞蹈用肢体作为艺术的表现语言，通过舞蹈语汇以及不同的节奏来塑造形象，表现真实的生活，表达人们丰富的内心世界与情感。

舞蹈欣赏不仅是一种综合性的审美活动，而且需要在舞蹈欣赏的过程中感受、理解作品，还需要了解其音乐、舞蹈队形、舞台美术、舞蹈服饰等艺术表现形式组成部分。接下来，让我们一起赏一赏、写一写、练一练吧！

任务 1.1 古典舞赏析

学习笔记

中国古典舞的名称，是欧阳予倩先生于 1950 年首次提出的，后来得到舞蹈界人士的认可并广为流传。中国古典舞的渊源可以追溯到中国古代宫廷舞蹈或更遥远年代的舞蹈，是几千年中国舞蹈传统的复兴，是古代舞蹈的一次复苏，也是戏曲舞蹈的复苏。它的审美特点有几千年中华文化的流传和延续，这些特点在戏曲中可见，在唐宋乐舞中，在汉魏“舞戏”中，甚至在商周礼乐中，都能见其文化特征的蛛丝马迹。

舞蹈教育家唐满城、李正一对中国古典舞身韵理论进行了革新、创造和实践。他们把以往古典舞蹈中的动作规律，提炼总结为以腰部为中心、进行画圆的基本动作，由此极大地拓展了中国古典舞的运动空间。唐满城教授说：“‘身韵’从摆脱戏曲的行当、套路出发，从中国的大文化传统，包括书法、武术来探索它的‘形、神、劲、律、气、意’的审美规律，提炼它的元素，总结古典舞运动的路线、法则和阳刚、阴柔、节奏之内涵，从而使之不再有戏剧化、比拟化、行当化的痕迹，走向了舞蹈的主体意识和动作符号化的抽象功能。”中国古典舞不仅从外形上，而且从内在神韵上都可以找到与中国传统文化精神相一致的东西，形成细腻圆润、刚柔相济、情景交融、技艺结合，以及精、气、神和手、眼、身、法、步完美结合与高度统一的美学特色。

赏一赏

《爱莲说》

中国古典舞女子独舞

作品编导：赵小刚

作品描述：这部作品不是将散文外化成动作，而是根据散文中对莲花气质与形态的描述，将莲花的形象诗意化、拟人化。用行云流水欲诉还休的肢体语言表现了东方女性古朴典雅之美以及如莲花出淤泥而不染的洁身自好、不卑不亢、傲然独立的君子品格。

欣赏提示：通过互联网搜索并欣赏；注意舞蹈造型、动作、节奏、服饰、表情，以及音乐所营造出来的莲的气质，感受视觉与听觉给我们带来的形神兼备、情景交融之美。

1. 这个舞蹈中，你看到了哪些古典元素？

2. 写一写你看完作品的感受。

3. 请谈谈舞蹈表情的重要性。

交流：

赏一赏

《醉鼓》

中国古典舞男子独舞

作品编导：邓林

作品描述：舞蹈《醉鼓》是个情节性舞蹈。借酒以醉、以醉借鼓表现一位民间艺术家执着追求事业，甘愿一身清贫，置坎坷于不顾，视艺术为生命的形象。《醉鼓》有其独特的舞蹈特色，整个舞蹈融柔韧、刚烈于一体，激越时大气磅礴，沉静时曲蜷成团，温雅时方正得体，暴烈时形神无度，不拘一格地塑造了一个水酒醉人人不醉的人物形象。这个舞蹈恰巧说明，在运用舞蹈手段塑造人物形象的过程中，有时并不在于要做多少动作、要跳多长舞段，关键是所编的动作或舞段要准确表达特定的内心情感，使之形成特定情感的专用词汇，因此动作虽少，舞段虽短，却能比较精确地昭示此时此刻人醉意不醉、以醉抒不醉的复杂情怀，耐人思考与遐想。

欣赏提示：通过互联网搜索并欣赏；注意舞蹈作品中有步态失重的走动，也有形体失衡的舞姿，更有歪而不倒、斜而不摔的醉意，却没有跌跌撞撞、踉踉跄跄、步不触地、脚步踏实的醉态，舞蹈表演与动作完美融合。

1. 仔细观察演员的妆容，谈谈人物塑造的重要性。
2. 写一写你看完作品的感受。
3. 舞蹈中出现了哪些生活常态化动作？

交流：

赏一赏

《桃夭》

中国古典舞女子群舞

作品编导：王舸　韩瑾

作品描述：该作品反映《诗经·周南·桃夭》，整个舞蹈洋溢着青春的气息，舞者曼妙的身姿为观众塑造了如同小桃树一般的少女形象。通过巧妙的结构和丰富而典型的素材，向观众展现了一幅唯美的舞蹈画卷。

欣赏提示：通过互联网搜索并欣赏；注意舞蹈通过节奏的变化表现出女子的不同心情，以及观察丝巾在舞蹈中的运用。

1. 舞蹈动作与音乐给了你什么样的感受？
2. 写一写道具在作品中的作用。
3. 舞蹈中你看到了哪些常用的队形？

交流：

赏一赏

《纸扇书生》

中国古典舞男子群舞

作品编导：胡岩

作品描述：作品通过表现一群年少书生的趣、雅、狂等不同侧面，展现了他们谦谦君子的形象，显露了文质彬彬、意气风发的书生气质。纸扇飞舞，衣袂连连，舞蹈运用纸扇的丰富变化，展示出一幅妙趣横生、风华正茂、书生意气、挥斥方遒的画面。

欣赏提示：通过互联网搜索并欣赏；折扇在舞蹈中的运用，通过舞蹈队形、舞蹈灯光所呈现的舞蹈空间，以及舞蹈身韵在动作中的体现。

1. 你在作品中看到了哪些古典舞步伐？
2. 写一写你看到了哪些虚实的场景。
3. 描述扇子在舞蹈中的作用。

交流：

任务 1.2　经典芭蕾赏析

学习笔记

芭蕾舞是西方古典舞，它源于 15、16 世纪的意大利和法国。自 1581 年第一部芭蕾舞剧《皇后喜剧芭蕾》诞生起至今，芭蕾已在 500 多年的发展中成为世界性的艺术瑰宝。芭蕾经历了古典浪漫时期、新古典主义时期等发展过程，衍生出情节芭蕾、宫廷芭蕾、现代芭蕾等各种风格流派。

芭蕾舞主要有独舞、双人舞、多人舞等表现形式。它孕育于文艺复兴时期的意大利，形成于法国，兴盛于俄罗斯，发展成了宴会芭蕾、宫廷芭蕾、情节芭蕾、浪漫芭蕾、交响芭蕾等，发展过程中形成了独特的芭蕾术语、严格的规范和结构形式，以及完善的训练体系。芭蕾舞舞姿典雅华贵、直立挺拔秀美、跳跃轻盈灵动、旋转飘逸稳健，给人以梦幻般的感受，技术性很强，“开、绷、直、立、轻、准、稳、美”是它独特的审美特征和鉴赏标准。

赏一赏

《天鹅湖》

作品描述：《天鹅湖》四幕创作于1876年，这是柴可夫斯基所作的第一部舞曲，取材于民间传说。剧情为：公主奥杰塔在天鹅湖畔被恶魔变成了白天鹅。王子齐格费里德游天鹅湖，深深爱恋奥杰塔。王子挑选新娘之夜，恶魔让他的女儿黑天鹅伪装成奥杰塔以欺骗王子。王子差一点受骗，最终及时发现，奋击恶魔，扑杀之。白天鹅恢复公主原形，与王子结合，获得美满结局。

《天鹅湖》的每一场的音乐都极出色地完成了对场景的抒写和对戏剧矛盾的推动，以及对各个角色性格和内心的刻画；这些充满诗情画意和戏剧力量，并有高度交响性发展原则的舞剧音乐，是作者对芭蕾音乐进行重大改革的结果，从而成为舞剧发展史上一部划时代的作品。

欣赏提示：通过互联网搜索并欣赏；独舞部分是男女演员各自表演的舞蹈，仔细欣赏舞蹈演员的高超技巧，感受舞蹈与舞蹈背景烘托的舞台氛围。

1. 在这部舞剧中你看到了哪些芭蕾手势哑语？
2. 请问你最喜欢哪一幕，为什么呢？
3. 该剧的意境之美与音乐特点有哪些？

交流：____

____

____

赏一赏

《白毛女》

舞剧编导：胡蓉蓉等

作品描述：这是中国首部芭蕾舞剧，舞剧塑造了喜儿、大春、杨白劳等舞蹈形象，在芭蕾基本技巧的基础上，融汇了丰富的中国民间舞蹈，是芭蕾舞和民族舞结合的典范。著名女高音歌唱家朱逢博任舞剧《白毛女》中喜儿一角的主伴唱，她那感人肺腑、独树一帜的歌声，成功烘托了女主人公的形象，她所演唱的《白毛女》中的精彩唱段，已成为海内外家喻户晓的歌曲、永恒的经典。

欣赏提示：通过互联网搜索并欣赏；注意该剧在塑造人物方面，既运用了芭蕾语汇，又吸取了中国民族民间舞、传统戏曲和武术精华来充实和丰富表现。

1. 你看到哪些芭蕾和民间舞的结合动作？
2. 《白毛女》与《天鹅湖》两部舞剧有什么区别？
3. 请谈谈你的观后感。

交流：

学习笔记

任务 1.3　现当代舞赏析

现当代舞缘起于革新，它不仅是时代进步后所产生的一种文化现象，而且是人类文明对传统禁锢思想的反叛；后现当代舞缘起于超越，完全以个性化的体验为主要中心的现当代舞是自由精神所引领下的二次推翻，是一项不仅具有人文性，而且具有精神性的艺术活动，其艺术价值主要依靠作者的标新立异与独特的创作理念、新颖的创作技巧和对舞蹈审美意境的极致追求的实现，更充分地体现出了舞蹈的时代感与归属感。

现当代舞艺术家们如伊莎多拉·邓肯、玛莎·格雷姆、皮娜·鲍什、土方巽等接近一个世纪前赴后继地跨越式发展，这才能让我们更好地感受到这带着自由精神、不拘一格、自由灵魂起舞的艺术风格。不可否认的是，他们反复印证着现当代舞的魅力，在不断“推翻”中革新，在不断“革新”中超越。

赏一赏

《八女投江》

作品编导：韩真　陈燕敏

作品描述：这是一部爱国主义充满正能量的作品。舞蹈是根据东北抗日联军冷云等烈士的英雄事迹创作成的，故事展现了她们与日军血战到底、决不屈服，最后集体投江殉国的英勇事迹。编导用了现当代的编创手法，把生活的真实艺术转化成舞蹈的，生动地再现了抗日民族英雄们的光辉形象。

欣赏提示：通过互联网搜索并欣赏；这是一部现实主义题材的舞蹈作品，作品是典型的ABAB结构。注意灯光与情感的配合。

1. 看完之后，你感动吗？为什么？
2. 写出群舞中双人配合时所表达的意义。
3. 请谈谈结尾部分音乐中话外音的妙处。
4. 你看到哪些静止的雕塑造型？

交流：

赏一赏

《看齐 看齐》

作品编导：杨笑阳　唐黎维　邱辉

作品描述：这是一部军旅题材的舞蹈作品，讲述的是军人常规训练、集合、战斗的场景。演员们的控制力和爆发力很强，非常的震撼。

欣赏提示：通过互联网搜索并欣赏；去发现动作力度在作品中的重要性，以及演员们动作的整齐度和队形的排面。

1. 你看到哪些常用队形，它们的变化过程有什么特点？
2. 军旅题材的舞蹈给了你什么样的感受？
3. 描述整齐度在群舞中的重要性。

交流：

任务1.4　幼儿舞蹈赏析

幼儿舞蹈是由幼儿表演或体现幼儿生活的舞蹈，是对幼儿进行德、智、体、美综合教育的重要手段。幼儿舞蹈的特点是边歌边舞，形象直观，易于被幼儿理解和接受，对幼儿的身体素质增强、情感发展、审美、注意力集中等方面有着十分重要的作用，可明显促进幼儿身心的健康发展。

幼儿舞蹈通过科学系统的训练方法，培育幼儿良好的姿态以及高贵的气质，增强幼儿身体的协调能力，培育身体对节奏的敏感性，给幼儿美和艺术的熏陶，开发幼儿的艺术潜能。同时，学习幼儿舞蹈还能培养幼儿的注意力、模仿力、表演能力、形象思维能力等，为幼儿的全面发展打下基础。

赏一赏

《毛毛虫》

作品编导：周旭光

作品描述：作品抓住了毛毛虫的特点，讲述了毛毛虫从卵变成成虫，从蛹壳里变成蝴蝶的一个过程，其最大的亮点是编导用了简单有趣的动作和别具一格的音乐，使作品简约而又高级，深受广大幼儿的喜爱。

欣赏提示：通过互联网搜索并欣赏；观察幼儿舞蹈动作的亮点和幼儿舞蹈服装的特点。

1. 你看到了哪些有趣的动作形象？

2. 儿童舞蹈动作有什么特点？

3. 音乐带来了什么样的效果？

交流：

赏一赏

《边走边唱》

作品编导：周旭光

作品描述：整个舞蹈可以用“新奇”两字来概括，在第十届“小荷风采”全国少儿舞蹈展演的决赛现场，《边走边唱》让观众接收到了意想不到的画面效果。

孩子说：
能像蜗牛一样背着家去旅行，
那是一件既刺激又美妙的事，
一路上风景不断，
心情也跟着七上八下，
很好玩。

爸爸妈妈说：
像蜗牛一样背着简单的行囊去流浪，
那是一件既浪漫又潇洒的事，
一路上坚定而平和，
不以物喜不以己悲，
优哉游哉，边走边唱！

欣赏提示：通过互联网搜索并欣赏；两只横穿舞台的小蜗牛贯穿始终，使整个舞蹈一气呵成，真正体现了小蜗牛抬头看天，低头看路，优哉游哉，边走边唱的意和境。

1. 舞蹈服饰有什么特点？
2. 你看到了哪些形象？
3. 仔细观察小演员们的表情，如果你是老师，那么你会怎么训练小演员们的表情？

交流：

《箱子里的梦》

作品编导：曹磊

作品描述：作品巧妙地通过道具箱子的形式表现火车、翅膀等情景，真实表达了当代孩子的心声。

欣赏提示：通过互联网搜索并欣赏；仔细观察在一横排的动作上编导的动作技法和箱子在舞蹈中的变化作用。

1. 箱子在舞蹈中表现了什么？
2. 这个舞蹈适合哪个年龄段的孩子跳？
3. 幼儿舞蹈作品中的音乐应该具备哪些要素？

交流：

任务 2
舞蹈剧目实践

任务描述

舞蹈剧目实践，是训练舞蹈动作与提升舞蹈表演的最佳途径，在实践中对舞蹈风格韵律、舞蹈人物形象塑造、舞台表演水平、舞蹈服装选择等进行感悟及思考。

作品实践为今后幼儿教育教学示范表演打下坚实的基础。让我们一起动起来，学一学、跳一跳、悟一悟吧！

学习笔记

任务 2.1　集体舞汇报表演参考剧目

1.《遇见你》

作品描述："有个梦在心里，只因为遇见你，老师，老师，我的梦就是你。"该作品讲述的是以一支小小指挥棒为引子，追逐教师梦想，一棒接一棒传承教师梦的故事。

学习中要重点关注：

（1）独、双、三人舞的配合。

（2）音乐节奏的把握。

（3）动作力度和手形的掌握。

（4）快板与慢板情绪的转换。

2.《向前跑》

作品描述：身患白血病的女孩一边和病魔做斗争，一边追赶同学们向前的步伐，无力感和挫败感让她想要放弃，想要退出这场人生的赛跑。在迷惘中，她进入了梦境。梦境里她插上翅膀，自由飞翔，飞往自己向往的蓝天。梦醒了，她也醒了，她明白了人生是赛场，你最大的敌人不是病魔，而是心魔。在身边同学们的帮助下她走出困境，努力向前，向着希望奔跑，最终她成功了。作品用奔跑的形式表现了青春岁月的活力，推动了前进的脚步，因为在苦难面前，每个人也都是等待涅槃的凤凰。生活不止眼前的苟且，插上洁白的翅膀向前飞又是一方新天地。

学习中要重点关注：

（1）情绪的转换。

（2）要以最快的速度变换队形且整体画面干净，脚下碎步快且有力。

（3）尝试将呼吸融入动作中。

（4）与道具的配合须做到零失误。

3.《风酥雨忆》

作品描述：一把扇子，一条绸带，舞出来的是不一样的韵律，把山东的海阳秧歌与胶州秧歌结合在一起，以明快舒展，富于坚韧的舞姿来表现汉族女子细腻柔美的情感，舞者用舞蹈的最高境界来表现对生命、对天地万物的情怀。

学习中要重点关注：

（1）扇子与丝巾的使用。

（2）把握胶州舞蹈风格。

（3）群舞的整齐度。

任务 2.2　中高职一体化考核参考剧目

1. 古典舞

（1）《罗敷行》

学习中要重点关注：

①学会动作，动作连贯。

②掌握舞蹈基本风格。

③掌握道具的使用。

④脚腕转开，膝盖伸直，掌握脚下的重心。

⑤能够合上音乐，有表现力地表演出来。

（2）《雁南飞》

学习中要重点关注：

①学会动作，动作连贯。

②掌握舞蹈基本风格。

③脚腕转开，膝盖伸直，掌握脚下的重心。

④把握动作的方向。

学习笔记

⑤将呼吸融入舞蹈动作中。

⑥能够合乐表演。

（3）《孔乙己》

学习中要重点关注：

①学会动作，动作连贯。

②掌握舞蹈基本风格。

③掌握转圈的技术技巧。

④脚腕转开，膝盖伸直，掌握脚下的重心。

⑤能够合乐表演。

（4）《济公》

学习中要重点关注：

①学会动作，动作连贯。

②掌握舞蹈基本风格。

③掌握道具的使用方法。

④能够合乐表演。

2. 民间舞

（1）天边

学习中要重点关注：

①学会动作，动作连贯。

②脚腕子转开，膝盖伸直，掌握脚下的重心。

③掌握蒙古族舞蹈风格。

④能够合乐表演。

（2）小火苗

学习中要重点关注：

①学会动作，动作连贯。

②掌握丝巾与手形的配合，准确使用道具。

③掌握维吾尔族舞蹈风格。

④能够合乐表演。

（3）月之花语

学习中要重点关注：

①学会动作，动作连贯。

②准确掌握基本手形。

③能够在动作中体现“三道弯”，掌握基本舞蹈风格。

④能够合乐表演。

⑤具有表现力。

3. 当代舞

（1）中国芭比

学习中要重点关注：

①学会动作，动作连贯。

②准确掌握基本手形、脚位。

③具有表现力。

④能够合乐表演。

（2）一条红领巾

学习中要重点关注：

①学会动作，动作连贯。

②准确掌握基本手形、脚位。

③掌握基本舞蹈风格。

④能够合乐表演。

（3）小当家

学习中要重点关注：

①学会动作，动作连贯。

②准确掌握基本手形、脚位。

③能够掌握与道具配合的技巧。

④掌握基本舞蹈风格。

⑤能够合乐表演。

学习笔记